Cidades Musicais (In)visíveis

Capa: Humberto Nunes (elaborada a partir da obra "Série Terra Modelada", de 2010, de autoria da artista plástica Anna Maria Maiolino)
Projeto gráfico e editoração: Niura Fernanda
Revisão: Janaina Mello e Bruno Schroeder
Editor: Luis Antônio Paim Gomes

Dados Internacionais de Catalogação na Publicação (CIP)
Bibliotecária Responsável: Denise Mari de Andrade Souza – CRB 10/960

C568

Cidades musicais (in)visíveis / organizado por Micael Herschmann... [et al.]. – Porto Alegre: Sulina, 2024.
v.1.; 16x23cm.

ISBN: 978-65-5759-162-8

1.Jornalismo. 2. Comunidades. 3. Sociologia. 4. Cidades. 5. Comunicação Social. 6. Música. 7. Meios de Comunicação. 8. Jornalismo. I. Herschmnn, Micael.

CDU: 316.77
CDD: 302.23

Rua Leopoldo Bier, 644, 4º andar – Santana
Cep: 90620-100 – Porto Alegre/RS
Fone: (0xx51) 3110.9801
www.editorasulina.com.br
e-mail: sulina@editorasulina.com.br

Outubro/2024
IMPRESSO NO BRASIL/PRINTED IN BRAZIL

Sumário

2ª parte
Percursos cartográficos e corpográficos

3ª parte
Problematizando os desafios e as dinâmicas dos territórios criativos

Multicartografias dos arquipélagos e palimpsestos das territorialidades musicais urbanas

Micael Herschmann
Cíntia Sanmartin Fernandes
Jeder Janotti Junior
Jorge Cardoso Filho
Simone Luci Pereira

> As cidades, como os sonhos, são construídas por desejos e medos, ainda que o fio condutor de seu discurso seja secreto, que as suas regras sejam absurdas, as suas perspectivas enganosas, e que todas as coisas escondam uma outra coisa (Calvino, 1990, p. 44)

O escritor ameríndio Ailton Krenak, em seu seminal livro *A vida não é útil*, afirma que, mais do que projetar *desenvolvimento*, é necessário (de maneira urgente hoje) pensar em *envolvimento* (Krenak, 2020). Certamente o pensamento desse importante autor tem sido uma inspiração para nós: sem dúvida, o termo *envolvimento* sintetiza o nosso firme compromisso ético e acadêmico em trazer alguma contribuição, mesmo em um contexto atual tão complexo e adverso, caracterizado pela ampliação das polarizações políticas, das ambiências de medo e da crescente circulação de desinformação (Fernandes *et al.*, 2022).

Neste sentido, adentrar o universo das *cidades musicais* é encarar, logo de início, desafios situados além de reconhecimentos oficiais, dados públicos e estatísticos – ao oferecer aos atores visibilidade e valorizar iniciativas musicais informais, marginais e/ou mesmo clandestinas nos territórios –, abrindo-se possibilidades de que facetas "invisíveis" das cidades venham emergir de alguma maneira aos leitores. Se, por um lado, o público certificará que, evidentemente, há processos de submissão às inúmeras esferas de "biopoder" (Foucault, 2010) mais ou menos institucionalizadas em cada localidade; por outro, os interessados neste livro se darão conta de que há possibilidades da construção de dinâmicas de dissensos, práticas "artivistas", agenciamentos criativos e processos de ressignificação relevantes no cotidiano dessas urbes (Herschmann; Fernandes, 2023).

Assim, esta coletânea – distribuída em dois volumes – é resultado de uma extensa pesquisa interinstitucional e em rede intitulada "Identificando potencialidades nas cenas locais e subsidiando Políticas Culturais renovadas para as principais Cidades Musicais do país", que se iniciou em 2023, com apoio do CNPq (Edital Pró-Humanidades), e conta com a participação preciosa de mais de quatro dezenas de pesquisadores de Comunicação, Som & Música de importantes universidades do país e do exterior. Participaram direta e indiretamente desta iniciativa – que envolveu a elaboração de uma plataforma digital (*Multicartografias das Cidades Musicais*)[1], seminários, congressos e workshops acadêmicos, além dos dois volumes desta coletânea (*Cidades Musicais [In]visíveis*) – docentes, pesquisadores e especialistas da Universidade Federal do Rio de Janeiro, Universidade Federal Fluminense, Universidade do Estado do Rio de Janeiro, Universidade Federal de Pernambuco, Universidade Paulista, Universidade Federal do Recôncavo da Bahia, Universidade de Buenos Aires (Argentina), McGill University (Montreal, Canadá), Université Paul-Valéry Montpellier (França) e University of Virginia (EUA).

[1] De modo geral, o intento com a plataforma digital intitulada *Multicartografias das Cidades Musicais* (disponível em: https://multicartografias.com.br) foi oferecer um site – composto de farto material audiovisual – no qual o usuário poderá acessar as corporeidades, as "ambiências" (Thibaud, 2015) sonoro-musicais e os depoimentos dos atores, conhecendo, assim, as atividades e os eventos que são concretizados nas localidades de São Paulo, Recife, Rio de Janeiro e Salvador. Ao oferecer esse rico material, nossa aposta é a de que o público (ao acessar esses conteúdos variados) seja capaz de compreender melhor o potencial mobilizador das iniciativas musicais nos territórios, isto é, seja capaz de valorizar a contribuição dessas atividades (muitas delas opacas) na promoção de novos patamares de desenvolvimento local (Kronemberger, 2017).

Ao longo desse conjunto de iniciativas, buscou-se repensar a relevância e a riqueza das atividades musicais – de certos "ecotranssistemas musicais-midiáticos" (Lacombe; Herschmann, 2024) subterrâneos ou menos visíveis, organizados principalmente em circuitos e cenas –, que, em geral, envolvem iniciativas opacas, fora do radar do poder público e/ou que são consideradas "danosas ao corpo social" por setores conservadores da sociedade. Na investigação que alicerçou boa parte das análises aqui apresentadas, partimos do pressuposto de que, diferentemente do que se imagina e veicula em geral nas redes sociais e na grande mídia corporativa, essas atividades mais ou menos informais (que envolvem em sua maioria a população local) são vetores relevantes e podem contribuir para alavancar o desenvolvimento das principais metrópoles que possuem setores musicais de expressiva envergadura do país, as quais na nossa avaliação seriam as cidades de São Paulo, Recife, Rio de Janeiro e Salvador.

Os leitores poderiam indagar as motivações que nos levaram a repensar a importância dessas *riquezas urbanas* (quase subterrâneas ou até clandestinas), bem como as possíveis dinâmicas criativas menos conhecidas presentes nos territórios. Por que investir agora nesse tipo de estudo se essas urbes estão em crise e não seriam exatamente modelos de desenvolvimento local sustentável? Qual é o sentido de desenvolver este trabalho em um momento em que boa parte do país continua a desvalorizar o saber acadêmico, onde temos a sensação quase inconsolável de viver ainda em uma "terra arrasada" pelos desgovernos dos últimos anos? Poderíamos argumentar que, mais do que nunca, a construção de projetos coletivos – especialmente aqueles não exógenos e extrativistas (que não estejam voltados apenas ao agronegócio e à exploração de riquezas naturais locais) capazes de promover o crescimento sustentável das localidades e que, ao mesmo tempo, poderiam atender às demandas de segmentos da população precarizados – tornaram-se de grande urgência e fundamentais para reverter, ainda que de forma modesta, o difícil quadro atual.

É importante ressaltar, ainda, que as relações entre música e cidade não se solidificam somente nos grandes eventos ou nas certificações das entidades internacionais. Como já reiterado pela sociologia do cotidiano e pelas abordagens das micropolíticas, a partilha cotidiana em lugares em que se vive práticas culturais na urbe é uma força movente que inventa mundos e modos de habitar as cidades. A invisibilidade mencionada no título desta publicação refere-se a um espectro de músicos e atividades conexas que, na maioria dos casos, não são reconhecidos nos dados e cadastros dos censos urbanos. Apesar da importância dos eventos de grande porte que mobilizam diversos setores econômicos das grandes cidades, é nos circuitos ordinários, nas praças, nos becos e quebradas que as tramas musicais das cidades ganham relevo para aqueles que a experienciam em doses cotidianas. Diante desse cenário, salientamos a importância de refletir para além das iniciativas musicais urbanas canônicas: o uso comum de expressões como cena, circuito, ecossistema, paisagem para se referir a uma diversidade de expressões musicais que muitas vezes não fazem parte do que é frequentemente valorizado no ambiente midiático.[2]

Muito além do debate sobre Cidades Criativas

Evidentemente, todo o debate da implantação de *cidades criativas* no país desde o final dos anos 1990 (De Marchi, 2018; Herschmann; Fernandes, 2023) tangencia esse trabalho de pesquisa que foi realizado nos dois últimos anos e que está sendo apresentado e analisado criticamente

[2] Vale a pena sublinhar que, nas últimas décadas, com a redemocratização do país e o crescimento de diversos movimentos sociais minoritários muito atuantes, diversos atores oriundos das "cenas musicais pop-periféricas" (Pereira de Sá, 2021) – tais como tecnobrega, funk, brega, trap e hip hop – vêm conseguindo se articular com lideranças e políticos locais, conquistando assim mais apoio, legitimidade e visibilidade para seus circuitos de produção, circulação e consumo. Evidentemente, isso não equaciona de maneira alguma o grave problema do classismo e "racismo estrutural" (Ribeiro, 2019) vigente, que se traduz, de maneira geral, em narrativas de criminalização dos atores que são associados a certas culturas musicais que circulam em diversas mídias. Ao mesmo tempo, há que se reconhecer que as reivindicações dessas cenas pop-periféricas têm conduzido a concretização de inúmeros processos públicos, nos quais várias municipalidades do país não só vêm concedendo a condição de "patrimônio imaterial local" a essas expressões culturais, mas também têm investido especialmente na realização de editais públicos dirigidos a apoiar variadas iniciativas que gravitam em torno dessas cenas.

nos 25 artigos que compõem estes dois volumes. Nesse sentido, gostaríamos de resumidamente salientar que este conceito foi empregado aqui de forma um pouco distinta da noção de "cidades criativas" (Reis, 2012), tal como foi formulada pela UNESCO (Ferreira; Vaz, 2017) – há uma tendência em se considerar as cidades criativas como centros de excelência institucionalizados –, isto é, esta noção foi utilizada nesses volumes também para designar localidades que possuem territorialidades musicais de perfil mais informal que, pela ação ao longo do tempo, promovem expressivas mobilizações de diferentes públicos, podendo potencialmente representar também um capital para os territórios, que poderão ser melhor exploradas.

Ao mesmo tempo, é importante sublinhar que a construção de *cidades criativas* – gostemos ou não – é parte hoje de uma espécie de "ativismo municipal emergente", que busca acionar um conjunto de estratégias com o objetivo de tornar as localidades mais bem preparadas para enfrentar a competição interurbana em um mundo globalizado e mais comprometido, pelas forças das circunstâncias, com a questão ambiental e a necessidade de agenciamento de recursos menos esgotáveis, incorporando, portanto, uma lógica sustentável (Vivant, 2012).

O grande desafio hoje é como tirar as cidades de um quadro de marasmo ou de decadência industrial e torná-las territórios atraentes e dinâmicos. A questão fundamental e, lamentavelmente, muitas vezes negligenciada, é a seguinte: ao tornar as cidades mais competitivas, deveriam ter sido contempladas também outras medidas importantes que possibilitassem a construção de territórios mais equilibrados e democráticos (Seldin, 2016). De qualquer modo, o que se nota – a despeito das inúmeras críticas pertinentes colocadas aos projetos de construção de "distritos e cidades criativas", que se confundem com alguma frequência com as estratégias de marketing territorial (Reis, 2012) empregadas nas localidades – é que seria necessário (ao mesmo tempo) reconhecer que o debate sobre territórios criativos adquire relevância nas agendas de políticas públicas, pois seguem sendo adotadas, desde o final do século XX, em inúmeras regiões do globo.

Nesse sentido, salientamos também que, ao se apostar no desenvolvimento desta agenda coletiva (e interinstitucional) de pesquisa, temos procurado construir "cartografias das controvérsias" (Lemos, 2013) dessas urbes que levem em conta não só as principais polêmicas envolvendo investimentos públicos e privados que supostamente visam produzir sinergias entre os setores produtivos, mas também através do que Bruno Latour chamou de uma "Lento-ciologia" (Latour, 2012). Assim, temos procurado rastrear especialmente as reagregações e "astúcias urbanas" (De Certeau, 1994) dos atores humanos e não humanos nos territórios. Parte-se da convicção de que essa estratégia metodológica possibilitou não só administrarmos melhor a miopia de muitas avaliações territoriais mais esquemáticas, mas também identificar – evidentemente, de maneira ética (reconhecendo o "direito dos atores à opacidade" das suas atividades nos territórios) – práticas dos atores que, de certa maneira, estão mais ou menos "camufladas" por diferentes razões. Assim, a partir do debate apresentado ao longo dos dois volumes desta coletânea, pretendemos colocar em pauta parte da diversidade das discussões e experiências sobre certas riquezas locais menos detectáveis, possibilitando que se contribua assim para que algumas interpretações minoritárias – do que seria relevante coletivamente para essas cidades – sejam também contempladas na hora de se repensar projetos urbanos nessas localidades. Parte-se da convicção de que é possível estudar os vários palimpsestos das cidades, vivenciando a experiência sensível do corpo na trama urbana (corpograficamente e de maneira encarnada) e dando voz e visibilidade aos atores envolvidos em certas iniciativas musicais pouco conhecidas: desde que os pesquisadores resistam à "tentação de tomar atalhos", adotando categorias sociais que empacotam, engessam e reduzem as complexas tramas urbanas, permanecendo assim firmes nas suas atividades de rastreio, de forma lenta, rigorosa e árdua (Latour, 2012).

Sobre as "pontes" que gostaríamos de construir com esta iniciativa acadêmica (especialmente com os gestores públicos, produtores culturais e lideranças locais), é fundamental sublinhar alguns breves, mas importantes, comentários.

Primeiramente, estamos cientes de que não vamos gerar com esta pesquisa em curso propriamente estatísticas[3], as quais têm diversas aplicações e enorme relevância nas tomadas de decisão. Nosso intento, como sugere Donna Haraway, com este conjunto de investigações, foi o de tentar "seguir com o problema", promovendo a ampliação do *diálogo* e o *envolvimento* com os territórios. A contribuição que temos a oferecer nos debates que se colocam é a de tentar avançar de maneira desacelerada, esforçando-nos para ir além dos repertórios e interpretações mais usuais das cidades musicais, que em geral consideram essas urbes territórios caracterizados fundamentalmente pela funcionalidade, pelo medo, pela lógica neoliberal e pelos megaespetáculos globalizados.

É preciso reconhecer o papel das pesquisas de campo, de perfil qualitativo, as quais têm possibilitado o aprofundamento no conhecimento dos territórios. Vale sublinhar que, ainda que haja certa tensão entre as universidades e os "think tanks", parte-se do pressuposto de que com esta "aventura do conhecimento" esperamos que se possa construir uma relação mais cooperativa ou, pelo menos, mais cocompetitiva com os observatórios (Secchi; Ito, 2016). Assim, o nosso investimento concentra-se em apostar em densas derivas urbanas, corpografias e cartografias como forma de gerar conhecimentos transdisciplinares, para além dos dados mais públicos e informações disponíveis. Em outras palavras, enfatiza-se a dimensão complementar dos trabalhos dessa "rede de pesquisa", com a qual não se ambiciona construir ou trabalhar com totalidades: isto é, temos buscado trazer para a discussão os dados que não aparecem em geral nas análises estatísticas, buscando colocar luminosidade sobre um "arquipélago" de iniciativas que estão presentes também nessas localidades, amplificando a voz dos atores e incluindo de certa maneira reflexões que sugerem imaginários dissensuais ou dinâmicas

[3] Reconhece-se aqui a enorme importância dos dados e dos indicadores culturais do país gerados e sistematizados não só pelos observatórios culturais, mas especialmente pelo Instituto Brasileiro de Geografia e Estatística (IBGE, disponível em: <www.ibge.gov.br>), Instituto de Pesquisa Econômica Aplicada (IPEA, disponível em: <www.ipea.gov.br>), e Sistema Nacional de Informações e Indicadores Culturais (SNIIC, disponível em: <sniic.cultura.gov.br>).

urbanas consideradas inicialmente marginais e/ou sem grande importância (Fernandes *et al.*, 2024).

Evidentemente, no desenvolvimento desta extensa agenda de pesquisa, há implícita a aposta em uma perspectiva colaborativa, participativa e, ao mesmo tempo, transdisciplinar que está alinhada com diversos preceitos dos pensamentos elaborados no Sul Global (Quijano, 2019; Lugones, 2020): provendo assim, dentro do possível, uma descolonização epistêmica e um desaprendizado dos "métodos extrativistas e exógenos" (Sousa Leitão, 2023), que são geralmente aplicados nos municípios do país. Assim, ao nos aprofundarmos nas nossas pesquisas de campo, temos buscado problematizar de maneira rigorosa e crítica as políticas públicas existentes relacionadas aos possíveis agenciamentos das músicas nos territórios, sejam elas realizadas em espaços físicos ou em ambientes digitais.

Uma coletânea, dois volumes

Retomamos neste momento dessa apresentação as premissas que vêm alicerçando esta iniciativa acadêmica, de perfil mais aplicado. Tendo em vista que a música é um potente componente do élan social e um relevante vetor de incremento dos circuitos criativos – especialmente as do turismo, cultura, gastronomia e entretenimento – do país, procurou-se nesta investigação em rede elaborar uma análise comparativa e interdisciplinar centrada em alguns aspectos. Primeiramente, o nível de formalidade dessas atividades musicais: assim, tem-se estudado não só a cena mais mainstream e institucionalizada nessas cidades, mas também aquelas iniciativas off organizadas por coletivos musicais (inclusive as de rua ou que ocupam espaços híbridos ou semipúblicos), muitas delas organizadas em rede nos espaços urbanos (e na internet, especialmente empregando plataformas como YouTube, Facebook, Instagram e Tik Tok) por grupos minoritários de maneira mais informal e até clandestina.

E, em segundo lugar, salientamos também a necessidade de se reconhecer não só a enorme importância socioeconômica da *cultura e econo-*

mia da noite para a grande maioria dessas quatro cidades, mas também a necessidade de se reconhecer as especificidades do *regime noturno* (Reia, 2021) e de poder contar com a presença especialmente nas grandes metrópoles de gestores públicos e representantes (tais como subprefeitos ou embaixadores noturnos), os quais estejam empenhados em defender também os interesses dos atores e *players* da noite. Enquanto uma parte da cidade repousa, é importante que haja representantes e profissionais mobilizados e dedicados a desenvolver políticas específicas, capazes de subsidiar o incremento da vida cultural e da economia noturna, enfrentando tensões em torno de temáticas espinhosas, tais como: acessibilidade X transporte; inovação das iniciativas culturais X burocracia municipal (dificuldade por exemplo para obter alvarás e autorizações); inclusão social X segurança pública; construção de "cidades 24 horas" X interdições previstas nas legislações, como perturbações sonoras ou riscos à ordem pública (Straw, 2018; Reia, 2021; Fernandes; Herschmann, 2018). Portanto, ainda que seja possível identificar muitas atividades transgressoras e ilegais realizadas no período da madrugada, consideramos fundamental sublinhar que muitas lideranças e autoridades públicas seguem reféns de um imaginário povoado de preconceitos e estereótipos em relação às relevantes atividades noturnas. Assim, tende-se a questionar e estigmatizar as atividades dos atores que circulam na noite – boa parte deles oriundos dos segmentos juvenis – e muito dos gêneros musicais populares e periféricos que são geralmente por esses agenciados.

Vale destacar que a nossa proposta ao revisitar também essas diversas cenas e circuitos musicais bastante questionados por diferentes motivos nos enunciados jornalísticos e por segmentos conservadores do país não seria tanto percorrer caminhos inéditos, mas sim retomar alguns sendeiros já conhecidos, construindo reflexões em cima de temáticas, as quais já estariam aparentemente avaliadas e superadas. Em resumo, ainda que a proposta seja pesquisar algumas "territorialidades sônico-musicais" (Herschmann; Fernandes, 2014) dessas quatro cidades, vale destacar que o nosso intento não é exatamente mapeá-las, mas sim refletir a partir das questões relevantes indicadas pelos atores humanos e não humanos que atuam tendencialmente nessas localidades (Latour, 2012). Buscamos, assim, nessas multicartografias das controvérsias, através de práticas de derivas, corpografias e registros diversos – textuais, documentais, imagéticos e sonoros – identificar alguns "arquipélagos", colocando em debate um conjunto de tramas urbanas específicas estudadas e não necessariamente articuladas entre si (Fernandes et al., 2024).

Assim, o leitor encontrará uma coletânea distribuída em quatro partes e dois volumes. Abrindo a primeira parte, intitulada "Nos rastros das territorialidades musicais urbanas na Argentina, Brasil, Canadá, EUA e México" (no volume 1), está o artigo de Reia, no qual ela analisa alguns casos em que os atores se organizaram na cidade do Rio de Janeiro há alguns anos no Movimento Arte Pública (reunidos em coletivos artísticos) com o intuito de ampliar a sua visibilidade (inclusive oferecendo dados estatísticos ao poder público, para além dos tradicionalmente gerados através dos canais oficiais) e, assim, adquirir mais representatividade política junto aos agentes da municipalidade. Em seguida, Straw analisa algumas das maneiras diretas e indiretas pelas quais as políticas públicas vêm influenciando a forma e o caráter das cenas musicais em Montreal, no Canadá: não só afetando práticas associadas ao gênero musical popular conhecido como iê-iê-iê (bastante presente a partir dos anos de 1960), mas também, mais recentemente, limitando a música ao seu status econômico, enquadrando-a em diretrizes dedicadas a construir clusters criativos nesta metrópole. Na sequência, Luci Pereira, Bras e Avelar identificam no estudo de caso do Centro Cultural Afrika (localizado no bairro do Bixiga, na cidade de São Paulo) processos de construção de um conjunto de territorialidades diaspóricas potentes que gravitam em torno de músicas "Afroatlânticas" (Gilroy, 2000) as quais vêm esboçando uma "Amefricanidade" (Gonzalez, 1988) nas práticas musicais e artísticas no Bixiga que, juntamente com outras iniciativas e projetos em voga naquela territorialidade, tensionam a narrativa oficial de que aquele seria um "bairro de imigrantes italianos".

Na segunda metade da primeira parte (no volume 1) temos um conjunto de ensaios produzidos originalmente em língua espanhola cujas análises construídas têm referência no contexto do México, dos EUA, do Chile e da Argentina. Primeiramente, os leitores encontrarão o artigo de Bieletto-Bueno, que analisa algumas cenas musicais populares periféricas (Pereira de Sá, 2021) "opacas" (algumas delas proscritas), especialmente do México, EUA e Chile, problematizando como as condições de audibilidade – que determinam se determinada prática sonora ou musical será ouvida (ou, pelo contrário, permanecerá no domínio do inaudível e do invisível) – estão condicionadas pelas dinâmicas do regime de poder, que, por sua vez, condicionam as geografias socioafetivas de um espaço musicalmente construído. Em seguida, Rebolledo González analisa a errância dos *sonideros* (grupos de DJs, artistas e produtores que tocam principalmente cumbia, salsa, guaracha e outros subgêneros em festas e eventos) que circulam entre cidades do México e dos EUA (inclusive Nova York), buscando problematizar os complexos processos de reconstrução e hibridação de referenciais estéticos e identitários, especialmente quando os atores de localidades e países mais pobres se deslocam para cidades e países com alto poder aquisitivo. E, fechando esta primeira parte, Liska faz um balanço da popularização da dança twerk em Buenos Aires, chegando assim à conclusão de que, apesar de ser uma prática incômoda para a luta feminista, cada vez mais essas performances dissensuais que gravitam em torno de músicas e movimentos corporais erotizados vêm ganhando espaço especialmente junto a um público jovem, como práticas culturais que possuem também uma nítida faceta política (sintetizada em palavras de ordem muito presentes no cotidiano: "mi cuerpo es mío, yo decido",[4] muitas vezes enunciadas nas ruas desta metrópole pelos coletivos e suas redes).

Abrindo a 2ª parte, intitulada "Percursos Cartográficos e Corpográficos", Lacombe e Herschmann buscam contribuir para o debate teórico-conceitual que envolve a noção de *ecossistema* tão empregada de maneira

[4] Nos últimos anos no Brasil, essas palavras de ordem ficaram muito conhecidas na luta feminista e, de modo geral, na agenda dos movimentos minoritários (associados ao universo LBGTQIA+) e foram sintetizadas em uma expressão muito similar: "meu corpo, minhas regras".

difusa em inúmeros estudos na interface do campo da comunicação e da música: esses autores desenvolvem no artigo uma perspectiva não estruturalista, propondo um conceito composto e híbrido que poderia ser empregado sem sacrificar tanto a fluidez e a complexidade das dinâmicas presentes em diferentes situações. Na sequência, Fernandes, Belart e Barroso praticam corpografias e derivas urbanas no Rio de Janeiro ao seguir os rastros dos atores: não só analisam diversas experiências musicais coletivas – muitas delas subterrâneas –, as quais se (re)inventam nos interstícios da cidade programada e funcional, mas também propõem a noção de "cidade arquipélago" como forma de enfatizar que a cidade e a produção do conhecimento nesses espaços (urbanos) deveriam conduzir os pesquisadores ao encontro de "arquipélagos", sem centros adensados e periferias inteiramente integrados (não estariam apenas organizados funcionalmente como um sistema urbano), mas sim diante dos desafios de lidar com *rastros* e *fragmentos* (há uma clara percepção de que existem tramas urbanas e processos de reagregação dos atores a serem pesquisados, mas na maioria das vezes esses são fugidios, pontuais e fluidos, pois em geral tornam-se visíveis em polêmicas e controvérsias locais) e não com conclusões esquemáticas e totalizantes. Fechando esta seção do primeiro volume, Messeder, Ribeiro, Boaventura e Oliveira propõem a desconstrução da epistemologia vigente (valorizando uma "ciência blasfêmica"), e buscam colocar em evidência conhecimentos dos grupos subalternizados(as) – dentro de uma perspectiva mais colaborativa e principalmente decolonial –, os quais se originam nas experiências encarnadas de todos(as) sujeito(a)s envolvido(a)s nas investigações.

No início da 3ª parte, intitulada "Problematizando os desafios e as dinâmicas dos territórios criativos" (última seção do primeiro volume), os leitores vão se deparar com o artigo de Guarisa e Figueiredo que, a partir especialmente de entrevistas com lideranças e empreendedores locais, busca repensar como os gestores de palcos de pequeno e médio porte de música ao vivo da cidade do Rio de Janeiro percebem não só a geração de valor cultural desses equipamentos, mas também o papel que estes vêm desempenhando no setor musical da cidade. Em seguida,

De Marchi constrói uma cartografia das fintechs 3.0 dedicadas ao setor da música no Brasil, a qual sugere tendências e mudanças relevantes que certamente afetarão cada vez mais o mercado da música nos próximos anos. Na sequência, Sousa Leitão, por um lado, critica de maneira vigorosa a perspectiva exógena e de adoção de modelos replicáveis que atravessa em geral as dinâmicas de implementação de projetos de construção de *cidades criativas*; e, por outro, salienta o lugar estratégico que as comunidades-rede deveriam ocupar no desenvolvimento de renovadas políticas públicas para o país (postula que essas comunidades deveriam ocupar um lugar de maior protagonismo nas proposições para os territórios). E, concluindo o primeiro volume desta coletânea, Guilherme constrói um breve panorama sobre o debate envolvendo as cidades criativas e elabora um conjunto de reflexões que sugerem a proficuidade de um sistema de articulação política em rede e mais enraizado nos territórios, como estratégia de fortalecimento dessas urbes e de suas potências criativas.

Na abertura do volume 2, os leitores encontrarão a 4ª parte da coletânea, intitulada "Cenas e circuitos musicais urbanos", composta de doze capítulos. Logo no início, Luci Pereira, Barroso, Santiago e El Hage identificam na capital paulista, mais exatamente no bairro do Bixiga, uma cena off latina potente, menos visível, valendo-se de estéticas diaspóricas contemporâneas e potencializando um circuito musical composto de migrantes e brasileiros (instrumentistas, cantores, produtores, DJs, professoras de dança e público) que aciona sentidos expandidos de latinidades na cidade, os quais abrangem cumbia, salsa, reggaeton e estéticas, além dos sentidos de etnicidade do funk e do soul da década de 1970. Em seguida, Monteiro, Carneiro, Barreiro e Janotti Jr. apresentam uma cartografia musical detalhada do "circuito after" na cidade de Recife, localizado especialmente no Centro Histórico do município: o intento dos autores é oferecer mais visibilidade e repensar as potencialidades dessas "territorialidades sônico-musicais" (Herschmann; Fernandes, 2014) menos visíveis desta urbe e que ocupam principalmente o período da madrugada (elaborando assim uma renovada cartografia, para além da Recife do marketing territorial, tradicionalmente mais [re]conhecida pelos grandes eventos e festivais de música).

Abrindo uma pequena subseção dedicada à música pop, Pereira de Sá analisa as possibilidades de uso da noção de cartografia (empregada pela Teoria Ator-Rede) como ferramenta teórico-metodológica de análise desse relevante gênero musical no ambiente digital (Latour, 2012). Fechando este bloco, Soares complementa às recomendações de Pereira de Sá ao refletir sobre a canção pop como epicentro irradiador de controvérsias (ou "tretas") digitais (analisadas especialmente nos canais veiculados na plataforma YouTube): identifica também esse conteúdo musical como catalisador de dinâmicas especulativas. Nesse sentido, esse autor sugere que, ao criarem canções pop, os artistas passam a acumular frequentemente expressivo capital simbólico: em geral se constituem em ativos a partir dos quais esses ídolos se movem no mercado de música e do entretenimento, reorganizando sua imagem pública e acionando debates acalorados e "transpolíticos" (Susca, 2019).

Em seguida, temos outra subseção composta também de dois textos, centrados na análise do universo da música popular periférica eletrônica. No primeiro capítulo, por um lado, Gutierrez identifica uma expansão expressiva do que denominou de "circuito do rap" – com a aproximação e fusão entre gêneros musicais tais como funk, hip hop e trap – a qual é possível ser atestada no crescimento do consumo de eventos musicais e de playlists das plataformas digitais. Por outro lado, este autor nota também que este circuito é ainda pouco visível, segue sendo visto com muito preconceito e como uma atividade musical de uma juventude considerada "marginal e perigosa". E, no segundo capítulo, Nascimento e Trotta – a partir do estudo de caso do Baile da Selva realizado na Zona Norte do Rio de Janeiro – problematizam as territorialidades elaboradas em geral nos bailes funk como a construção de um "lugar" (Santos, 2023) pelos atores que articulam, entre astúcias e táticas (De Certeau, 1994), práticas marcadas pela excitação, erotismo, política, medo e entretenimento, em um contexto mais amplo de múltiplas violências presentes nos territórios.

Dando prosseguimento à 4ª parte (no segundo volume), Herschmann e Fernandes analisam as implicações do processo de popularização da cena Ballroom Carioca (até recentemente pouco conhecida e visível), cujo início se deu na segunda metade da década de 2010 e que ganha mais notabilidade atualmente em espaços públicos e híbridos da cidade (museus, centros culturais e universidades): é parte de um movimento queer emergente, o qual tem contribuído para a construção de uma cidade um pouco mais inclusiva e democrática, mesmo em um contexto mais adverso e polarizado. Em seguida, Pereira, Lucas, Menini e Furtado constroem uma cartografia dos "sons e músicas que incomodam" (Trotta, 2020) na cidade do Rio de Janeiro, especialmente em áreas caracterizadas pela presença constante de eventos musicais que ocupam os espaços públicos. Na sequência, Polivanov e Medeiros – tendo desenvolvido uma extensa investigação junto a mulheres que atuam no mercado da música carioca associado a segmentos como o rock e a música eletrônica (que desempenham funções menos valorizadas em geral nos concertos e eventos, tais como DJs, bateristas etc.) – problematizam a invisibilidade feminina e a dificuldade de conquistarem mais protagonismo na indústria musical.

Encerramos essa 4ª parte (e o segundo volume) com uma subseção de três capítulos dedicados ao contexto baiano. Abrindo este bloco, os leitores encontrarão o artigo de Lima, Souza e Silva, no qual os autores analisam os processos de ampliação da presença de territorialidades musicais (construídas pelos atores) que gravitam em torno da cena off de gêneros como techno e house, nas casas noturnas do bairro boêmio do Rio Vermelho (em Salvador). Na sequência, Gumes analisa a cena *underground* afrolatina e diaspórica soteropolitana, que vem emergindo nos últimos anos (ainda que não esteja completamente no radar do poder público) centrada em uma agenda progressista (LGBTQIA+) e direcionada às causas da negritude e da luta feminista. E, fechando esta coletânea, Jesus e Cardoso Filho – a partir do estudo de caso da Banda da Escola Pública – fazem uma espécie de balanço da cena roqueira e, de modo geral, musical *underground* da cidade de Cachoeira, destacando a relevância da trajetória dos atores que atuam neste grupo musical (articulados a alguns agentes culturais importantes), os quais têm buscado atender às frequentes demandas por experiências musicais mais regulares nesta urbe (reivindicadas especialmente pelos segmentos sociais locais menos favorecidos).

Agradecimentos

Não poderíamos findar esta introdução e apresentação sem agradecer àqueles que contribuíram direta e indiretamente na organização e concretização desse conjunto de atividades que foram realizadas entre 2023 e 2024 e que implicaram na organização: de uma agenda interinstitucional de investigação, de eventos acadêmicos, de uma plataforma digital e, finalmente, dos dois volumes aqui apresentados.

Portanto, registramos o nosso muito obrigado aos seguintes colaboradores: Adriana Amaral, Alison Brandão, Ana Carolina A. Amaral, Ana Julia S. de Souza, Ana Paula do Val, Carla Helal, Carlos H. Cavalcanti, Coral de Azevedo Souza, Cristiane Corrêa, Daniel Araújo, Danielle Franco da Rocha, Eduardo Bianchi, Erick Felinto, Fabio La Rocca, Fernanda Vargas, Hugo Oliveira, Indira Oliveira, Janaína Casanova, João Grand Jr., Larissa Moura, Larissa Pacheco, Leonardo de Marchi, Lia Calabre, Luana Rodrigues, Luiz Gomes, Marialva Barbosa, Marcelo Argôlo, Marineia L. Chiovatto, Mateus B. de Barros, Mauricio R. de Lima, Paola B. Jacques, Rafael de Jesus da Silva, Renata Dias Oliveira, Renato L. Taguchi, Richard G. da Silva, Silvia Borelli e Vincenzo Susca. Aproveitamos também essa oportunidade para agradecermos imensamente às agências de fomento à pesquisa do país – CAPES, CNPq e FAPERJ – pelos recursos e apoio fundamental que permitiram a realização dessas iniciativas.

Concluindo este texto inicial, gostaríamos de fazer uma advertência aos leitores: de que essa publicação é dirigida a um público mais amplo (isto é, não apenas acadêmico, de técnicos e/ou gestores públicos), interessado em compreender melhor os grandes desafios que se colocam nos processos de construção de projetos coletivos mais endógenos e na elaboração de políticas públicas mais inclusivas e democráticas no Brasil, especialmente nos contextos urbanos atuais. Em suma, buscou-se ao longo destes dois volumes – a partir do estudo de caso intrincado e fluido do setor da música (organizado em cenas e circuitos mais ou menos institucionalizados) – oferecer mais elementos para ampliar e adensar o debate sobre o papel da criatividade como possível vetor de desenvolvimento local e sustentável: que poderia ser certamente operacionalizado de maneira mais endógena e democrática em diferentes localidades do país.

Referências

CALVINO, Italo. *Cidades Invisíveis*. São Paulo: Cia. das Letras, 1990.

DE CERTEAU, Michel. *A invenção do cotidiano*. Petrópolis: Vozes, 1994.

DE MARCHI, Leonardo. Políticas Públicas para as Cidades Musicais do Brasil. *In*: FERNANDES, C. S.; HERSCHMANN, M. (org.). *Cidades Musicais*. Porto Alegre: Sulina, 2018.

FERNANDES, C. S.; HERSCHMANN, M. (org.). *Cidades Musicais*. Porto Alegre: Sulina, 2018.

FERNANDES, Cíntia S. *et al*. Cidades Arquipélagos. *In*: HERSCHMANN, Micael *et al*. (org.). *Cidades Musicais (In)visíveis*. Porto Alegre: Sulina, 2024. V. 1.

FERNANDES, Cíntia *et al*. (org.). *Artivismos Urbanos*. Porto Alegre: Sulina, 2022.

FERREIRA, Victor M. S.; VAZ, Adriana M. de. A rede de cidades criativas da Unesco: uma perspectiva das cidades brasileiras. *Actas do V Congresso Internacional Cidades Criativas*. Porto: Faculdade de Letras da Universidade do Porto, 2017.

FOUCAULT, Michel. *Nascimento da Biopolítica*. Lisboa: Edições 70, 2010.

GILROY, Paul. *O Atlântico Negro*. São Paulo: Editora 34, 2001.

GONZALEZ, Lélia. A categoria político-cultural de Amefricanidade. *Tempo Brasileiro.* Rio de Janeiro: BT Acadêmica, n. 92/93, 1988.

HARDT, Michael; NEGRI, Antonio. *Multidão.* Rio de Janeiro: Record, 2005.

HERSCHMANN, Micael; FERNANDES, Cíntia S. *A força movente da música.* Porto Alegre: Sulina, 2023.

HERSCHMANN, Micael; FERNANDES, Cíntia S. *Música nas ruas do Rio de Janeiro.* São Paulo: Editora Intercom, 2014.

KRENAK, Ailton. *A vida não é útil.* São Paulo: Cia. das Letras, 2020.

KRONEMBERGER, Denise. *Desenvolvimento Local e Sustentável.* São Paulo: SENAC, 2017.

LACOMBE, Fabiano; HERSCHMANN, Micael. Ecotranssistemas Musicais-Midiáticos pesquisados na cidade do Rio de Janeiro. *In*: HERSCHMANN, Micael *et al.* (org.). *Cidades Musicais (In)visíveis.* Porto Alegre: Sulina, 2024. V. 1.

LATOUR, Bruno. *Reagregando o social.* Salvador: EDUFBA, 2012.

LEMOS, André. *A Comunicação das Coisas.* São Paulo: Annablume, 2013.

LUGONES, María. Colonialidade e Gênero. *In*: HOLLANDA, H. B. (org.). *Pensamento feminista hoje*: perspectivas decoloniais. Rio de Janeiro: Bazar do Tempo, 2020.

PEREIRA DE SÁ, Simone. *Música Popular Periférica.* Rio de Janeiro: Appris, 2021.

QUIJANO, Aníbal. *Ensayos en torno a la colonialidad del poder.* Buenos Aires: Ediciones del Signo, 2019.

REIA, Jess. Coabitando a noite urbana. *In*: FERNANDES, C. S. *et. al.* (org.). *Arte, Comunicação e (Trans)política.* Belo Horizonte: PPGCOM da UFMG, 2021.

REIS, Ana Carla. *Cidades Criativas.* São Paulo: Editora SESI-SP, 2012.

RIBEIRO, Djamila. *Pequeno Manual Antirracista*. São Paulo: Cia. das Letras, 2019.

SANTOS, Milton. *A natureza do Espaço*. São Paulo: EDUSP, 2023.

SECCHI, Leonardo; ITO, Letícia Elena. Think Tanks e Universidades no Brasil. *Planejamento e Políticas Públicas*. Brasília: IPEA, n. 46, 2016.

SELDIN, Claudia. A cidade criativa como um novo paradigma nas políticas urbano-culturais. *In*: CALABRE, Lia *et al.* (org.). *Anais do VII Seminário Internacional de Políticas Culturais*. Rio de Janeiro: Fundação Casa de Rui Barbosa, 2016.

SOUSA LEITÃO, Cláudia (org.). *Criatividade e emancipação nas comunidades-rede:* contribuições para uma economia criativa. São Paulo: Itaú Cultural, 2023.

STRAW, Will. Urbanização da política musical: cidades e cultura da noite. *In*: FERNANDES, C. S.; HERSCHMANN, M. (org.). *Cidades Musicais*. Porto Alegre: Ed. Sulina, 2018.

SUSCA, Vincenzo. *As afinidades conectivas*. Porto Alegre: Sulinas, 2019.

THIBAUD, Jean Paul. *En quête d'ambiances*. Genebra: Metis Presses, 2015.

TROTTA, Felipe. *Annoying Music in Everyday Life*. Nova York: Bloomsbury Academic, 2020.

VIVANT, Elsa. *O que é uma Cidade Criativa*? São Paulo: SENAC, 2012.

1ª PARTE

Nos rastros das territorialidades musicais urbanas na Argentina, no Brasil, Canadá, México e nos EUA

Dados, (in)visibilização numérica e políticas culturais urbanas: uma contribuição para os Estudos da Noite

Jess Reia

Em 2014, artistas de rua no Rio de Janeiro iniciaram um censo informal dos artistas que se apresentavam nas ruas da cidade, principalmente músicos, grupos de teatro de rua, palhaços, mímicos, comediantes e dançarinos. Foram mapeados mais de 750 nomes de indivíduos e grupos em apenas algumas semanas (Fórum de Arte Pública, 2014). Meses depois, eram mencionados mais de 4 mil artistas de rua no Rio. São números significativos, mesmo para uma metrópole tão grande. A iniciativa não foi liderada pelo governo; em vez disso, foi proposta pelo Fórum de Arte Pública, liderado por um dos grupos de teatro de rua mais influentes do país, o *Tá na Rua*, fundado na década de 1980 por Amir Haddad e que ocupou, por muitos anos, um prédio histórico na Rua Mem de Sá, próximo aos icônicos Arcos da Lapa.

Essa tentativa de contar e registrar todos os artistas de rua na cidade decorre, por um lado, do desejo de tornar a arte de rua visível aos olhos do governo, especificamente, e da sociedade em geral; por outro lado, há poder nos números e nos dados (Bouk *et al.*, 2022) que permite aos artistas negociar financiamento público, políticas públicas abrangentes e legitimidade como prática cultural valiosa para a cidade. Mesmo que a coleta de dados sobre artistas de rua tenha sido conduzida por atores não estatais e que a metodologia nunca tenha sido divulgada publicamente, eles o fizeram no contexto de um festival financiado pelo poder público, com a intenção de fazer com que esses números sejam percebidos como relevantes pelo governo local. Segundo informação apresentada no relatório para a prefeitura do Rio de Janeiro:

> É importante termos documentado quantos nós somos, quem somos, e sabermos qual é a diversidade de manifestações artísticas nos espaços públicos, pois, ao final do projeto iremos apresentar esse material ao poder público para que eles tenham noção do universo de artistas que exercem seu ofício no espaço urbano carioca da cidade (Fórum de Arte Pública, 2014, p. 22).

Para esses artistas, é importante agir, sugerir e demandar políticas públicas – ao invés de esperar que os governos os enxerguem. Em seus esforços para contar uma atividade tão fugaz, que raramente tem um local fixo ou um horário preestabelecido no dia ou à noite, esses artistas lançaram luz sobre questões centrais deste artigo. Como afirmam Bouk *et al.* (2022, p. 2), ao discutir o poder dos números, a sociedade depende de informações oficiais e dados públicos como fontes confiáveis para tomada de decisões: "dados com autoridade e sempre disponíveis para serem usados". Porém, muitas vezes esquecemos que os números oficiais também são fabricados – e eles são políticos. A falta de dados, combinada com a difícil tarefa de categorizar práticas informais nos espaços públicos, oferece-nos a oportunidade de questionar o papel que a contagem de práticas culturais marginais desempenha na sociedade contemporânea. E, de acordo com os próprios artistas cariocas, a visibilidade nem sempre é necessariamente positiva ou gera retornos financeiros:

> A modalidade [arte de rua] começa a ser notada, depois de muita insistência e pressão, quando começaram a voltar os editais. A volta dos editais é oferecida ao movimento de Teatro de Rua, uma possibilidade de ser visto pelos olhos do poder público. Ainda assim, porém, olhos preconceituosos. De todo dinheiro investido na área, seu percentual era e sempre foi insignificante (Fórum de Arte Pública, 2014, p. 253).

A objetividade e confiança nos números têm duas facetas; de um lado, a presença da objetividade é necessária para que o sistema judicial e a confiança nos governos existam, mas, por outro lado, seu excesso pode esmagar sujeitos, minorias e criatividade artística (Porter, 1995). Encontrar o equilíbrio e nuances no processo de tornar experiências e práticas visíveis aos olhos de atores específicos requer entender a complexidade da "(in)visibilidade numérica", assim como seu uso estratégico.

A arte de rua é um exemplo dessas negociações entre dados, políticas públicas e cultura. Questões similares emergem em outras práticas artísticas nos espaços públicos, como música e vida noturna, principalmente em cidades musicais, como resultado de arcabouços de políticas públicas (Ballico; Watson, 2020) e territorialidades "de partilhas e intercâmbios de experiências sensíveis musicais" (Herschmann; Fernandes, 2023, p. 132).

Ao olhar para práticas às margens regulatórias e sociais das cidades, o papel dos dados e números assume outras dimensões. Para entender melhor o que se passa em nossos espaços públicos e na vida noturna urbana, é preciso buscar dados oficiais, encontrar dados gerados por comunidades e coletar dados (qualitativos e quantitativos) na qualidade de pesquisadores. Contudo, tornar o invisível visível requer responsabilidade e compreensão de processos tecnológicos atuais moldando a narrativa de eficiência pública.

Este artigo possui três objetivos. Primeiramente, repensar o debate sobre a geração de dados urbanos, especialmente aqueles associados a certas práticas culturais menos conhecidas, visíveis e/ou institucionalizadas. Para isso, utiliza exemplos colhidos durante uma pesquisa de dez anos com práticas culturais informais realizada não só com artistas de rua, mas também redes e coletivos que habitam a cidade noturna. Em segundo lugar, discutir o campo interdisciplinar dos Estudos da Noite e suas relações e aplicações no campo da política, na proposição e aperfeiçoamento de regulações e mesmo na produção de números e estatísticas. E, por último, oferecer recursos que subsidiem os Estudos da Noite a refletir sobre a complexidade da (in)visibilidade de dados, mas também busca dialogar com outras agendas de pesquisas que vêm sendo desenvolvidas no Brasil.

Ao longo da última década, esse trabalho se construiu a partir de pesquisas com métodos etnográficos (entrevistas em profundidade e observação participante), análise de políticas públicas e arcabouços regulatórios e uma busca incessante por informação em arquivos (institucionais e independentes). O que é discutido aqui é resultado de pesquisa acadêmica e envolvimento com formulação de políticas públicas nas Américas.

O texto contribui para as reflexões em curso na América Latina sobre epistemologias urbanas críticas (Bieletto-Bueno, 2020) que reúnem espaços públicos, sons e as implicações sociais dos arcabouços regulatórios e políticos. Está dividido em três partes: uma discussão sobre dados urbanos e invisibilidade, a apresentação breve do campo interdisciplinar de estudos da noite e a perspectiva da emergência de mecanismos de governança e políticas públicas para a vida noturna.

Dados urbanos: o que é (in)visível em nossas cidades[5]

O papel dos dados mudou significativamente nos últimos dois séculos. Especificamente "[...] nos últimos 150 anos, as ideias sobre o que conta como dados, quais dados são confiáveis e quem os possui mudaram drasticamente. Antes considerados objetos estáveis cujo significado era determinado por um punhado de intérpretes profissionais, os dados agora são mercadorias reutilizáveis" (Leonelli, 2019, p. 317, tradução própria). Cada vez mais, os dados se tornam commodities, usados para informar políticas públicas e governança, mas também nos ajudam a entender o mundo ao nosso redor. Algumas práticas culturais são mais fáceis de contabilizar, como o número de cinemas e parques em uma cidade. É possível contar o número de alvarás de bares e restaurantes, o total de bibliotecas públicas em um território e quantas pessoas registraram seus *food trucks* no último ano. No entanto, existem espaços e atividades que escapam dessas formas oficiais de medir a vida urbana (Reia, 2022). Espaços DIY (*Do It Yourself* ou faça você mesmo),

[5] Trechos e argumentos desta seção foram traduzidos e adaptados do livro *Urban Music Governance: What Busking can Teach Us about Data, Policy and Our Cities* (Reia, 2025).

vendedores ambulantes, vendas de garagem e artistas de rua são alguns exemplos que adicionam camadas de complexidade ao se governar a vida urbana.

Iniciativas recentes para descobrir os números referentes ao setor cultural combinam diferentes métodos para estimar a relevância das economias noturnas nas cidades ao redor do mundo (VibeLab, 2023) e propor indicadores. A indústria da música também enfrenta a falta ou inconsistência de dados, bem como o papel das estatísticas nesse processo (Osborne; Laing, 2021). Desde os "números mágicos" da pirataria de mídia (Karaganis, 2011) até estimativas não replicáveis do valor da criatividade, é difícil escapar do peso sempre presente dos dados nas políticas culturais, já que os dados têm sido o alicerce para a compreensão científica e econômica do mundo ao nosso redor.

A ênfase no valor econômico com números como único parâmetro pode ser prejudicial para o trabalho cultural urbano informal. O governo acredita em números, então artistas e criadores acreditam na necessidade de mostrar ao poder público que existem – e que são numerosos. Esse foi um dos principais argumentos por trás dos esforços de censo informal dos artistas de rua, e é também uma crença enraizada na luta pela visibilidade de muitos grupos nas cidades, como os trabalhadores noturnos, vendedores ambulantes, artistas queer e racializados e proprietários de espaços DIY (Reia, 2021). Tornar-se visível para as autoridades locais pode ser um primeiro passo rumo a melhores condições de trabalho, conscientização dos desafios enfrentados e apoio financeiro.

Contar e mensurar coisas e pessoas tornam-se elementos importantes na formulação de políticas públicas baseadas em evidências. No entanto, quem contamos, como contamos e quando contamos têm implicações muito além dos números. Desde preocupações com privacidade e proteção de dados até precisão ou transparência, contar pessoas e suas atividades necessita uma abordagem crítica e multifacetada analisada dentro de estruturas sociais mais amplas. Mesmo em disciplinas CTEM (Ciência, Tecnologia, Engenharia e Matemática) e em configurações que normalmente associamos à alta precisão científica (como laboratórios), existem nuances e erros ao se contar pessoas e coisas (Martin; Lynch, 2009). Populações não contadas são abundantes, muitas vezes resultado de negligência, decisões políticas, neoliberalismo ou uma combinação de todos esses itens. Na literatura, trabalhos interessantes sobre equidade em saúde global lançaram luz sobre a política por trás das populações não contadas (Davis, 2020), e reflexões mais recentes sobre a identidade de gênero no censo nacional tornaram-se um campo de batalha em diferentes países (Guyan, 2022). Contar responsavelmente variadas identidades fluidas, atividades informais, comunidades marginalizadas e existências invisíveis faz parte de um possível caminho em direção à justiça de dados (Taylor, 2017).

Na busca por entender como *datasets* podem não ser uma representação precisa da realidade, é necessário reconhecer que os dados estão sujeitos a erros estatísticos, lacunas e invisibilização de comunidades inteiras. Se fizermos as perguntas erradas, poderemos realmente compreender as complexidades do mundo ao nosso redor? Números oficiais são fundamentais para a democracia (Bouk, 2022) e para a tomada de decisões. No entanto, enquanto insights sobre histórias não contadas são importantes, a visibilidade nem sempre é desejável, segura ou possível. A visibilidade em *datasets* deve sempre estar alinhada com princípios de ética (Wylie, 2020), justiça de dados (Taylor, 2017), responsabilidade e direitos digitais (Digital Freedom Fund, 2020).

Ao lidar com comunidades historicamente às margens das cidades, é essencial pensar além da mera coleta de dados como uma ferramenta de visibilidade. Devemos considerar os impactos sociais na formulação de políticas públicas. Espaços públicos estão cada vez mais sob vigilância e monitoramento em tempo real. Os rápidos avanços de sistemas centrados em grandes volumes de dados, como inteligência artificial, aprendizado de máquina ("*machine learning*") e grandes modelos de linguagem ("*large language models*") resultam em promessas de solução para problemas há muito existentes, tornando a tecnologia em suposto atalho nos governos locais (Brandusescu; Reia, 2022). A implantação de tecnologias controversas em espaços públicos, especialmente sistemas de reconhecimento facial, levanta várias questões sobre o direito à cidade, discriminação e superpoliciamento de espaços urbanos.

Ruas, praças, metrôs e festivais de música são espaços que estão se tornando *testbeds* para uma vigilância irresponsável baseada em inteligência artificial. O uso de tecnologias de vigilância também tem sido associado ao aumento da discriminação racial (Browne, 2015) e de gênero (Scheuerman *et al.*, 2021), porque muitas vezes incorporam *datasets* enviesados e ignoram desigualdades históricas. Diversas campanhas ao redor do mundo têm pedido uma proibição total de sistemas de reconhecimento facial.[6] Enquanto a tecnologia está sendo desincentivada em certas cidades do Norte Global, o mercado está em alta no Sul Global, que tenta lidar com questões profundas de segurança e criminalidade. Não é difícil imaginar como atividades já criminalizadas e estigmatizadas nos espaços públicos podem ser ainda mais prejudicadas por esses sistemas de *big data* que têm olhos artificiais por toda parte. Os governos municipais devem considerar os desafios e consequências da coleta de dados em tempo real para aqueles frequentemente não contados, pouco visíveis ou que existem nas áreas cinzentas da sociedade.

Encontrar o equilíbrio entre números oficiais, coleta de dados realizada por comunidades e uso responsável de tecnologias é um ponto de partida. Os artistas de rua no Rio não estão sozinhos em sua tentativa de medir – e oficializar, de certa forma – suas atividades. Em entrevista concedida em 2014, Amir Haddad, liderança do Tá na Rua, disse que não havia planos concretos para os dados que haviam sido coletados sobre os artistas de rua. Eles apresentaram as descobertas em um relatório abrangente para a Secretaria Municipal de Cultura, os vereadores e o prefeito. Um dos objetivos seria formular políticas públicas para artistas de rua, organizando seus esforços coletivos à medida que as negociações avançavam. Outro projeto ambicioso que os artistas tinham em mente era a intenção de institucionalizar a arte de rua, enquadrada por eles

[6] Um exemplo no Brasil é a campanha pelo banimento do reconhecimento facial chamado "Tire meu rosto da sua mira", disponível em: https://tiremeurostodasuamira.org.br/ (acesso em: 21 maio 2024).

como arte pública, por meio do estabelecimento de um departamento específico dedicado à arte de rua dentro da organização formal da Secretaria Municipal de Cultura do Rio (Haddad, 2014) – ou como uma fundação dedicada ao avanço da arte de rua na cidade. Segundo Haddad, essa infraestrutura burocrática iria "pensar sobre como esses grupos são representados, como sobrevivem, em quais regiões trabalham, como se apresentam, estudar suas formas de fortalecimento – sem a única intenção de levar esses artistas ao mercado porque não somos caçadores de talentos" (Haddad, 2014).

Essa tradução da prática cultural em números, e posteriormente em política e governança, é mais significativa do que se imagina para atividades informais e alternativas em espaços urbanos, dia ou noite. Diante da falta de números oficiais, especialistas, pesquisadoras, jornalistas e formuladoras de políticas públicas devem buscar informações onde estiverem disponíveis, seja em pequenos ou grandes volumes de dados, para definir os limites da regulação e governança. Com o crescimento do papel da noite urbana no imaginário coletivo e em políticas públicas desde os anos 1990, várias dessas questões sobre números, governança e políticas são potencializadas e intercaladas com problemas relacionados a ruído, pânico moral, segurança e coabitação. A próxima seção é uma breve introdução ao campo dos Estudos da Noite e seus mecanismos de governança que entrelaçam questões de práticas culturais, espaços urbanos e políticas públicas.

Estudos da Noite como campo interdisciplinar

De acordo com Straw (2017, p. 222, tradução própria): "a noite é um período de tempo, mas também é um 'território', com suas próprias populações, rituais e formas de cidadania. Através das práticas da noite, esse território pode ser ocupado ou percorrido, regulamentado ou tornado livre". A emergência de um campo interdisciplinar chamado "Estudos da Noite" nos últimos 20 anos trouxe à tona um conjunto de reflexões sobre como a governança urbana é aplicada ao ciclo de 24 horas (Celis;

González, 2020; Gwiazdzinski *et al.*, 2020; Kyba *et al.*, 2020; Straw, 2020). Desde a década de 1990, vários esforços têm pressionado as cidades a reconhecerem o papel de sua vida noturna no fomento ao crescimento econômico e atrações turísticas (Hae, 2012). A partir de 2000, municípios que buscavam melhorar suas vidas noturnas desenvolveram uma série de instrumentos de governança. Hoje, mais de 50 cidades em todo o mundo têm nomeado "prefeituras da noite", conselhos e escritórios dedicados a entender e gerir a cidade após o anoitecer (Seijas; Gelders, 2020). Como os autores de um manifesto noturno intitulado "*Rise Up – For a Better Future for Nightlife*" (Global Nighttime Manifesto, 2022, tradução própria) escreveram: "A vida noturna inspira indivíduos, forma comunidades e energiza cidades. Em vez de servir como uma fuga do presente, a vida noturna nos proporciona uma janela para realidades diferentes".

Os relatos históricos da noite incluem pesquisas sobre o processo de iluminação pública e eletrificação das ruas (Nye, 2018) que estenderam o tempo que as pessoas poderiam passar fora de casa (Schlör, 2016), mobilidade durante a noite (Beaumont, 2016) e formas de sociabilidade noturna – como aquelas normalmente associadas a estilos de vida boêmios ou subculturais (Chatterton; Hollands, 2003). Ao investigar arquivos, registros policiais e jornais, a documentação da noite como um ecossistema complexo ganha vida. Perspectivas humanísticas sobre a cidade após o anoitecer são cruciais para os Estudos da Noite, especialmente ao dar voz a comunidades marginalizadas (DeGuzmán, 2012; May, 2014).

Na academia, também houve um esforço para compreender melhor a noite. Abrangendo disciplinas como geografia (Gwiazdzinski, 2005) e estudos musicais urbanos (Pardue *et al.*, 2023), os "Estudos Noturnos" reúnem especialistas de diversas origens para compreender melhor a noite urbana a partir de várias perspectivas. Há estudos sobre poluição luminosa e seus efeitos em humanos e na vida selvagem (Chepesiuk, 2009), como o fechamento de clubes noturnos LGBTQIA+ enfraqueceu comunidades (Campkin; Marshall, 2018) e as condições de trabalho de trabalhadoras noturnas (Kolioulis *et al.*, 2021). No Brasil, o campo de "Estudos da Noite" ainda não se organiza como tal, mas é importante ressaltar que existem muitos estudos, de variadas disciplinas, que tratam da noite e culturas urbanas (Pereira; Gheirart, 2023; Queiroz, 2021; Ferreira de Góis, 2014; Iorio; Góis, 2020; entre tantos outros).

Na década de 2010, quando várias cidades começaram a designar "Prefeitos da Noite", havia uma intenção de proteger e desenvolver atividades culturais noturnas (Seijas; Gelders, 2020). Alguns desses representantes da noite, como Mirik Milan, que assumiu o cargo em Amsterdã em 2012, vinham dos setores da música e clubes, vendo seu papel incluir a conscientização de administradores públicos sobre a importância do setor. Tipicamente, esses indivíduos trabalham com autoridades municipais para reduzir violência, ruído e outras fontes de queixas dos residentes. Em outros casos, como o de Amy Lamé, a "Czar da Noite" de Londres desde 2016, esses indivíduos são nomeados pelo governo para supervisionar a cultura noturna, frequentemente no contexto de preocupações com o declínio econômico do setor. A primeira posição desse tipo no Canadá foi a de "Embaixador da Economia Noturna" em Toronto, criada e preenchida em novembro de 2019. O quinto capítulo da iniciativa Plano Global de Recuperação Noturna, "Governança Noturna em Tempos de Covid-19" (Petrovics *et al.*, 2021), identifica mais de 50 cidades com mecanismos de governança semelhantes ou equivalentes aos Prefeitos da Noite, e também menciona outros mecanismos de governança como conselhos da noite e departamentos dedicados ao tema. A maioria desses mecanismos institucionalizados encontra-se no Norte Global, mas vale ressaltar que várias cidades no Sul Global têm outros mecanismos para gerenciar a noite ou até mesmo tentaram adaptar esse modelo (como os casos de Cali na Colômbia e Valparaíso no Chile). Enquanto isso, San Luis Potosí, no México, possui uma "Prefeita da Noite" independente ("*Alcadesa de la Noche*"). No Brasil, ainda não existe um cargo formal, apesar do envolvimento de algumas prefeituras em redes internacionais de discussão e cooperação em políticas da noite.[7]

[7] Conferir os relatórios disponíveis na página *24-Hour Cities Network*. Disponível em: https://citypossible.com/cpuserportal/public/cpuserui/working-groups/2211/24-hour-cities-network. Acesso em: 21 maio 2024.

Paralelamente, surgem chamados por uma "ciência da noite" (Acuto, 2019) que também informa a elaboração de políticas públicas noturnas baseadas em evidência, com acadêmicas e ativistas buscando a autoridade dos números – e, cada vez mais, de *big data* – para justificar investimentos e apoio à vida noturna nas cidades. As demandas por tomadas de decisão informadas por dados para a noite estão cada vez mais polarizadas entre "pequenos" e "grandes" dados, tornando-se mais proeminentes no contexto da recuperação pós-pandemia (Straw; Reia, 2021; Petrovics *et al.*, 2021). Por exemplo, quando Montreal nomeou uma "Comissária de Ruído e Noite" em 2020, a pessoa estava vinculada ao departamento de desenvolvimento econômico, e uma das primeiras tarefas foi criar um inventário de todos os dados disponíveis relacionados à vida noturna (Reia, 2021).

No entanto, apenas tornar a noite visível em conjuntos de dados abertos ou implantar sistemas automatizados centrados em dados em espaços urbanos – especialmente aqueles focados em IA – para melhorar a eficiência não é suficiente. Este processo requer um sólido arcabouço de direitos digitais (Taylor, 2017) e uma abordagem responsável (e ética) de *big data* e ciências de dados (Davis *et al.*, 2021). Assim, visa-se evitar o super policiamento (Maynard, 2017) e controlar comunidades marginalizadas em que a visibilidade como pontos de dados e a submissão a políticas insensíveis irão reproduzir desigualdades históricas (Benjamin, 2019; Reia, 2021).

Políticas públicas noturnas

O status dos dados referentes à noite das cidades têm sido moldado por duas características reais ou percebidas da noite urbana. Uma delas é o tratamento de longa data da noite como um período definido principalmente por suas associações com criminalidade, perigo e transgressão moral (Pulido Llano, 2016). Isso significa que muitas das principais fontes de dados sobre a atividade noturna das cidades são encontradas em registros policiais, investigações públicas sobre moralidade, reportagens jornalísticas sobre crime e outras fontes que enfatizam a suposta tendência da noite em estimular a criminalidade (Talbot; Böse, 2007).

Outro fator que restringe a disponibilidade de dados tem sido a efemeridade da atividade noturna, especialmente no âmbito cultural. A cultura da noite muitas vezes é uma cultura de eventos pontuais em vez de instituições duradouras. Para recuperar a história desses eventos, geralmente é necessário buscar na fugaz lista de opções noturnas publicadas em mídias especializadas e frequentemente de vida curta. Historiadores da vida noturna LGBTQIA+, por exemplo, encontraram-se tendo que vasculhar registros policiais para identificar locais de sociabilidade queer (Kunzel, 2018), ou procurando por publicações de vida curta, muitas vezes clandestinas (Sermol, 2022), que não eram, até recentemente, reunidas por arquivos oficiais. Essa efemeridade tem sido ampliada na era dos dados digitais, quando aplicativos que oferecem listas de atividades noturnas normalmente atualizam e apagam dados mais antigos, de forma que só podem ser recuperados por meio do uso de plataformas de arquivamento na internet ou procedimentos forenses.

Ainda assim, mesmo quando existem arquivos institucionais que coletam e preservam tais memórias, ainda que precariamente e com viés, é importante entender também o contexto da formação de tais métodos. Muitas vezes, essas práticas refletem o ponto de vista das narrativas vigentes, patriarcais e coloniais, apresentando dinâmicas de poder distorcidas e preconceitos. Como Stoler (2009) coloca, "as administrações coloniais foram prolíficas produtoras de categorias sociais", e o conhecimento produzido sobre atividades informais, boêmias e hedonistas em espaços públicos, contido em tais arquivos, deveria ser analisado a partir de uma perspectiva crítica (Quijano, 2000; Gandarilla Salgado *et al.*, 2021).

Desde o início da pesquisa realizada com comunidades noturnas em 2018, ficou evidente que as negociações em torno dos significados e limites de "dados válidos" eram cruciais para aqueles que habitam a cidade após o anoitecer. Dependendo das identidades sociais dos indivíduos, há uma tensão entre ser visível e permanecer oculto das contagens oficiais – o que chamo de "in(visibilidades) de dados". O medo de ser visível para as autoridades policiais é mais comum entre grupos populacionais à margem de nossas cidades e sistemas regulatórios, como trabalhadoras sexuais, comunidades LGBTQIA+, trabalhadores precários e pessoas em situação de rua (Kolioulis *et al.*, 2021; Talbot, 2007). Diferentes cidades enfrentam essas questões de maneiras distintas, mas há perguntas abrangentes que são relevantes independentemente da geografia (Blum, 2007).

O argumento-chave aqui é que os esforços de coleta de dados realizada por comunidades (em vez da coleta oficial de organizações governamentais) oferecem insights sobre a invisibilidade de dados onde ferramentas de *big data* muitas vezes não conseguem alcançar, tornando-se assim um recurso importante para a governança noturna inclusiva nas cidades. A definição de dados "relevantes" ou "válidos" é moldada tanto pelas tecnologias usadas para coletar, armazenar e analisá-los – e quem realiza essas tarefas: coleta de dados informais realizada por comunidades (Ahluwalia *et al.*, 2022) ou governos que buscam o estabelecimento de números oficiais (Bouk *et al.*, 2022). As práticas de coleta de dados realizada por comunidades podem ser consideradas uma resposta à ausência de dados noturnos. Ela se baseia em histórias orais e registros colaborativos para recuperar narrativas que, de outra forma, teriam deixado poucos vestígios materiais.

Trabalhos sobre vida noturna queer (Adeyemi *et al.*, 2021; Khubchandani, 2020) e mapas queer[8] apresentam experiências e informações sobre a noite, nas quais os autores usaram relatos pessoais para reconstruir mapas da vida noturna, cronogramas ou outras formas mais convencionais de organizar dados, no que tem sido chamado de "tecnologias da memória" (Watson *et al.*, 2023). Até o momento, houve poucas tentativas de agregar tais pontos de dados em histórias mais amplas. Ao mesmo tempo, historiadores da cultura noturna, particularmente aqueles que estudam comunidades racializadas e de gênero diversas, envolveram-se em um esforço massivo, ainda que descoordenado, para extrair infor-

[8] Ver por exemplo: https://www.queeringthemap.com/. Acesso em: 21 maio 2024.

mações de formas de mídia efêmeras, pré-digitais, em bases de dados sistemáticas que oferecem visões gerais da cultura noturna em territórios específicos[9].

A coleta de dados governamentais é realizada por agentes públicos, às vezes em colaboração com empresas, resultando em informações apresentadas com autoridade e objetividade (Porter, 1995), e parte de um "complexo de dados" (Murphy, 2022). Compilações de dados do censo (Bouk, 2022) e serviços públicos (Davis, 2020) são combinados a sistemas centrados em dados (como sensores e câmeras de reconhecimento facial), tornando-se mais ubíquos na consolidação de visões problemáticas de "inteligência urbana" (Mattern, 2017). As expectativas de que a inteligência artificial tornará nossas cidades melhores têm cativado governos locais ansiosos para transformar grandes volumes de dados em políticas e decisões (Brandusescu; Reia, 2022). Empresas de consultoria e *think tanks* estão aproveitando essa oportunidade para sugerir análises baseadas em dados sobre tendências culturais das cidades (VibeLab, 2023), nas quais os números econômicos e *big data* podem ofuscar os esforços de coletar dados liderados por cidadãos. Além disso, esses avanços vêm com preocupações sobre a salvaguarda dos direitos humanos no contexto digital (Digital Freedom Fund, 2020) ao promover a visibilidade de dados, para evitar transformar comunidades inteiras em alvos.

Em recente artigo para o *World Economic Forum*, Seijas e sua equipe de pesquisa (Seijas *et al.*, 2024) comentam que a relevância do poder econômico é frequentemente ignorada: o que leva muitos especialistas a afirmarem, muitas vezes de maneira esquemática, que a noite urbana pode gerar distribuição de riquezas e desenvolvimento para os municípios, desde que se apliquem bons mecanismos de governança noturna. Segundo as autoras, "a economia noturna gera bilhões de dólares anualmente para as cidades e cria milhões de empregos" (Seijas *et al.*, 2024).

---

[9] Mais informações, conferir o projeto *Mapping the Gay Guides* sobre como se criar um *dataset*: Disponível em: https://www.mappingthegayguides.org/methodology/. Acesso em: 21 maio 2024.

Na cidade de Londres, no Reino Unido, a economia noturna contribui com 26 bilhões de libras e sustenta mais de um 1,25 milhão de empregos[10], ambos com projeção de aumento nos próximos anos.

Em Montreal, o "Projeto de Política da Vida Noturna Montrealense" ("*Projet de politique de la vie nocturne montréalaise*") foi lançado em janeiro de 2024 – após anos de pressão das comunidades envolvidas e especialistas consultados desde 2020 pela prefeitura[11]. A política sugere a criação de "zonas de vitalidade noturna" (Ville de Montréal, 2024, p. 7) e apresenta a vida noturna da cidade através de números: de turistas interessados na noite, de performances, da média de idade jovem, da abrangência do setor cultural e do quanto se gasta ao consumir na noite montrealense. Entre os objetivos, consta a coleta e o armazenamento de dados sobre a vida noturna (Ville de Montréal, 2024, p. 15).

A visibilidade da noite pela via econômica é uma tendência mundial, que enxerga a vida noturna como caminho para revitalização de áreas degradadas, melhoria da indústria do entretenimento e grande atrativo turístico. Diversas experimentações urbanas se baseiam na necessidade de se entender a noite de múltiplos ângulos e de maneira plural, especialmente como ecossistemas que agregam diferentes atores com variados níveis de poder e influência (Reia, 2022). No momento, as discussões globais em torno da noite urbana também têm sido afetadas por dois temas, transversais e conectados: crise climática e inteligência artificial. O ciclo de 24 horas das cidades raramente é problematizado nos espaços de tomada de decisão sobre clima, assim como as reflexões sobre o impacto dessas mudanças nas políticas culturais são ainda escassas. O setor cultural raramente é parte dos planos de cidades inteligentes e, com a emergência de IA como narrativa de eficiência, é preciso entender os custos invisíveis da computação em grande escala, assim como as externalidades

[10] De acordo com a página da prefeitura de Londres: http://www.scroll.london.gov.uk/24hourlondon/. Acesso em: 21 maio 2024.

[11] A autora participou do processo de consulta como membro do Conselho da Noite do MTL 24/24 e enquanto especialista da academia.

que a implementação de certas tecnologias centradas em dados vai trazer para todas as áreas, mas especialmente para setores menos visíveis.

Considerações finais

Este trabalho de pesquisa se debruçou sobre as implicações do uso de dados urbanos para diferentes setores sociais e para diversas práticas culturais em algumas metrópoles do Canadá, Brasil e EUA. É resultado de uma década de pesquisa com métodos etnográficos combinados com análises de políticas públicas e arcabouços regulatórios. Trata-se de uma ampla pesquisa e iniciativa de ciência aplicada que visa a construir pontes entre academia, governo e comunidades urbanas: busca contribuir com as reflexões e problematizações sobre o que consideramos dados válidos ou relevantes, e como esses influenciam a formulação de políticas públicas e as tomadas de decisão.

Diante da (in)visibilização política e na inexistência de dados estatísticos, vários grupos e redes têm se organizado para contar a si mesmos e se fazerem ver pelo poder público: lutam pelo seu direito à visibilidade. Assim, nas lacunas deixadas pelos dados oficiais, pessoas e comunidades criam narrativas sobre si mesmas e suas experiências. Ignorar a relevância dessas narrativas e informações por não serem oficiais ou por não terem rigor metodológico estandardizado acaba limitando o nosso alcance de ver a cidade em suas camadas subterrâneas e a capacidade dos gestores e técnicos de proporcionar a criação de cidades mais inclusivas e vibrantes. Para os atores estudados, a busca pela legitimação e melhores condições de vida e trabalho é árdua e constante. Para a academia, é importante se engajar com tais questões desde uma perspectiva de colaboração não extrativista, de amplificação de vozes e de responsabilidade ética, ao tornar o que é invisível um pouco mais visível.

Referências

ACUTO, M. We need a science of the night. *Nature*, v. 576, n. 339, 2019. DOI: https: 10.1038/d41586-019-03836-2.

ADEYEMI, K.; KHUBCHANDANI, K.; RIVERA-SERVERA, R. H. (eds.). *Queer Nightlife*. Ann Arbor: University of Michigan Press, 2021.

AHLUWALIA, A.; BEAN, C.; CHACHRAM, M.; CHAN, R.; CHEANG, R.; CHENG, S.; ... TRABOULAY, A. *Community-Based Research & Data Justice Resource Guide*. Gender + in Research Collective at ORICE UBC. Vancouver/BC, 2022.

BALLICO, C.; WATSON, A. *Music Cities Evaluating a Global Cultural Policy Concept*. London: Palgrave McMillan, 2020.

BEAUMONT, M. *Nightwalking*: A Nocturnal History of London. London and New York: Verso Books, 2016.

BENJAMIN, R. *Race after Technology*: Abolitionist Tools for the New Jim Code. Medford, MA: Polity Press, 2019.

BIELETTO-BUENO, N. *Ciudades vibrantes*: Sonido y experiencia aural urbana en América Latina. Santiago de Chile: Ediciones de la Universidad Mayor, 2020.

BLUM, A. Comparing Cities: On the Mutual Honouring of Peculiarities. *In*: Sloan, J. (ed.). *Urban Enigmas*: Montreal, Toronto, and the Problem of Comparing Cities. Montreal and Kingston: McGill-Queen's University Press, 2007.

BOUK, D. *Democracy's Data*: The Hidden Stories in the U.S. Census and How to Read Them. New York: MCD - Farrar, Straus and Giroux, 2022.

BOUK, D.; ACKERMANN, K.; boyd, d. *A Primer on Powerful Numbers*: Selected Readings in the Social Study of Public Data and Official Numbers. Data & Society, 2022.

BRANDUSESCU, A.; REIA, J. (ed.). *Artificial Intelligence in the City*: Building Civic Engagement and Public Trust. Centre for Interdisciplinary Research on Montreal, McGill University, 2022.

BROWNE, S. *Dark Matters*: On the Surveillance of Blackness. Durham, NC: Duke University Press, 2015.

CAMPKIN, B.; MARSHALL, L. London's nocturnal queer geographies. *Soundings*, Autumn, 70, p. 82-96, 2018.

CELIS, A. M.; GONZÁLEZ, E. H. (ed.). *Noche urbana y economía nocturna en América del Norte*. México: Universidad Nacional Autónoma de México, Centro de Investigaciones sobre América del Norte, 2020.

CHATTERTON, P.; HOLLANDS, R. *Urban Nightscapes*: Youth Cultures, Pleasure Spaces and Corporate Power. London and New York: Routledge, 2003.

CHEPESIUK, R. Missing the Dark: Health Effects of Light Pollution. *Environmental Health Perspectives*, v. 117, n. 1, p. A20-A27, 2009.

DAVIS, J. L.; WILLIAMS, A.; YANG, M. W. Algorithmic reparation. *Big Data & Society*, 2021. DOI: 10.1177/20539517211044808.

DAVIS, S. *The Uncounted*: Politics of Data in Global Health. Cambridge: Cambridge University Press, 2020.

DEGUZMÁN, M. *Buenas Noches American Culture*: Latina/o Aesthetics of the Night. Bloomington and Indianapolis: Indiana University Press, 2012.

DIGITAL FREEDOM FUND. *Digital rights are human rights*. 2020. Disponível em: https://digitalfreedomfund.org/digital-rights-are-human-rights/. Acesso em: 19 fev. 2024.

FÓRUM DE ARTE PÚBLICA. *Arte Pública*: Uma política em construção. Primeiro Festival Carioca de Arte Pública. Relatório, 2014.

GANDARILLA SALGADO, J. G.; GARCÍA-BRAVO, M. H.; BENZI, D. Two Decades of Aníbal Quijano's Coloniality of Power, Eurocentrism and Latin America. *Contexto Internacional*, v. 43, n. 1, p. 199-222, 2021.

GLOBAL NIGHTTIME MANIFESTO (2022). Rise Up - For a Better Future for Nightlife. Disponível em: https://www.nighttime.org/wp-content/uploads/2022/09/Rise-Up-A-Manifesto-for-Nightlife.pdf. Acesso em: 19 fev. 2024.

GÓIS, M. P. F. de. A gestão da noite urbana carioca: entre discursos sobre ordem urbana e práticas socioeconômicas. *Soc. nat.*, v. 26, n. 2, 2014. DOI: 10.1590/1982-45132014020.

GUYAN, K. *Queer Data*: Using Gender, Sex and Sexuality Data for Action. London and New York: Bloomsbury, 2022.

GWIAZDZINSKI, L. *La nuit, dernière frontière de la ville*. Editions de l'Aube. 2005. Disponível em: https://shs.hal.science/halshs-00642968/file/La_nuit_derniere_frontiere_de_la_vi.pdf. Acesso em: 19 fev. 2024.

GWIAZDZINSKI, L.; MAGGIOLI, M.; STRAW, W. (ed.). *Night Studies*: Regards Croisés Sur Les Nouveaux Visages de La Nuit. Grenoble, France: Editions Elya, 2020.

HADDAD, A. Entrevista concedida a Jess Reia e Micael Herschmann, pessoalmente, no Rio de Janeiro em 25 de junho de 2014.

HAE, L. *Gentrification of Nightlife and Right to the City*: Regulating Spaces of Social Dancing in New York. Abingdon and New York: Routledge, 2012.

HERSCHMANN, M.; FERNANDES, C. S. *A força movente da música*: cartografias sensíveis das cidades musicais do Rio de Janeiro. Porto Alegre: Sulina, 2023.

IORIO, L. J.; GÓIS, M. P. F. de. O Baixo Leblon como um cenário da noite carioca (1976-1979). *Caderno Prudentino De Geografia*, v. 2, n. 42, p. 115–141, 2020.

KARAGANIS, J. *Media Piracy in Emerging Economies*. Social Science Research Council, 2011. Disponível em: https://www.ssrc.org/publications/media-piracy-in-emerging-economies/. Acesso em: 19 fev. 2024.

KHUBCHANDANI, K. *Ishstyle*: Accenting Gay Indian Nightlife. Ann Arbor: University of Michigan Press, 2020.

KOLIOULIS, A.; SIRAVO, J.; APOSTOLIDIS, P.; KUMMER-BULÉON, C.; MATHEOU, L.; CAMPANI, C. Working Nights: Municipal Strategies for Nocturnal Workers. *Autonomy*, 2021.

KUNZEL, R. The Power of Queer History. *The American Historical Review*, v. 123, n. 5, p. 1560–1582, 2018. DOI: 10.1093/ahr/rhy202.

KYBA, C. C.; PRITCHARD, S. B.; EKIRCH, A.R.; ELDRIDGE, A.; JECHOW, A.; PREISER; ... STRAW, W. Night Matters – Why the Interdisciplinary Field of "Night Studies" is Needed. *J*, v. 3, n. 1, p. 1-6, 2020.

LEONELLI, S. Data - from Objects to Assets. *Nature*, 15 October, p. 317–320, 2019.

MARTIN, A.; LYNCH, M. Counting Things and Counting People: The Practices and Politics of Counting. *Social Problems*, v. 56, n. 2, p. 243-266, 2009. DOI: 10.1525/sp.2009.56.2.243.

MATTERN, S. *Code and Clay, Data and Dirt*: Five Thousand Years of Urban Media. Minneapolis and London: University of Minnesota Press, 2017.

MAY, R. A. B. *Urban Nightlife*: Entertaining Race, Class, and Culture in Public Space. New Brunswick, New Jersey and London: Rutgers University Press, 2014.

MAYNARD, R. *Policing Black Lives*: State Violence in Canada from Slavery to the Present. Halifax and Winnipeg: Fernwood Publishing, 2017.

MURPHY, B. M. *We the Dead*: Preserving Data at the End of The World. Chapel Hill: The University of North Carolina Press, 2022.

NYE, D. E. *American Illuminations*: Urban Lighting, 1800–1920. Cambridge, MA: The MIT Press, 2018.

OSBORNE, R; LAING, D. (ed.). *The Use and Abuse of Statistics in the Music Industries*. Bristol: Intellect, 2021.

PARDUE, D.; KENNY, A.; YOUNG, K. (ed.). *Sonic Signatures Music, Migration and the City at Night*. Bristol: Intellect, 2023.

PEREIRA, S. L.; GHEIRART, O. The Independent Electronic Music Party Scene/Circuit in São Paulo: A Panorama of the 2010s. *Latin American Perspectives*, v. 50, n. 3, p. 118-133, 2023. DOI: 10.1177/0094582X231172437.

PETROVICS, N.; SEIJAS, A.; CATHERALL, R.; REIA, J.; STRAW, W. Nighttime Governance in Times of Covid-19: Capacity Building for Night Mayors and other Nighttime Governance Institutions. *VibeLab*, 2021.

PORTER, T. M. *Trust in Numbers*: The Pursuit of Objectivity in Science and Public Life. Princeton: Princeton University Press, 1995.

PULIDO LLANO, G. *El mapa "rojo" del pecado*: Miedo y vida nocturna en la ciudad de México 1940-1950. Mexico City: INAH, 2016.

QUEIROZ, T. A. *Pandemônios e notívagos*: Decolonizando a cena rock no interior do Nordeste. Belo Horizonte: Selo Editorial PPGCOM - UFMG, 2021.

QUIJANO, A. Coloniality of Power, Eurocentrism, and Latin America. *Nepantla*: Views from South, v. 1, n. 3, p. 533-580, 2000.

REIA, J. Coabitando a noite urbana: entre políticas públicas e (in)visibilidades de gênero. *In*: FERNANDES, C. S., REIA, J.; GOMES, P. *Arte, comunicação e (trans)política*: A potência dos femininos nas cidades. Belo Horizonte: Fafich/Selo PPGCOM/UFMG, 2021.

REIA, J. Data for the Night: Digital Rights, Trust, and Responsible Engagement with Data in 24-Hour Cities. *Data for Policy*, 2022. DOI: 10.5281/zenodo.7272288.

SCHEUERMAN, M. K.; PAPE, M.; HANNA, A. Auto-essentialization: Genderin automated facial analysis as extended colonial project. *Big Data & Society*, v. 8, n. 2, 2021. DOI: 10.1177/20539517211053712.

SCHLÖR, J. *Nights in the Big City*: Paris, Berlin, London, 1840-1930. London: Reaktion Books, 2016.

SEIJAS, A.; BARNETT, J.; SALIHUDIN, S. Rethinking 24-hour cities: night-time strategies to address urban challenges and thrive. *World Economic Forum Annual Meeting*. Disponível em: https://www.weforum.org/agenda/2024/01/24-hour-cities-night-time-strategies-urban-challenges/. Acesso em: 19 fev 2024.

SEIJAS, A.; GELDERS, M.M. Governing the Night-Time City: The Rise of Night Mayors as a New Form of Urban Governance after Dark. *Urban Studies*, v. 58, n. 2, p. 316-334, 2020.

SERMOL, A. *After Hours*: Agency and Identity in Toronto's Do-It-Yourself (DIY) Electronic Music Scene. Dissertação (Mestrado em Arquitetura) – University of Waterloo, Ontario, 2022.

STOLER, A. L. *Along the archival grain*: epistemic anxieties and colonial common sense. Princeton: Princeton University Press, 2009.

STRAW, W. 'Night'. *Scapegoat*: Architecture, Landscape, Political Economy. Toronto: Scapegoat Publications, 2017.

STRAW, W. Night Studies: Thinking Across Disciplines. *Voices of Mexico*, n. 111, p. 7-10, 2020.

STRAW, W.; REIA, J. Nightlife in a Pandemic. *In*: DENIS, J. L.; RÉGIS, C., WEINSTOCK, D. (ed.). *Pandemic Societies*. Montreal: McGill-Queen's University Press, 2021.

TALBOT, D. *Regulating the Night*: Race, Culture and Exclusion in the Making of the Night-time Economy. Abingdon and New York: Routledge, 2007.

TALBOT, D.; BÖSE, M. Racism, criminalization and the development of night-time economies: Two case studies in London and Manchester. *Ethnic and Racial Studies*, v. 30, n. 1, p. 95-118, 2007. DOI: 10.1080/01419870601006579.

TAYLOR, L. What is data justice? The case for connecting digital rights and freedoms globally. *Big Data & Society*, v. 4, n. 2, 2017. DOI: 10.1177/2053951717736335.

VIBELA, B. *Creative Footprint*: Montreal. Report supported by MTL 24/24, 2023. Disponível em: https://www.creative-footprint.org/montreal/. Acesso em: 19 fev. 2024.

VILLE DE MONTRÉAL. *Projet de politique de la vie nocturne montréalaise*. Documento de consulta pública. Janeiro, 2024

WATSON, A.; KIRBY, E.; CHURCHILL, B.; ROBARDS, B.; LAROCHELLE, L. What matters in the queer archive? Technologies of memory and Queering the Map. *The Sociological Review*, v. 72, n. 1, 2023. DOI: 10.1177/00380261231199861.

WYLIE, C. D. Who Should Do Data Ethics? *Patterns*, v. 1, n. 1, p. 1-3, 2020. DOI: 10.1016/j.patter.2020.100015.

Analisando Cenas: culturas musicais, vida urbana e políticas públicas

Will Straw

Introdução

Este artigo analisa algumas das maneiras diretas e indiretas pelas quais as políticas públicas vêm influenciando a forma e o caráter das cenas musicais. Analisarei dois momentos da história da cultura musical em Montreal, cidade localizada na província canadense de Quebec. O primeiro desses momentos foi marcado pelo surgimento do gênero musical popular conhecido como iê-iê-iê no início da década de 1960, que – por um curto período – se constituiu como força cultural significativa e sintoma da efervescência musical em Montreal. Como indicarei, várias iniciativas governamentais durante este período transformaram a cena midiática de Montreal e as infraestruturas culturais (como casas de espetáculos) nas quais a música era executada e recebida na cidade. Juntos, esses desenvolvimentos encorajaram uma efervescência cultural cujas principais características envolviam uma nova cultura de celebridade marcada parcialmente pela predominância do imaginário fotográfico.

O segundo caso a ser examinado envolve uma história recente de ativismo em Montreal que visou mudar a governança de sua noite urbana. Como apontarei posteriormente, esse ativismo luta contra os esforços de diferentes esferas governamentais em submeter a música a vários tipos de redução. Um deles, destinado a reivindicar um papel econômico positivo para a música, a limita ao status de "dados" ou informação e encontra um lugar para a música dentro de estratégias dedicadas a construir um cluster criativo em Montreal. A outra redução, enraizada no policiamento dos "incômodos" na cidade, significa que a música é muitas vezes reduzida ao status de ruído. Em ambas as reduções, as características culturais específicas da música desaparecem do âmbito das políticas públicas, pois esta assume o que chamarei de relação metonímica com outros fenômenos.

A cena iê-iê-iê

Em Quebec, no início da década de 1960, músicos e artistas surgiram em grande número para pro-executar imitações ou *covers* em francês de canções pop contemporâneas originalmente em inglês. Naturalmente, fenômenos semelhantes se deram em outros locais nesse período: no Brasil, Espanha, Itália, Portugal, México, Tailândia, Irã e muitas outras regiões do mundo. Em Quebec e na França, o estilo musical associado a essa atividade de tradução recebeu o nome de "iê-iê-iê". O sociólogo francês Edgar Morin descreveu este termo – em entrevista ao *Le Monde*, em 1962 – como uma forma de descrever a audiência do programa de televisão francês *Salut les copains* e como um termo guarda-chuva para a música eletrizante que ele apresentava (1963). A frase "iê-iê-iê" podia ser ouvida nos momentos iniciais e finais do sucesso *La fille avec toi* de François Hardy em 1962 e circulou por todo o mundo no título da música *She Loves You (Yeah Yeah Yeah)* dos Beatles em 1963. No início de 1964, os jornais de Montreal usavam o termo para designar essa nova onda musical, chegando até mesmo a mencionar a "iê-iê-iêtização" de um dos principais locais de música da cidade (Nadeau, 1964) após um concerto que parecia ser dominado por artistas deste estilo musical. Enquanto a música iê-iê-iê era às vezes executada por cantores/músicos solo (como a mulher quebequense que assumiu o nome de Jenny Rock), uma característica distintiva de seu desenvolvimento em Quebec foi a rápida formação de dezenas de grupos.

No início, a cultura do iê-iê-iê não era uma "cena" no sentido que o termo passou a ser entendido. Iniciada por centenas de músicos jovens que criaram grupos em vilas e cidades de Quebec, essa insurgência musical tomou uma forma mais próxima da de uma "onda", um conjunto coerente (mas em grande parte descoordenado) de inovações musicais envolvendo pessoas que a princípio não tinham contato umas com as outras. O modelo familiar de erupção "cênica", em que formas culturais emergem de sua incubação em cenas *underground* para alcançar reconhecimento público, parece inadequado neste caso. Em vez disso, o surgimento do iê-iê-iê em Quebec parecia seguir mais claramente a famosa lógica sugerida por Benedict Anderson (1983), na qual os meios de comunicação produzem um sentido de simultaneidade cultural através de grandes distâncias, ligando pessoas que talvez nunca se encontrem numa condição de comunidade imaginada.

O jornalismo impresso, televisivo e do rádio desempenhou um papel inicialmente significativo na ampliação do fenômeno iê-iê-iê em Quebec. No entanto, essa expansão não ocorreu em um vácuo, sendo, em parte, um efeito de políticas públicas que transformaram a paisagem cultural de Quebec no início da década de 1960, durante um período de rápida mudança social que ficou conhecido como a "revolução tranquila" (*la revolution tranquille*) de Quebec (conferir Paquin e Rioux, 2022). Embora os debates sobre o caráter revolucionário dessas mudanças persistam até hoje, há um consenso de que a década de 1960 presenciou uma expansão significativa das infraestruturas culturais e midiáticas de Quebec. Essas infraestruturas foram um fator em um amplo processo de abertura cultural cujas principais características incluíram uma atenção cosmopolita aos processos em outras partes do mundo e um desejo de produzir versões distintamente quebequenses de tais processos.

Durante esse período, políticas públicas vindas de várias esferas governamentais afetaram perceptivelmente a cultura musical em Montreal. A Place des Arts, uma grande casa de shows financiada pelos governos de Quebec e Montreal, foi inaugurada em Montreal em 1963, servindo como uma grande vitrine para artistas musicais locais e internacionais. Em 1962, o Bureau International des Expositions escolheu Montreal como sede da Feira Mundial de 1967, um evento que seria conhecido como Expo '67. A construção da Place des Arts e da Expo '67 serviu de pretexto para a ação municipal que destruiu grande parte da infraestrutura física da antiga vida noturna de Montreal – seus cabarés, boates, tavernas e, em particular, seu Red Light District, no qual o trabalho sexual era mais concentrado. Essas medidas – apoiadas por todos os níveis governamentais, mas direcionadas a Montreal – reforçaram um sentimento de descontinuidade na história musical da cidade, dado o rápido apagamento do passado. Essa percepção foi fortalecida pelo surgimento de estilos musicais, como o iê-iê-iê, que sinalizou uma mudança geracional no campo musical.

O maior impacto das políticas públicas sobre esta cultura musical veio das mudanças no campo da radiodifusão e da televisão. A exclusividade linguística das estações de rádio em Montreal aumentou significativamente ao longo da década de 1960 (Straw, 2016). As estações de rádio públicas, que antes podiam alternar suas programações francesa e inglesa ao decorrer de um único dia, dividiram-se em estações separadas que transmitiam em apenas um idioma. As estações de rádio privadas, cujo número cresceu ao longo da década, optaram por visar exclusivamente aos ouvintes de língua francesa ou inglesa, seja como condição de suas licenças ou para que os anúncios dos quais dependiam pudessem atingir seu público de forma mais eficaz. Embora as estações de rádio que se identificavam como francófonas ainda pudessem tocar quantidades significativas de músicas cantadas em inglês, elas se tornaram veículos importantes para a nova música pop e rock em língua francesa que explodiu no início e meados da década de 1960.

Notavelmente, um serviço de televisão chamado Canal 10 (também conhecido como Télé-Métropole), inaugurou suas transmissões em Montreal em 1961. O Canal 10 foi a primeira emissora de televisão privada e comercial em Montreal com uma programação em francês. O seu lançamento surgiu diretamente de uma decisão recente, à época, da agência federal responsável por radiodifusão, após a eleição de um governo nacional pró-empresas, de incentivar o crescimento de um setor televisivo independente (anteriormente, a televisão era um monopólio da emissora pública, conhecida em francês como Radio-Canada). Como um serviço de radiodifusão destinado ao lucro, o Canal 10 conseguiu, em parte, dar um lugar de destaque para programas musicais e de variedades em sua programação.

Um dos programas mais conhecidos do Canal 10 (lançado em 1962) foi o *Jeunesse d'aujourd'hui*, que, como o *Salut les copains* na França, era dedicado a apresentações musicais de músicos jovens. Nem toda a música transmitida pelo *Jeunesse d'aujourd'hui* pertencia à onda do iê-iê-iê (especialmente nos dois primeiros anos do programa) nem era o Canal 10 o único transmissor televisual de música para a juventude em Montreal. No entanto, à medida que a onda de músicos jovens se apresentando em grupos se expandia, o Canal 10 refletia a seus telespectadores, a partir de 1963, uma cultura musical que parecia cada vez mais abundante e em constante novidade.

O nascimento da televisão comercial em Quebec não apenas expandiu o número de meios de comunicação que disseminavam conteúdo cultural. A quebra do monopólio de uma única fonte pública de programação televisiva ajudou a produzir um senso de escolha cultural e competição capturado em outras formas de mídia. A mais importante delas eram os periódicos (em sua maioria semanais), que forneciam notícias sobre os campos da mídia e do entretenimento em Quebec. Historiadores da imprensa quebequense sugeriram que a população de Montreal na década de 1960 era servida por mais tabloides dedicados a celebridades midiáticas do que qualquer outra cidade do mundo (Fontaine, 1978). Em um período que coincidiu com os primeiros anos do Canal 10, vários tabloides novos focados em *show business* e mídia surgiram em Montreal em rápida sucessão. *Echos Vedettes* (introduzido em 1962), *Photo Vedettes* (1963), *Photo-Choc* (1963) e *Jeunesse* (1964) uniram-se a um campo já ocupado pelo antigo *Télé-RadioMonde* (nascido como *Radiomonde* em 1939) e *Le Journal des Vedettes* (lançado em 1954).

Esses periódicos não tratavam exclusivamente de música. No entanto, a programação dramática produzida internamente na televisão em língua francesa não era extensa e Quebec não tinha uma indústria cinematográfica de peso. Assim, o mundo da música forneceu grande parte dos nomes, rostos e conteúdos sensacionalistas com que esses periódicos preencheram muitas de suas páginas. Em grande medida, esses tabloides construíram um campo de celebridades em que a música era mais do que apenas uma forma cultural entre muitas. Em vez disso, a música circulava pelos universos da televisão, rádio, gravação e apresentações ao vivo, e funcionava como um sinal de sua interconexão.

Enquanto a rápida mudança do campo da música popular em Quebec após 1962 gerou fenômenos – modismos, novas estrelas e eventos – de interesse jornalístico, também estabeleceu problemas. Os tabloides de *show business* em períodos anteriores costumavam cobrir a vida de cantores solo cujas personalidades distintas e status de celebridade tomaram forma lentamente ao longo de carreiras que duraram vários anos. Em contraste, o surgimento do iê-iê-iê foi marcado por centenas de grupos que pareciam chegar ao status de celebridade da noite para o dia depois de tocar em escolas secundárias, clubes juvenis ou bodegas e discotecas regionais. O rápido surgimento desses grupos, cuja maioria dos membros não tinha presença prévia no campo cultural, foi um desafio. Outra questão estava enraizada no fato de que muitos desses grupos entraram em cena com figurinos excêntricos e identidades fictícias. Com nomes como César et les Romains, Les Sultans, Les Jaguars, Les Bel Cantos e Les Baronets, e com vestimentas e representações que expressavam vários tipos de fantasia teatral, esses grupos eram altamente fotogênicos e se prestavam bem ao imaginário fotográfico e televisual. Ao mesmo tempo, no entanto, a maior parte deles – cujos modos de apresentação geralmente enfatizavam identidades coletivas inventadas em vez de uma autenticidade individual – muitas vezes frustravam os esforços jornalísticos para cobrir suas vidas ou personalidades privadas.

Figura 1 – *Echos Vedettes*, 13 de novembro de 1965

Fonte: Acervo do autor

A Figura 1 mostra a capa de uma edição de 1965 do tabloide semanal *Echos Vedettes*. Sua maneira de cobrir a onda iê-iê-iê exemplificou muito do tratamento desse fenômeno na década de 1960. O aglomerado de rostos ao redor do texto da capa sugere a abundância de novos artistas competindo por atenção, mas nenhum deles recebe nomes. A promessa do periódico de uma *enquête* (investigação) reforça a sensação de que o iê-iê-iê é um fenômeno dificilmente compreendido e a questão colocada – se o iê-iê-iê é uma moda passageira ou se será uma característica permanente da música em Quebec – expressa um pouco da incerteza em torno da longevidade dessa nova onda musical. Um meio de tornar essa abundância de artistas legível envolveu a proliferação de pesquisas de popularidade, rankings de paradas e cerimônias de premiação que acompanharam a expansão do cenário musical no início e meados da década de 1960. Essas variadas listas e ordenações hierárquicas (que o teórico da mídia John Durham Peters chamou de formas midiáticas "logísticas") visavam dotar o campo musical de lógicas de comparação e competição através das quais seu desenvolvimento contínuo poderia ser entendido (Peters, 2013). As emissoras de rádio publicavam seus rankings semanais de músicas populares em anúncios publicados em tabloides impressos, que, por sua vez, noticiavam os programas de premiação de gala em emissoras de televisão como o *Canal 10*.

Podemos considerar a televisão deste período um aparato de ampliação, situando as apresentações musicais dentro de cenários visuais e incentivando a imprensa tabloide impressa a ir além das simples fotografias de retratos que a caracterizaram até o início dos anos 1960. Com a ascensão do iê-iê-iê, os tabloides se engajavam em formas cada vez mais extravagantes de visualidade, como se competissem com a televisão ou ao menos participassem de uma cultura imagética cujo início recebeu larga contribuição da televisão. A Figura 2 mostra a cobertura do grupo iê-iê-iê *Les Flamingo* em um relato levemente romantizado de sua visita ao *Parc Lafontaine* em Montreal em 1964. O enquadramento do grupo entre estruturas inusitadas serve para inseri-lo na geografia de Montreal, enquanto a ausência de close-ups reforça a sensação de observação distanciada e estranhamento que muitas vezes marcou a cobertura dos grupos iê-iê-iê durante esses anos.

Figura 2 – *Photo Vedettes*, 4 de julho de 1964

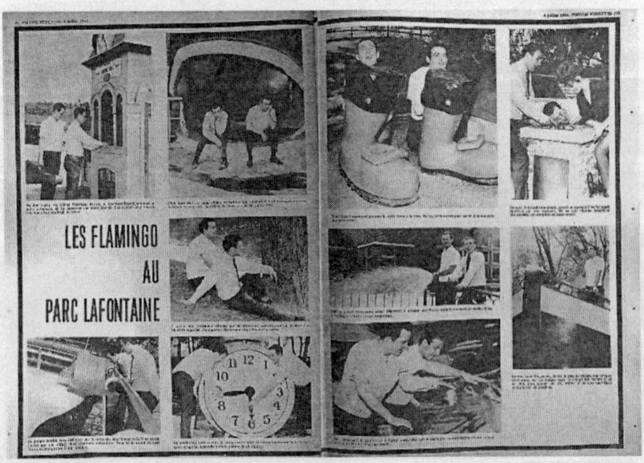

Fonte: Acervo do autor

Para imaginar a cultura iê-iê-iê de Quebec do início dos anos 1960 como uma "cena" devemos nos envolver com as dimensões visuais desse conceito. Para Philip Monk, escrevendo sobre a cena artística de Toronto nas décadas de 1970 e 1980, uma cena emerge quando a "deriva periférica" das redes culturais se aglutina dentro de uma imagem de coerência cênica (Monk, 2016, p. 234). Em muitos aspectos, a cultura musical emergente do iê-iê-iê em Quebec no início dos anos 1960 foi formada justamente por estas redes periféricas – atos de colaboração, gestão de artistas e cobertura da mídia vagamente conectados. Dos locais menores para apresentações musicais em Quebec surgiram grupos que tocavam em clubes de música locais ou regionais, ligando-se a pequenas gravadoras à medida que suas carreiras embrionárias eram dirigidas por empresários locais e capturadas pela mídia em todos os níveis. Nesse processo, as carreiras destes artistas se tornavam simultaneamente visualizadas e urbanizadas. A circulação destes grupos pelos domínios da televisão e da imprensa tabloide inseriu-os no panorama audiovisual mais amplo que tomou forma nesse período. Ao mesmo tempo, essa circulação "metropolitanizou" o fenômeno iê-iê-iê, cujas raízes eram altamente regionais. Rituais de competição (como tabelas de popularidade), entrevistas em programas de televisão ou rádio gravadas em Montreal e concertos multiartistas em locais como a *Place des Arts* ajudaram a produzir a imagem de "coerência cênica" com a qual a música do iê-iê-iê assumiu seu significado histórico.

A música e as metonímias das políticas públicas

Exemplos de políticas públicas direcionadas aberta e explicitamente à música são relativamente raros. Incluem, notoriamente, medidas para censurar a música por razões políticas ou morais. No Canadá, as políticas direcionadas à música também incluíram regulamentos exigindo que certa porcentagem da música tocada nas estações de rádio seja "canadense" (como definido de acordo com uma fórmula complexa). Além disso, como muitos governos no mundo, os do Canadá e Quebec apoiam diretamente formas clássicas e experimentais de música como parte de políticas artísticas mais amplas. A música pode também figurar nas iniciativas políticas para proteger certos tipos de música patrimonial ou "de herança", especialmente quando estas são vistas como reforço às indústrias turísticas locais.

No entanto, à medida que passamos do nível dos governos nacionais ou regionais para os locais, suas políticas afetam a música em grande parte de uma forma que eu chamaria de *metonímica*. Com isso, quero dizer que tais políticas raramente lidam diretamente com a música. Em vez disso, elas afetam a música por uma série de causalidades e consequências que geralmente são não intencionais e frequentemente imprevistas. Em *Meet Me in the Bathroom*, seu livro sobre a cena rock nova-iorquina do início dos anos 2000, Lizzy Goodman mostra como a proibição do tabagismo em bares e boates daquela cidade, instituída em 2003, levou muitas pessoas a se reunirem do lado de fora de clubes em intervalos para fumar (Goodman, 2017). As pessoas fumando e conversando nas ruas produziam barulho que gerava reclamações de vizinhos. Essas denúncias, por sua vez, provocavam interferência policial e, em muitos casos, levavam ao fechamento de casas de shows que não podiam mais arcar com as multas a que estavam sujeitas. No relato de Goodman, essa sequência de eventos levou componentes significativos da cena musical de Manhattan para o Brooklyn e outros bairros; uma mudança na cultura musical não pretendida ou antecipada por aqueles que idealizaram a proibição do tabagismo em bares. Como a pesquisa de Jess Reia mostrou, as cidades há muito se engajam na criação de políticas destinadas a controlar apresentações musicais em espaços públicos como praças e centros de transporte. Tais políticas, no entanto, pouco têm a ver com o valor cultural da música. Pelo contrário, até recentemente, elas abordavam as apresentações musicais nas ruas como uma forma de comércio itinerante e uma fonte de incômodo (Reia, 2019).

Música e a vida noturna em Montreal

O momento iê-iê-iê do início da década de 1960 em Montreal foi aquele em que o licenciamento de novos meios de radiodifusão e a construção de novas infraestruturas para apresentações musicais ampliaram a visibilidade da música popular. Essas iniciativas ajudaram a colocar a música no centro de uma cultura altamente imagética de celebridade e novidade. Parto do pressuposto de que, desde 2000, essas políticas públicas e seu grande efeito na cultura musical em Montreal reduziram a visibilidade da música. Em um sentido conceitual, a música perdeu visibilidade por causa de políticas que a reduzem a outra coisa, de modo que seu próprio valor cultural se afasta da visibilidade. Sugerirei também que o estatuto da música como objeto de política (particularmente no nível municipal) é atualmente inseparável de suas associações com a vida noturna. Por mais que muitos eventos musicais aconteçam à noite, eles passam muitas vezes despercebidos de quem faz políticas públicas até que crises ou a ação ativista tragam a cultura da noite para o mundo diurno da governança municipal.

Uma das reduções a que a música está atualmente sujeita nas mãos das políticas públicas envolve sua limitação a dados ou informação. Com isso, quero dizer que as características expressivas específicas da música se tornaram menos importantes do que seu status como mais um campo para o processamento da informação. Desde que Richard Florida escreveu seus primeiros trabalhos sobre "economias criativas", tem sido comum pensar em vívidas cenas musicais locais como recursos úteis para atrair trabalhadores talentosos em uma economia centrada na informação (Flórida, 2002). Embora, neste cenário, uma cena musical vívida seja simplesmente uma das comodidades (como bons restaurantes e bairros descolados) desejáveis para os jovens trabalhadores de tecnologia, declarações mais recentes de políticas públicas tentaram redefinir a música a um subcampo das economias digitais. Um relatório para a província canadense de Alberta, dedicado a promover o conceito de "Cidades da Música", argumentou que um "crescente corpo de evidências aponta para a educação musical como uma ferramenta fundamental na formação de uma força de trabalho capaz de competir na economia digital" (Alberta, 2014, p. 8). A secretaria municipal de turismo de Montreal, em um relatório sobre sua "Vida Noturna", também apontou a sua vívida cena de música eletrônica como uma espécie de incubadora para as habilidades digitais necessárias em outras partes da economia centrada na tecnologia da cidade (Ville de Montréal, 2013). Em Montreal, os organizadores de festivais dedicados à música eletrônica, como o conhecido Mutek, sabem que devem alegar estar contribuindo para uma cultura mais ampla de inovação digital se quiserem receber apoio e financiamento dos governos locais e provinciais.

Nesses cenários, a música perdeu muito do seu valor patrimonial ou cultural. Mesmo quando se reconhece o estatuto da música como foco de inovação tecnológica, ela sempre será um parceiro financeiramente mais fraco numa economia digital cujos maiores sucessos jazem nos jogos e na pornografia online. No mais instrumental desses cenários, a música é pouco mais do que um meio pelo qual as pessoas treinam habilidades digitais consideradas essenciais para a economia "real". Reduzir a música a dados absolve os governos de terem de fazer julgamentos sobre o valor cultural da música. No entanto, essa redução também desvincula a música das histórias e formas de luta social e cultural em que muitas vezes foi criada. Na redução da música a conjunto de dados, as cenas musicais são dissolvidas dentro de fantasias mais amplas de uma cultura empreendedora de inovadores digitais. Em particular, a atual valorização da música eletrônica como um subcampo da economia digital obscurece seus laços com uma história muito mais longa da cultura da música de dança em Montreal; uma história marcada pelas lutas de comunidades racializadas e populações LGBTQ+ para construir cenários e lugares de expressão musical e sociabilidade.

Em políticas públicas, a redução da música a estatísticas pode parecer inofensiva, já que representa, afinal, um esforço para valorizar a música. A outra redução é aquela cujos efeitos sobre a cultura da música em Montreal foram devastadores há mais de uma década. Trata-se da redução da música ao ruído. Se por um lado a redução da música a dados tenta apagar sua fisicalidade, dissolvendo a música dentro de fluxos digitais; por outro, o tratamento da música como ruído (que incomoda) foca apenas em seu efeito bruto. Essa redução da música ao ruído está no centro dos conflitos e do debate sobre gentrificação, perturbação e noite urbana. Nessa redução, perde-se a especificidade expressiva da música: ninguém, seja morador do bairro ou policial, importa-se com o tipo de música que está fazendo barulho.

Em uma sequência de eventos descritos em um trabalho anterior (Straw; Reia, 2021), identificamos que diversos estabelecimentos que apresentavam música ao vivo fecharam desde 2017 em Montreal. Em alguns casos, isso foi resultado direto de repetidas intervenções policiais em resposta a denúncias de barulho excessivo por parte de pessoas que moram nas proximidades desses locais (a polícia da cidade é obrigada a responder a cada queixa de ruído com uma visita ao edifício – normalmente um local dedicado à música – acusado de ser a sua fonte). A frequência das queixas sobre o ruído estava intimamente ligada à gentrificação da cidade; tais queixas eram frequentemente feitas por moradores que, tendo se mudado recentemente para áreas tradicionalmente de vida noturna barulhenta, não viam necessidade de respeitar seu caráter histórico.

A regulação dos níveis de ruído é um dos exemplos mais claros do efeito metonímico das políticas públicas sobre a cultura da música. A música deve primeiro ser reduzida a outra coisa – ao barulho – antes de ser inteligível dentro das estruturas de governança urbana que a classificam com outros tipos de incômodo como odor e luz excessivos. Podemos ver tal redução como parte de uma história muito mais longa em que – em Montreal e inúmeras outras cidades – as políticas públicas que afetam a música envolveram em grande medida a regulação da noite urbana. A forma da cultura musical em Montreal tem sido moldada por políticas decretadas em nível provincial para controlar a venda de álcool em estabelecimentos comerciais. Tais políticas, que raramente levam em consideração quais tipos de música são desejáveis ou aceitáveis, no entanto, empurram a música para contextos em que ela assume ares de ilegalidade. Por exemplo, leis que exigem que bares e outros locais noturnos deixem de servir bebidas alcoólicas às três horas da manhã têm incentivado o desenvolvimento de espaços ilegais após esse horário, nos quais a música muitas vezes se torna mais experimental e opaca, até porque a proliferação desses espaços fora do âmbito da legalidade reforça preconceitos que associam formas mais experimentais de música a comportamentos ilícitos e outros modos de dissidência cultural.

Em Montreal, os estabelecimentos dedicados à música mais afetados pelas queixas de barulho foram aqueles que apresentam estilos musicais próximos ao rock e executados em concertos ao vivo. Os eventos musicais que mais sofrem com as leis relativas à venda de bebidas alcoólicas após as três horas da manhã, por outro lado, tendem a se concentrar em várias formas de música eletrônica de dança. Os regulamentos relativos à venda de bebidas alcoólicas foram concebidos para clubes regularmente em uso, e não para eventos pontuais. No mais, a obtenção das permissões necessárias para eventos desta categoria representa um conjunto complicado de lutas com as burocracias provincial e urbana. Embora o fechamento de vários locais dedicados à música ao vivo por causa de reclamações de ruído tenha recebido ampla cobertura da mídia em Montreal após 2017, a luta contínua dos promotores de música eletrônica para organizar eventos que acontecem em locais não tradicionais ou uma base única não teve a mesma atenção. As cenas que sustentam os eventos de música eletrônica são em grande parte invisíveis, por mais que os discursos oficiais sobre a "economia digital" de Montreal as apontem como evidências do avanço tecnológico da cidade.

Em resposta a todos esses desafios, um grupo chamado MTL 24/24 surgiu em 2017 para pressionar Montreal a desenvolver um novo conjunto de políticas relativas à sua vida noturna. Embora a coalizão que formou o MTL 24/24 representasse vários setores da vida cultural noturna da cidade, as pessoas chaves envolvidas no grupo vieram dos setores de música de dança e festas EDM, em vez de cenas de rock independentes. Inclusive, ingressei no Conselho de Administração da MTL 24/24 como pesquisador envolvido no emergente campo acadêmico de "Estudos Noturnos".

No mundo todo, a chegada da pandemia da Covid-19 em 2020 acelerou o ativismo e a atividade política em relação à vida noturna. Várias coisas aconteceram logo após a chegada da pandemia. O MTL 24/24 formou um "conselho noturno" composto de pessoas de diferentes setores da cultura noturna: ativistas LGBTQ+ e de segurança das mulheres, organizadores de festas, pesquisadores e outros. Em junho de 2020, o governo de Montreal, pela primeira vez em sua história, criou um cargo dentro da administração da cidade para lidar especificamente com a noite. A esta posição foi dado o título de *Commissaire du bruit et de nuit* (Comissariado do ruído e da noite), um nome tido por muitos como sugerindo uma associação infeliz entre a cultura da noite e o "problema" do ruído. Desde então, esse título foi removido e a responsabilidade pela noite dentro do governo municipal passou a ser transferida entre as secretarias voltadas para o desenvolvimento econômico e a cultura.

Nos últimos quatro anos, o MTL 24/24 expandiu suas atividades, realizando um *Night Summit* internacional a cada ano desde 2021 e trazendo especialistas em ativismo noturno de todo o mundo para Montreal. Em janeiro de 2024, funcionários da prefeitura finalmente apresentaram um *Projet de politique de la vie nocturne montréalaise* para discussão e aprovação dos vereadores (Ville de Montréal, 2024). Entre as suas primeiras propostas estava a criação das chamadas "zonas 24 horas" dentro da cidade, onde bares e outros locais poderiam permanecer abertos e continuar vendendo bebidas alcoólicas até o início da manhã. A ideia provocou reações por parte de alguns cidadãos de acordo com os quais, caso esta proposta fosse adotada, a cidade de Montreal se tornaria uma espécie de "nova Las Vegas". Além disso, lideranças de várias cenas musicais chegaram a afirmar que essas novas liberdades seriam concedidas apenas para aqueles que operam bares comerciais em zonas da cidade orientadas para o turismo.

Como se pode constatar, a elaboração de políticas voltadas mais diretamente para a noite urbana envolve uma série de desafios. Um deles, como observado, é que muitos dos setores mais vitais e importantes da cultura noturna são invisíveis para os funcionários do governo. Cenas musicais dispersas e efêmeras raramente possuem formas organizacionais que lhes permitam representar-se de maneira fácil e efetiva dentro de processos de governança. Coalizões amplas como o MTL 24/24 (em vez de organismos setoriais como associações industriais) se tornam ainda mais importantes na passagem da invisibilidade para o reconhecimento.

Um segundo desafio tem a ver com as formas como se imagina o caráter político da noite urbana. Nos primeiros anos de existência do MTL 24/24, pessoas de fora às vezes a percebiam como uma organização preocupada apenas com o direito de dançar a noite toda. De fato, como ativistas pela cultura noturna em todo o mundo, na última década, o MTL 24/24 foi parte de uma mudança nos campos sobrepostos de estudos e políticas noturnos, virando-se a questões de justiça social na noite. Como em outras cidades, Montreal enfrenta uma noite com um número crescente de desassistidos: por exemplo, não só a segurança das mulheres é um problema constante e em que o transporte noturno é muitas vezes escasso, mas também o trabalho noturno geralmente é marcado pela precariedade e pelo preconceito. Ao lado do "Direito à Cidade" de Henri Lefebvre (Lefebvre, 1968), haveria que se refletir também sobre a necessidade de se garantir o "direito à noite" a todas as populações urbanas.

Referências

ALBERTA, Government of. *Fertile Ground*: Alberta Music Cities Initiative. Edmonton, Alberta: Government of Alberta, 2014. p. 8.

ANDERSON, Benedict. *Imagined Communities*: Reflections on the Origin and Spread of Nationalism. London: Verso, 1983.

DION, Mathieu. Montréal décidera des heures d'ouverture des bars, parmi ses nouveaux pouvoirs. ICI Radio-Canada, 8 December 2016. Disponível em: https://ici.radio-canada.ca/nouvelle/1004645/montreal-statut-metropole-quebec. Acesso em: 22 maio 2024.

FLORIDA, Richard. *The Rise of the Creative Class.* New York, New York: Basic Books, 2002.

FONTAINE, Mario. *Tout sur les p'tits journaux z'artistiques*: ou comment dormir avec le cœur qui palpite. Montreal: Quinze/Critère, 1978.

GOODMAN, Lizzy. *Meet Me in the Bathroom*: Rebirth and Rock and Roll in New York City 2001-2011. New York: Harper Collins, 2017.

LEFEBVRE, Henri. *Le droit à la ville*. Paris: Anthropos, 1968.

MONK, Philip. Terminal Gallery/Peripheral Drift. *In*: ROSENBERG, Tanya (ed.). *Spaces by Artists/Places des artistes*. Toronto: ANNPAC, 1979. p. 32-35.

MONK, Philip. *Is Toronto Burning*? Three Years in the Making (and Unmaking) of the Toronto Art Scene. London, UK: Blackdog Publishing, 2016.

MORIN, Edgar. Une Nouvelle Class d'Âge. Le Monde, 6 jul., 1963. Disponível em: https://www.lemonde.fr/archives/article/1963/07/06/i-une-nouvelle--classe-d-age_2207794_1819218.html. Acesso em: 22 maio 2024.

NADEAU, Monic. Ca y est: Not'Place des Arts est yéyéatisée. *Tele-Radio Monde*, 25 jan. 1964. p. 9.

PAQUIN, Stéphane, RIOUX, Herbert. *La Révolution Tranquille 60 Ans Après*: Rétrospective Et Avenir. Montréal: Les Presses de l'Université de Montréal, 2022.

PETERS, John Durham. Calendar, Clock, Tower. *In*: STOLOW, Jeremy (ed.). *Deus in Machina*: Religion and Technology in Historical Perspective. New York: Fordham University Press, 2013. p. 25-42.

REIA, Jess. Can We Play Here? The Regulation of Street Music, Noise and Public Spaces After Dark. *In*: STAHL, Geoff; BOTTÀ, Giacomo (ed.). *Nocturnes*: Popular Music and the Night. Pop Music, Culture and Identity. London: Palgrave Macmillan 2019. p. 163-176.

STRAW, Will. Media Networks and Language-Crossing in Montreal. *In*: SIMON, Sherry (ed.). *Speaking Memory*: How Translation Shapes City Life. Montreal: McGill-Queens University Press, 2016. p. 153-168.

STRAW, Will; REIA, Jess. Nightlife in a Pandemic. *In*: DENIS, Jean-Louis; RÉGIS, Catherine; WEINSTOCK, Daniel (ed.). *Pandemic Societies*. Montreal: McGill-Queen's University Press, 2021. p. 9-20.

VILLE DE MONTRÉAL, Tourisme/Montréal. *Vie nocturne à Montréal*. Montréal: Tourisme/Montreal, Service de la recherche, 2013.

VILLE DE MONTRÉAL. *Projet de politique de la vie nocturne montréalaise*. Montreal: Ville de Montréal, 2024.

Musicalidades Afroatlânticas no Bixiga: uma análise do Centro Cultural Afrika

Simone Luci Pereira
João Marcelo F. de Bras
Milena S. Avelar

Introdução

Neste artigo, apresentamos e analisamos alguns resultados da pesquisa realizada desde 2017 na região do Bixiga (localizada no distrito da Bela Vista, área central de São Paulo) e desenvolvida pelo Grupo de Pesquisa URBESOM – Culturas Urbanas, Música e Comunicação ligado ao PPGCOM da Universidade Paulista – UNIP. Aqui focalizamos a nossa análise no Centro Cultural Afrika (CCA) em suas proposições e práticas estéticas e políticas, que se mostram entre fluxos locais/globais e diaspóricos de encontros e tensões articuladas através das musicalidades ali construídas e performadas.

A investigação utiliza uma metodologia de inspiração etnográfica/cartográfica (Pereira *et al.*, 2023) que se baseia em observação, conversas formais e informais com artistas e público, diários e anotações de campo e registros audiovisuais, e que busca desenvolver práticas de apreender e acompanhar processos com a coparticipação dos sujeitos de pesquisa.

As pesquisas realizadas nos últimos anos pelas cenas e circuitos musicais em São Paulo têm permitido perceber movimentações e dinâmicas nas lógicas alternativas de entretenimento, lazer, socialidades e vida noturna de parcelas de jovens na cidade, possibilitando entrever alguns fluxos, trajetórias e mudanças nas territorialidades urbanas ligadas a essas atividades. Áreas da Vila Madalena e Pinheiros (na zona oeste da cidade) – que desde os anos 1980 eram mais pujantes nos lazeres e circuitos musicais não hegemônicos – já não se mostram como locais preponderantes na articulação entre entretenimento, boemia e estilos de vida alternativos. Estes vêm se reterritorializando num fluxo em direção às áreas centrais da cidade, tais como Baixo Augusta (na primeira década do século XXI) e Santa Cecília, Vila Buarque, República e Bixiga, nos últimos anos (Pereira *et al.*, 2023; Pereira, 2017, 2018).

O Centro Cultural Afrika (CCA) vem se mostrando um dos locais no Bixiga onde alguns desses fluxos encontram um espaço de encontros, musicalidades e formação de redes e alianças. Sob gestão do músico (cantor, compositor e guitarrista) e produtor cultural congolês Yannick Delass, o CCA conjuga a atuação de um espaço de cultura, bar, local de oficinas, shows musicais, apresentações de comédia stand-up e restaurante (em alguns dias da semana), apresentando-se como um "espaço que apresenta a cultura africana em sua pluralidade"[12]. Anunciam bebidas com toques africanos e comidas da tradição africana *malewa*[13] que "funciona para atender qualquer tipo de fome", como dizem, inclusive com opções veganas. O local ainda oferece entrada gratuita aos aniversariantes e reforça em suas postagens em redes sociais que "não [têm] restrições para frequentar o espaço, todos são bem-vindos e serão tratados iguais" com a inclusão das *hashtags* #imigração e #imigrantes.[14] Posicionado como "centro cultural" que conjuga artes, alimentação, música e local de interações sociais, o Centro Cultural Afrika invoca as noções de uso da cultura como recurso (Yudice, 2002), trazendo aspectos de criatividade e cooperação nas formas de gerir o espaço, elaborar a programação e construir redes de alianças e colaborações com outros circuitos musicais e culturais da região e da cidade.

Ainda que a cultura africana seja o mote, a sua programação inclui, além da música urbana africana contemporânea, gêneros chamados latinos (como cumbia de diferentes estilos), samba paulistano, música instrumental, festas comandadas por DJs da cena hip hop e ainda ritmos

[12] Disponível em: https://www.instagram.com/centro_cultural.afrika/?img_index=1. Acesso em: 5 dez. 2023.

[13] Cozinha *malewa* aqui entendida como um tipo de culinária africana ali praticado.

[14] Disponível em: Centro Cultural Afrika (@centro_cultural.afrika), fotos e vídeos do Instagram. Acesso em: 10 dez. 2023.

mais regionais como forró pé de serra, baião e carimbó. Nesse sentido, o CCA parece construir um espaço de expressão das diásporas afroatlânticas (Corti, 2023; Gilroy, 2003), distanciando-se de noções puristas, exóticas ou míticas sobre o continente africano e esboçando uma amefricanidade (González, 1988) dos hibridismos e interculturalidades (Garcia Canclini, 2007), como abordaremos.

Tendo como objetivo analisar e compreender como se dão esses processos no CCA, este artigo possui, além desta apresentação, uma seção que traz um maior detalhamento do CCA e suas ações, articulada a uma análise da trajetória de Yannick Delass. Em seguida, abordaremos a musicalidade ali presente, articulada com as noções de amefricanidade, cultura diaspórica e interculturalidade para compreender como se elabora – sob o enfoque da noção de performance e performatividade – a expressão das diásporas afroatlânticas neste local do Bixiga. Ao final, apresentamos algumas considerações finais inconclusivas que buscam salientar aspectos e apontar temas a serem perscrutados[15].

O Centro Cultural Afrika

O território do Bixiga possui um histórico de ocupação e constituição que permite compreender as complexidades das convivências, tensões, disputas e interações na cidade, em dimensões interculturais que articulam – de maneira tensa e negociada – negros, imigrantes italianos e seus descendentes, migrantes nordestinos, imigrantes e refugiados do Oriente Médio e continente africano, dentre outros. Dialogamos aqui com o conceito de Haesbaert (2002) sobre território, como um produto

[15] Ressaltamos que a investigação ainda se encontra em andamento e que, neste artigo, construímos uma análise com base nos aspectos acima descritos, já que, em outros e futuros artigos, focalizaremos outras questões que o CCA tem nos levado a analisar, tais como: sentidos de criatividade, cooperação e economia criativa ali esboçados; as redes de alianças que o CCA constrói na região do Bixiga, na cidade e mais amplamente, com outros circuitos musicais e culturais; o papel do CCA numa rede mais ampla de ativismos e artivismos migrantes; aspectos relativos ao gosto e estilo de vida no público frequentador; e as questões que envolvem raça e etnia em suas interseccionalidades.

de uma relação desigual de forças, envolvendo o domínio ou controle político do espaço, bem como suas apropriações simbólicas pelos grupos; isso faz das territorialidades (sempre encaradas como processo dinâmico e não cristalizadas) lugar contraditório em que se articulam poderes, apropriações, resistências, disputas e vida cotidiana, marcado de memória (lembranças e esquecimentos) e sentidos afetuais (Pereira; Bras; Rodrigues, 2023; Pereira; Silva; Paiva, 2024).

Se o Bixiga tem sido por muitos anos edificado na memória social e midiática hegemonicamente como "bairro de italianos", isso se deve a fatores relacionados aos processos hegemônicos socioculturais e étnicos que estabeleceram primazias em torno de classe, raça e origem geográfica, trazendo um certo apagamento ou silenciamento das diferenças de grupos subalternizados que ali se estabeleceram e ainda vivem de maneira atuante e potente (Vargas, 2019): negros, indígenas, nordestinos e demais imigrantes e refugiados na atualidade.

O CCA está localizado num sobrado na Rua Major Diogo, 518, bem próximo à parte inferior do Viaduto Júlio de Mesquita, via elevada que faz a ligação leste-oeste da capital. Vale lembrar que essa obra fraturou a região em duas partes nos anos 1960 e elaborou uma espécie de cicatriz no bairro, trazendo ainda desconexão de vias para pedestres, degradação urbana e esvaziamento – vistos ainda hoje – em seus baixios e arredores.[16] Isso faz dessa localidade um espaço menos visível e espetacularizado (Jacques, 2012) do Bixiga, diferente, por exemplo, dos arredores da Praça Dom Orione, da Escadaria do Bixiga ou de trechos da rua 13 de maio onde existem restaurantes, cantinas italianas e outros equipamentos e atividades culturais que os tornam mais movimentados de dia e de noite, coadunado ao fato de possuírem maior afluência de linhas do sistema público de transporte.

[16] Ressalta-se que, na atualidade, alguns desses baixios de viadutos estejam sendo ocupados por movimentos de moradores e associações culturais que vêm buscando atuar na limpeza e ocupação destes espaços com hortas comunitárias, quadras de esporte, locais de grafite, entre outros.

Como nos sugere Santos (2003), existem zonas luminosas e opacas nas cidades, as quais correspondem, respectivamente, às áreas visibilizadas, turísticas, globalizadas e com presença do capital; e aquelas consideradas desvalorizadas e, por isso, desinvestidas de recursos e visibilidades. Mas, nessas últimas, é por onde circulam os "homens lentos" (Santos, 2003), ou seja, os sujeitos que não vivem somente de acordo com a égide da aceleração do tempo moderno global e neoliberal, mas que resistem articulando formas outras de solidariedades e criatividades cotidianas. Isso nos parece inspirador para pensar as dinâmicas que envolvem o CCA: sua localização no Bixiga tensionando a narrativa oficial de bairro italiano; a localidade menos visível em que está situado; a trajetória de seu idealizador e gestor; e suas formas de atuação, bem como as musicalidades ali expressas.

Idealizado, concebido e gerido pelo músico congolês Yannick Delass, o espaço foi inaugurado em meio à pandemia, em janeiro de 2022, num sobrado adaptado da região. Apresenta-se como espaço que traz a cultura africana em sua pluralidade ou ainda como "espaço que proporciona a arte e a cultura africana manifestada pelos africanos"[17]. Isso denota uma preocupação em salientar uma expressão de africanidade feita pelos próprios sujeitos e não como representação midiática, ressaltando ainda o protagonismo presente nesta autorrepresentação. Não se supõe aqui uma dicotomia absoluta entre uma coisa e outra, mas pensamos, de acordo com Hall (2003) que as identidades e os sentidos de africanidade construídos no CCA se dão como zonas de contato transculturais em que grupos subalternizados selecionam e inventam com base nos materiais por eles guardados e aqueles a eles transmitidos pelas culturas dominantes ou hegemônicas, constituindo estéticas e práticas que se situam em zonas intersticiais; nestas, fazem usos astuciosos de algumas representações e estereótipos já cristalizados e, ao mesmo tempo, conseguem subvertê-los num jogo dinâmico de apropriações, assimilações, capitulações, negociações, resistências e adaptações em diferentes momentos.

---

[17] Conferir a página do facebook do Centro Cultura Afrika (sobre as informações do local), disponível em: https://www.facebook.com/centroculturalafrika. Acesso em: 12 abr. 2024

Logo na porta, um corredor leva até a entrada e é adornado por pinturas nas paredes e objetos africanos. Um pequeno bar e uma cozinha integram essa entrada, que custa em geral entre 15 e 30 reais, sendo gratuita em determinados dias e horários. As fichas de consumo e demais atribuições financeiras ficam por conta de Dom, um congolês de poucas palavras em português, mas que recebe a todos com um largo sorriso. Contíguo a esse espaço, há uma pequena passagem que leva até o local das apresentações musicais, o qual conta com um pequeno palco com fundo de tecidos estampados com motivos africanos que se combinam com as luminárias e a iluminação em tons de vermelho. Uma escada que sai do bar leva até o andar superior, que abriga os banheiros, uma pequena sala ainda vazia e outro salão com mesas e cadeiras (sempre com janelas abertas) onde se pode sentar, beber, comer, conversar e fumar. Ao fundo deste salão, improvisa-se uma espécie de camarim fechado por cortinas para os artistas.

Imagem 1 – Yannick Delass no palco

Imagem 2 – Fachada

Fotos: Bras, J. M. – **Fonte:** Acervo dos autores

Importante conhecer um pouco da trajetória de Yannick Delass: nasceu na República Democrática do Congo e deixou o país com 20 anos de idade, tendo vivido no Gabão, na África do Sul, na Indonésia, em Cabo Verde, em São Tomé e Príncipe (local em que aprendeu português) e no

Brasil, onde se estabeleceu definitivamente em 2016.[18] Neste momento, já possuía uma carreira musical, tendo integrado agrupações musicais, participado de álbuns de outros artistas (na África e no Brasil) e gravado seus dois primeiros álbuns (em 2013 e 2015). Vale lembrar que ele tem formação em canto e harmonia musical. Já radicado no Brasil, Yannick gravaria seu terceiro álbum em 2017, *Espoir* (esperança), com composições autorais e "tratando de temas como igualdade racial, justiça social, imperialismo, imigração e lutas, no qual composições e arranjos africanos são executados por músicos brasileiros" (Catraca Livre, 2023).

Além de projetos musicais em centros culturais, casas de shows e festivais de música no Brasil, o músico se apresentou por três anos no espaço Al Janiah, localizado primeiramente no Anhangabaú e, posteriormente, no Bixiga. Naquele espaço, nós o conhecemos em 2016, quando ele fazia apresentações musicais e promovia saraus de poesia africana. É importante salientar que o Al Janiah é um espaço cultural, bar, restaurante e local de música idealizado e gerido por um filho de refugiados palestinos, e que tem como mote a causa palestina, como também agrega, apoia, acolhe e estimula outros ativismos (de negros, de grupos periféricos, das mulheres, de grupos LGBTQIA+, entre outros), tendo se tornado importante lócus que agrega uma rede de socialidades, debates e artivismos no Bixiga e na cidade (Pereira; Bras; Rodrigues, 2023).

No Al Janiah, Yannick organizou e levou à frente o evento Gringa Music entre 2017 e 2019, no qual, todas as quartas-feiras, havia apresentação musical de algum artista ou grupo migrante residente ou de passagem pela cidade: de música japonesa à salsa latina, passando por bandas de viento peruanas, jazzistas da África do Sul, entre outros. Este projeto foi idealizado pelo músico ao perceber a falta de palcos e espaços para ele próprio e para outros artistas migrantes se apresentarem e serem vistos e ouvidos por suas qualidades artísticas e capacidades criativas. Como

[18] Informações disponíveis em: https://catracalivre.com.br/agenda/centro-cultural-afrika-sp/. Acesso em: 11 abr. 2024.

Yannick conta em entrevista (Delass, 2023)[19], ele ficou muito surpreso ao constatar o sucesso obtido por este projeto, percebendo que havia muitos artistas imigrantes buscando espaço e, ao mesmo tempo, um público paulistano muito aberto para a "*world music*". Surgiria aí o desejo de ter um espaço próprio dedicado a este projeto, que veio a se materializar no CCA, anos depois.

Com o Gringa Music, Yannick foi contemplado com o Edital do Programa de Ação Cultural (ProAC) da Secretaria de Cultura do Estado de São Paulo e realizou cinco edições do Festival Gringa Music, presenciais até 2019 e virtuais nos anos de pandemia. Com duração de cinco dias ou mais, trazia a apresentação de artistas e bandas estrangeiras e/ou migrantes no Brasil. Segundo Yannick, era um "palco de música do mundo (*world music*) de alta qualidade onde se apresentam os músicos imigrantes residentes em São Paulo e no Brasil [com o] objetivo de promover intercâmbio intercultural, integração dos artistas imigrantes no mercado de trabalho e revolucionar o circuito musical de São Paulo"[20].

Tendo vivido em Salvador durante os primeiros anos da pandemia, Yannick voltou a São Paulo e, em janeiro de 2022, abriu o Centro Cultural Afrika no Bixiga, próximo ao Al Janiah, do qual recebeu colaboração e ajuda no fornecimento de bebidas nas primeiras semanas de funcionamento. A programação, cuja curadoria é do próprio artista, já teve quartas-feiras dedicadas à cumbia, quintas-feiras ao forró e baião e sábados com programações especiais. Atualmente, no primeiro trimestre de 2024, as quartas-feiras têm sido dedicadas a apresentações de stand-up com comediantes negras, quintas-feiras comandadas pelo Samba da 13 – importante roda de samba do Bixiga –, e sextas-feiras dedicadas ao Afrika Baile, ocasião em que ele se apresenta cantando e tocando, acompanhado de outros músicos africanos e com a discotecagem do DJ Mozabraza. Aos sábados, a programação varia entre baião, xote, forró, samba de coco e

[19] Disponível em: https://www.youtube.com/watch?v=TbPmCPiHRXo&t=20s. Acesso em: 12 abr. 2024.

[20] Disponível: https://www.instagram.com/centro_cultural.afrika/reel/CyIvxdSOPdP/. Acesso em: 11 abr. 2024.

artistas "latinos". Uma programação, assim, que busca oferecer palco e trabalho a artistas migrantes, em primeiro lugar, mas também para artistas brasileiros que fazem músicas mais autorais ou menos comerciais.

Musicalidades Afroatlânticas

A programação musical do CCA nos remete à noção de culturas da diáspora, trazida por Paul Gilroy (2001) ainda nos anos 1990. Em *O Atlantico negro*, Gilroy questiona e tensiona as noções de raça, nação, nacionalidade, etnia, quando considera o oceano atlântico como "negro" na medida em que serviu para a criação de um sistema de comunicações globais marcado por fluxos e trocas culturais numa estrutura de funcionamento transnacional e transcontinental. Gilroy destacava, assim, as redes de solidariedade e construção cultural para além daquelas identificadas com o Estado-Nação. O atlântico negro, ou seja, os fluxos, as trajetórias e as trocas interculturais passam a ser o mote ou a unidade de análise, em detrimento dos pontos de origem (vistos como estáveis, autênticos ou naturalizados), rompendo com noções essencialistas. E essa rede afroatlântica formulada a partir da diáspora possibilitou a criação de uma cultura que não pode ser entendida exclusivamente como africana, latino-americana, caribenha ou outra, mas no hibridismo entre elas.

As musicalidades advindas deste sistema intricado de comunicação e trocas do atlântico negro se colocam como expressão compartilhada de opressões, desafios comuns e hibridismos nas diversas latitudes envoltas na Modernidade de base colonial, seja nas Américas do Norte do Sul e Central, seja no Caribe ou na Europa. Musicalidades que foram e são centrais para o desenvolvimento das lutas políticas e das formulações de identidade, raça e etnia para as comunidades negras da diáspora e para a conexão entre elas.

Salientamos a necessidade de considerar as dimensões estéticas, artísticas e musicais desses fenômenos diaspóricos aliadas aos seus sentidos políticos. Nesse sentido, as culturas da diáspora são centrais para compreender o Bixiga e as práticas musicais vistas no CCA, pois são constituídas pelos fluxos humanos ligados à escravidão e, posteriormente, à subalternização vivida pelos trabalhadores urbanos; e, na contemporaneidade, pelas lógicas globais contemporâneas que desembocam em migrações, situações de refúgio e deslocamentos forçados.

A cultura diaspórica se faz presente no CCA em formas coletivas de elaborar resistências e re-existências africanas na cidade de São Paulo na atualidade, em suas maneiras de construir sentidos de pertencimentos e identidades negociados na forma de brechas e fissuras nas representações hegemônicas do Bixiga como "bairro italiano". A programação musical variada parece revelar a intenção de construir esses interstícios (Bhabha, 1998) dentro de um centro cultural que traz em seu nome a África, mas que realiza e atualiza sentidos mais amplos de afroatlanticidades. Isso é visto e vivido na programação elaborada para uma mesma semana no CCA, englobando shows stand-up com comediantes negras; roda de samba da região do Bixiga, o Samba da Treze; e shows de música instrumental[21].

Quando vemos e escutamos a programação musical do CCA, percebemos o rap paulistano em nomes como KLJay (integrante do grupo Racionais MCs), brasileiros e latinos fazendo cumbia dançante, roda de samba de grupos locais do Bixiga, musicalidades mais ligadas ao que pode ser chamado de regionalidades, tais como forró, baião, xote, samba de coco, música instrumental mais autoral do grupo Bixiga 70, que mistura *afrobeat*[22] com estilos brasileiros e latinos. Todas esses são ritmos e gêneros musicais que tiveram e têm em sua base o elemento sincopado da

[21] Disponível em: https://www.instagram.com/p/C4sdqb3Ln01/?img_index=1. Acesso em: 7 abr. 2024.

[22] Historicamente, o gênero musical afrobeat foi criado em Lagos/Nigéria no final dos anos 1960 liderado pelo músico Fela Kuti, que, com Tony Allen, experimentou a fusão de diferentes musicalidades da época, como uma combinação de estilos musicais do oeste africano (fuji, highlife, entre outros) com jazz estadunidense, soul, funk e influências latinas, com foco em vocais complexos, uso de metais (trompete, saxofone e trombone) e muita percussão (Uteh; Nwamara, 2021; Dosunmo, 2010). Após uma temporada nos Estados Unidos e Londres no final dos anos 1960, Fela Kuti retorna à Nigéria e consolida o afrobeat, enfatizando um viés mais politizado e difundindo o gênero em vários países do continente com o grupo África 70. O grupo paulistano Bixiga 70 tem seu nome inspirado, entre outros motivos, no trabalho de Fela Kuti.

célula rítmica do *tresillo* (Quintero Rivera, 2009) mesclado a outras matrizes (indígenas, rurais, pop, globais), revelando sensibilidades e modos de ser e fazer do atlântico negro (Corti, 2023), esta rede na qual fluxos e refluxos de matriz africana elaboram práticas culturais e musicais que se reinventam e se refazem de maneira dinâmica. São, portanto, expressões – em diferentes maneiras e intensidades – de trazer a força do sonoro musical e corporal como lócus de resistências possíveis. Nesse sentido é que argumentamos que a africanidade esboçada no CCA não pode ser percebida e entendida como algo cristalizado, mítico ou essencialista, tanto por trazer elementos de uma África urbana e contemporânea[23] como por apresentar musicalidades e elementos das culturas urbanas latino-americanas atuais, permeadas e atravessadas por elementos ancestrais, tradicionais, massivos, negros, populares, locais e globais, revelando múltiplas direções de influências e retroalimentações entre África, Américas que se (re)elaboram até hoje.

Essa busca por invocar sentidos de origem nas culturas de diáspora sem petrificá-las no tempo pode ser mais bem compreendida quando acionamos a noção de amefricanidade, de Lélia González (1988), como uma categoria político-cultural. Já nos anos 1970/80, a autora nomeava como diáspora esses processos vividos na América Latina pelos grupos negros que haviam sido trazidos de África e escravizados.

Ao tensionar a noção ibérica e colonial de América Latina, enfatizando uma *améfrica ladina*, González enfatiza as mesclas historicamente forjadas no interior de diferentes sociedades que se formaram numa determinada parte do mundo, as Américas. Questiona, assim, as noções essencialistas de África, ao assumir a amefricanidade que nos constitui,

[23] Na plataforma Sympla, de venda de ingressos, o Afrika Baile é assim definido: "Com uma proposta musical envolvente e dançante, o baile traz ritmos representativos de gêneros musicais africanos distintos, como Aguaya, Decha, Bulawê, Rumba Congolesa, Sebene, Semba, O'Semba e Makossa, além de canções do povo bantu [...] o baile promove uma verdadeira viagem sonora por Moçambique, Congo, Angola, São Tomé e Príncipe, Gabão e Camarões, conectando paulistanos com a música africana contemporânea e proporcionando uma experiência festiva singular. Disponível em: https://www.sympla.com.br/evento/afrika-baile/1895569?referrer=www.google.com. Acesso em: 12 abr. 2024.

ultrapassando visões pan-africanistas idealizadas, imaginárias e mitificadas, e voltando o olhar para as experiências dos grupos filhos da diáspora em formas interculturais constituídas na experiência colonial e moderna com brancos e indígenas. Nesse sentido, podemos estabelecer um diálogo entre Gonzalez e Gilroy, na medida em que ambos enfatizam os trânsitos (ir até o outro lado do Atlântico e retornar para reconhecer nossa amefricanidade), os deslocamentos e os hibridismos, refutando a própria noção de busca por raízes ou "sobrevivências" africanas nas culturas. Isso por entenderem que a dimensão constitutiva das culturas afroatlânticas está exatamente em suas dinâmicas formas de resistências e redefinições desde o início do colonialismo até a atualidade, enfatizando, afirmando e colocando em tensão – de diferentes maneiras – noções de raça e etnia.

Adensando ainda mais estas noções, ressaltamos a perspectiva intersticial de Bhabha (1998), que nos parece útil para compreender como ocorre o "local da cultura" nos espaços *inbetween* ou entrelugares. Não se supõe que esses espaços sejam sinônimo de fusão sem conflitos, mas possibilitadores de articulações e negociações das diferenças culturais e como lugares inovadores de colaboração e questionamento e de definição do que seja a nação, a cidade de São Paulo ou o próprio Bixiga.

O hibridismo em Bhabha se faz como a possibilidade de tradução já não do poder colonial ou, contrariamente, do colonizado, mas da construção de um terceiro espaço, distinto e crítico. Sendo assim, O CCA não pode ser encarado como "mais um comércio étnico" dentro da lógica do multiculturalismo (in)tolerante das cidades globais, mas como desafiador desta mesma lógica, ao trazer uma suspensão do exotismo e do fetiche da diversidade e inscrever uma ordem de existência que se elabora na natureza performativa das identidades diferenciais negras, africanas, latinas, paulistanas, diaspóricas.

Vale a pena, nesse sentido, atentar para o que diz Yannick Delass sobre a *world music* e a programação do CCA:

> o CCA não é só um espaço que está fomentando *world music* [...] porque tem 2 tipos de *world music*: nacional, que seria o

> resto do mundo participando do cenário brasileiro, mas feito por quem é de fora; e outro que eu chamo de *world music* internacional, que é com os brasileiros participando. É meio contraditório, mas... vira internacional pro Brasil quando os brasileiros entram dentro deste world *music* dentro do seu próprio país. Ele é nacional se os imigrantes que integram esse circuito forem só eles; mas quando entram os brasileiros, ele vira internacional. Porque o Brasil é que internacionaliza isso, apesar de ser nacional. Não sei se me faço entender... Se os brasileiros não estão nesse cenário, é só *world music* pura e simplesmente, mas quando os brasileiros entram, vira outra coisa. Então hoje o CCA está aberto pra outros estilos: carimbó, coisas e ritmos do Norte, Nordeste; eu gosto desses ritmos, porque eu vejo que não tem muito público que conheça isso. A gente [no CCA] tá nessa pegada de fomentar um [sentido de] *world music* um pouco maior para agregar todo mundo (Delass, 2023).

Desde as décadas de 1980 e 1990 é possível perceber dentro dos mercados musicais globais um renovado interesse por estilos, ritmos e sonoridades não consideradas pop ou ocidentais, numa busca por musicalidades de tradições locais, constituindo aquilo que foi nomeado como *world music*. Nesta categoria, enquadrar-se-iam manifestações musicais que não se encaixariam nas rubricas dos gêneros de música popular e massiva, construindo hibridações entre os elementos musicais originais/locais com arranjos, roupagens ou *beats* que lhes forneçam aspectos cosmopolitas ou globais.

Muito já se argumentou que esta categoria contém uma exotização e subvalorização das culturas locais, na medida em que o que é vendido como *world music* retiraria o conteúdo e o significado original de uma expressão musical (ritual ou religiosa) e lhe atribuiria novos sentidos e usos sociais, tais como entretenimento e consumo (Baraño *et al.*, 2003). Argumenta-se, ainda, que a *world music* traria uma pasteurização sonora materializada em ritmos, harmonias, melodias homogeneizadas, de modo que não se identifiquem com facilidade os traços específicos de uma música local (Marti, 2004). Outra crítica bastante presente em torno da noção de *world music* é o fato de ser ela parte das lógicas do discurso da diversidade aliado a um multiculturalismo predatório do *show business* e da indústria fonográfica, canibalizando expressões musicais africanas, indígenas e outras e transformando-as em artefatos para um mercado de bens simbólicos ávido pela criação e alimentação de estilos de vida e gostos distintivos e cosmopolitas.

Diante disso, temos a ênfase dada por Yannick Delass sobre o seu uso da *world music* – não só na curadoria da programação do CCA, mas em outros projetos musicais que realiza no Brasil – e na sua acepção sobre seus dois tipos ou modalidades. Primeiramente, chama a atenção o fato de ele assumir fazer *world music*, no sentido de oferecer na programação do espaço gerido por ele músicas do mundo feitas por migrantes para contribuir com a divulgação e o conhecimento da diversidade sonora do mundo. Mais ainda, ele sugere a existência de dois tipos de *world music*: uma nacional (quando só feita pelos músicos estrangeiros e migrantes) e uma internacional (quando há a presença de brasileiros neste circuito também). Sendo assim, Yannick amplia a noção e consegue inserir nela os ritmos e expressões musicais regionais de dentro do Brasil que são pouco conhecidos para um público paulistano.

O que poderia ser visto como mera estratégia para ampliar a programação e o público mostra-se também como um uso astucioso da própria noção de *world music*, vista tantas vezes como exotizante e destinada a um consumo indiferente da diferença (Bhabha, 1998). Essa concepção parece tensionar também a dicotomia superficial e simplista que pode colocar de um lado o que seriam as "raízes, a autenticidade e a pureza em crua oposição às Américas, à hibridez, à crioulização e ao desenraizamento" (Gilroy, 2001, p. 371).

Essa fala de Yannick Delass parece apontar para a superação de uma "concepção binária de diferença, fundada numa fronteira de exclusão que depende da construção de um 'Outro' e de uma oposição rígida entre dentro e fora" (Hall, 2003, p. 32-33). Numa concepção derridiana (baseada em Jacques Derrida), a diferença não funciona através de binarismos, "mas como lugares de passagem com significados que são relacionais e posicionais, sempre em deslize ao longo de um espectro sem começo nem fim" (Hall, 2003, p. 33). Sendo assim, cumbia, carimbó, samba, afrobeat e rap têm seus sentidos não fixados como "de dentro" ou "de fora", mas entendidos, no CCA, numa dinâmica relacional que depende dos jogos de posições vividos e performados.

Entre performances e performatividades

O Centro Cultural Afrika desafia as narrativas tradicionais ou essencialistas sobre uma África romantizada, homogênea, rural, primal ou mítica, como já apontamos. Como sugere Mbembe (2001, p. 207), "a identidade africana não existe como substância. Ela é constituída, de variantes formas, através de uma série de práticas". O logo do CCA, com um mapa do continente africano invertido, parece tanto buscar subverter as noções que subalternizam a África, como também – em nossa leitura – apontar para as expectativas que se quebram para muitos frequentadores, quando ali chegam e descobrem que não estão diante apenas de "fantasias primais" (Mbembe, 2001) ou de uma africanidade imaginada nas midiapaisagens e ideopaisagens dominantes (Appadurai, 2004).

Imagem 3 – Logo do CCA

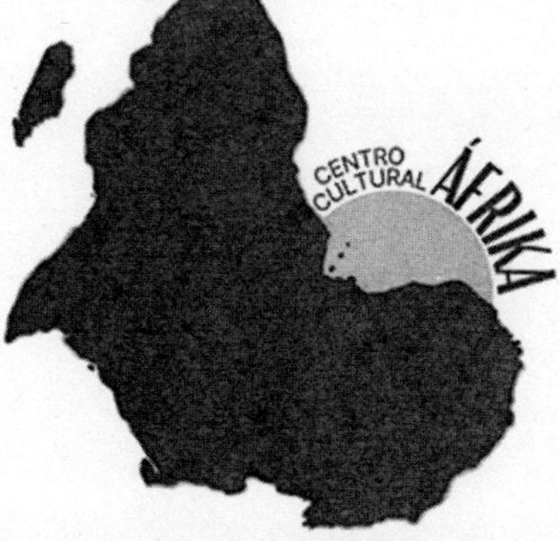

Fonte: Acervo dos autores

Imagem 4 – Parede na entrada do CCA

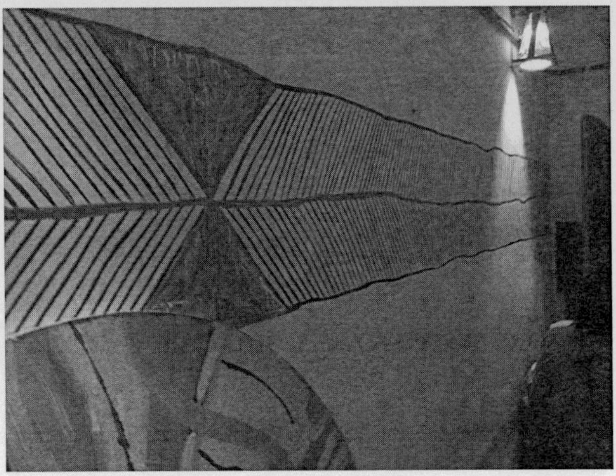

Fonte: Acervo dos autores

Nesse sentido, a noção de performatividade coloca-se como chave importante para compreender as formas de elaboração e disputa das identidades, sua dinâmica plasticidade e seu caráter reflexivo. Como já discutimos em outro artigo (Pereira; Bras; Rodrigues, 2023, p. 6),

> em [Judith] Butler, a performatividade está ligada aos modelos que, na sua reprodução e repetição de normas e hierarquias sociais, deixam também escapar sentidos que podem apresentar dissensos entre as normas e práticas dos sujeitos. Nessas brechas, existe a possibilidade de agências e modos outros de subjetivação, numa forma dos sujeitos poderem astuciosamente negociar e subverter modelos e normas, atualizando as possibilidades de construções de identidades.

A dimensão performativa explicita a identidade e a diferença como sendo relacionais e posicionais, trazendo ainda a noção de que, ao enunciarem, cantarem e dançarem, os sujeitos atuam nas culturas e nas suas próprias identidades, não entendidas como estáveis, uniformes, estáticas e essenciais. Efetua-se um jogo em que ora alguns elementos são ressaltados e repetidos, ora outros são enfatizados, valorizados, esquecidos ou reinventados, afetando aquilo que é apresentado e afirmado de forma processual e ativa e trazendo um deslizamento de sentidos.

Trata-se, então, de um processo ativo de ênfase nas contradições, que se ampliam a partir das tentativas de apagamentos e afirmação "italianas", de memórias parciais do *mainstream* branco e colonial paulistano. A atuação do CCA parece se dar em dobras que suturam resquícios e esgarçamentos de identidades que, até então, eram percebidas como de menor valor no jogo de distinção estrutural que nos submete à versão empobrecida da pluralidade da própria história do Bixiga.

As construções identitárias/culturais mostram-se como questão importante para as formas de visibilidade, afirmação e até sustentabilidade dos grupos subalternizados (Martin-Barbero; Ochoa Gautier, 2001). Dessa forma, tais grupos podem atuar nos processos locais/globais num jogo em que não existem apenas essencialismos ou exotizações dos particularismos, mas também adaptação, reelaboração de práticas e expressões ligadas aos seus pertencimentos identitários, assumindo-os como processos históricos e interculturais de transformação, negociações, arranjos e ressignificações. Ao enfocarmos as práticas musicais do CCA e, mais precisamente, de Yannick Delass, percebemos sentidos da performance corporal, sonora e gestual para além de uma perspectiva instrumental ou exotizante, mas como elaboradora de práticas autorais e negociadas da africanidade e dos sentidos de raça e etnia em jogo em cada situação em que ocorrem.

Articulando as noções de performatividade e performance, Taylor (2013) entende esta última como uma maneira de gerar e transmitir conhecimento através do corpo, entendido como repertório de tradições e memórias. E esse conhecimento também é construído e transmitido pelos comportamentos e ações sociais, sempre em atualização dinâmica e nunca cristalizados. Nesse sentido, a performance, mais que um objeto a ser estudado, é uma lente analítica para se compreender processos identitários e fenômenos socioculturais. De acordo com Corti (2023, p. 53),

> sentido se produz no fazer sensível da música e não necessariamente em sua ideia prévia, entrelaçando-se em uma lógica discursiva não verbal: se não existem significados intrínsecos na e da música desvinculada da performance, é possível acessar a produção de seu sentido atentando para os atos de sua execução, ou seja, a performance como ato de enunciação musical (tradução nossa).

A performance, enquanto uma transcrição dos saberes do corpo em uma arte da presença, manifesta-se no evento Afrika Baile, como também nas rodas de samba e nos festivais de cumbia, como a presença singular de um "tempo espiralar" (Martins, 2021) e de uma emanação criativa dos acontecimentos que se grafam no gesto, na coreografia, no rebolado, na pele e nos timbres de voz. Estas operam uma atualização de ancestralidades materializadas no corpo vivo hoje em ação, no improviso dos instantes irrepetíveis que se manifestam em dimensões afetuais entre artistas e o público que dança, numa espécie de "estreias do cotidiano" que produzem encontros e socialidades, em favor de um urbano polifônico. A noção de tempo espiralar que se faz na performance não se mostra linear ou evolutiva, mas se dobra pra frente e pra trás, ao passado e ao devir, à prospecção e retrospecção, em múltiplas direções e atualizações.

Essa centralidade do corpo e das corporeidades – como mediadores de uma conexão de potências, afetos e sentidos – se elabora na experiência coletiva produzida no CCA. O ambiente do palco é pequeno e possui apenas um pequeno degrau que o separa do espaço da plateia. Mas o que se percebe é que as danças se aproximam muito do palco, trazendo uma experiência de cercania entre os músicos e o público e uma informalidade maior entre as partes, onde os corpos se misturam. O público, variando entre as propostas da programação da casa, mesclam imigrantes – em sua maioria africanos, mas também da América Latina – a brasileiros, em geral aqueles interessados em locais e musicalidades mais alternativas, que reconhecem na proposta do CCA um espaço diferenciado, plural, acessível e com "preços justos" (como dizem), vindo de muitas regiões da cidade. Esse público acompanha a programação pelas redes sociais, que

Yannick atualiza semanalmente; considerando a capacidade reduzida do espaço (não mais que 200 pessoas), tende a lotar rapidamente, dividindo-se entre o bar, o espaço de apresentações perto do pequeno palco ou na parte de cima, nas mesas. No momento das apresentações musicais, quase todos os frequentadores se dirigem para perto (o quanto possível) do palco.

Os sentidos de corporeidade só podem ocorrer a partir de um território, que materialize a identidade; e muitas vezes é o próprio corpo racializado que se inscreve como espaço de representação. Sodré (1998) sugere o "território corpo" como uma perspectiva de compreensão sobre como os corpos interagem e habitam espaços, tanto físicos quanto sociais. Podendo abranger ideias relacionadas a encarnação, identidade e às maneiras pelas quais indivíduos e comunidades afirmam sua presença e agência dentro de ambientes específicos, Sodré frequentemente explora as interseções entre comunicação, cultura e dinâmicas de poder. Assim, enfatiza sobretudo o corpo afro-diaspórico que consegue sobreviver, inventar e ritualizar uma outra África, ressignificando e se apropriando desses saberes.

A presença de Yannick materializa a dimensão ancestral de sua existência principalmente através do corpo negro, dos longos cabelos com *dreads*, na indumentária (por vezes com peles e adereços ligado ao primal, em outras, com camisa e calças mais convencionais) e sua prosódia que converge num francês-congolês-paulistano. As culturas diaspóricas, sujeitadas a uma exotização ou rebaixamento, são revistas na figura de Yannick como um corpo em condição criativa de existência e poder.

Nas noites de sexta-feira em que estivemos presentes no Afrika Baile, quando Yannick se apresenta junto com outros músicos brasileiros e africanos, a música invoca a dança, convocando todos, desde os mais familiarizados com aquela musicalidade até os que tomam contato pela primeira vez. Junto ao palco, em todas as edições vimos dois ou três jovens negros dançando e inspirando todos a se movimentarem da forma como podem, sabem ou conseguem. O rebolado[24] predomina, num acionamento de ancestralidades residuais e emergências contemporâneas, atualizando no corpo em performance os sentidos de África e de culturas midiáticas globais de ontem e de hoje, como o *kuduro*[25] por exemplo. Como bem lembra Quintero Rivera (2009), danças que poderiam ser consideradas – num primeiro olhar – "africanistas" (p. 11), como memórias herdadas de outras geografias e épocas, recriam-se transformadas na experiência da diáspora afroatlântica e na modernidade, invocando liberdades corporais e flexibilidades que indicam e elaboram resistências e subversões possíveis. Com isso, há uma busca pela "impugnação da colonialidade do saber eurocêntrica pelo sonoro" (p. 12) e pelo corporal, desafiando ainda as separações e hierarquias entre corpo/mente, natureza/cultura.

Os corpos no ambiente festivo parecem girar em sentido duplo, para o passado e para o futuro em simultânea marcação de presença, fundada em identidades que perspectivam um "passado contemporâneo", tornando espessa a temporalidade em que a ancestralidade é atravessada pela experiência da existência em disputa, atualizada em novos sentidos[26]. Desse tempo espiralado surgem também performances espiraladas que, com sua dimensão ritual, destacam a grafia do conhecimento que se inscreve, não apenas pela formalidade da letra alfabética, mas pelo e no corpo, naquilo que Martins (2021) denomina "afrografias" transcriadas nas Américas, numa espécie de inscrições do conhecimento pela prática das oralituras, presentes em toda a performance que rege as canções, danças e presenças observadas no CCA. Em uma performance divulgada

[24] Em abril de 2024, momento em que redigimos este artigo, as sextas-feiras no CCA passaram a apresentar o evento "Missa do Rebolado", com o mesmo Yannick Delass e seu grupo; em geral, nada mudou em relação ao "Afrika Baile", mas nos chama a atenção a nomeação explícita da ideia de uma missa – e seu sentido ritualizado –, mas baseada nos quadris e no rebolado, com a polifonia de sentidos aí acionada.

[25] *Kuduro* é um gênero musical eletrônico e um estilo de dança advindo da Angola, tendo como influências o sungura e o rap e alcançando visibilidade global nos anos 2010.

[26] Disponível em: https://www.instagram.com/reel/CoTzvcYOohE/?igsh=OWFyY2FyNnA2eWZs. Acesso em: 21 abr. 2024.

pela própria página do Instagram do CCA[27], notam-se gestos que vão do rebolado do jovem no palco às rodas coreografadas com o público de migrantes e brasileiros, até passos que remetem às coreografias dos bailes black dos anos 1970, vistas ainda hoje atualizadas e recriadas em espaços como o Viaduto de Madureira no Rio de Janeiro.

Essa perspectiva de cultura e arte circula e se (re)faz nos circuitos alternativos nos quais o CCA se localiza, num campo em que as ações coletivas são um valor. O CCA se posiciona como uma curva deste tempo espiralado (Martins, 2021), em restituição de modos de ser, agir, estar e performar. Astúcias de corpos possuidores de trajetórias híbridas, que aliam saberes de experiências dos diferentes pertencimentos geográficos e culturais, às experiências do cotidiano urbano paulistano, elaborando resistências e negociações. Um saber estético e afetivo de usos e apropriações de saberes que tem no corpo o lugar de inscrição do conhecimento, da memória de uma ética social descentralizada do hegemônico e assentada no movimento espiralado do tempo, de sentidos agregadores, entre o passado, o presente e o futuro, elaborada nas experiências múltiplas e fluidas na metrópole.

As afinidades e sociabilidades construídas entre o público e os artistas e no público entre si são apropriadas em toda a complexidade que envolve a dimensão do ser/estar entre os indivíduos e o mundo, entre tensões e negociações, sincretizando e resistindo como sentido prático do cotidiano. É difícil identificar como cada frequentador é atravessado pela experiência do CCA, mas é possível perceber que existam afetos implicados nos encontros e possibilidades de outros repertórios somados.

Esses movimentos inspiram reflexões de conexão e redes nas encruzilhadas que suturam o lugar do "artista sem lugar para trabalhar" ou ainda desterrado ou estrangeiro, observado no CCA e em Yannick Delass, entre celebrações de trajetórias que inspiram outros artistas para chegar e permanecer em uma cidade nem sempre receptiva e amigável

[27]Disponível em: https://www.instagram.com/reel/C3aEk1PuEhk/?igsh=MXB5bjVycHYxZHVhag==. Acesso em: 21 abr. 2024.

no reconhecimento de expressões diversas, os quais identificamos como agentes vivos da espiralidade. Nas trajetórias diaspóricas e na potência das articulações promovidas pelo CCA, insurgências da inflexão política e estética definem o que diferencia uma casa de shows ou um bar, para um centro cultural potente e relevante.

O que se propõe, então, não é a suspensão da violência do mundo pela arte, mas a sua incorporação, corpo e mundo, num espaço ritualizado de encontro e festa. Uma possibilidade, pelo coletivo, do que se expressa para o mundo, em uma experiência que não pode ser compreendida fora da vivência de sujeitos e seus corpos que dançam juntos no território do Bixiga.

Considerações finais

Buscamos neste artigo apresentar e analisar o Centro Cultural Afrika, no Bixiga, suas atividades, programação e curadoria, bem como a trajetória de seu idealizador e gestor, o artista e produtor cultural Yannick Delass. O objetivo foi compreender os sentidos afroatlânticos de amefricanidade e hibridismo que ali se constroem por via das práticas musicais, acionando como operadores analíticos, as noções de performance e performatividade.

A "música negra", nas palavras de Gilroy (2021), expressam corpos racializados e musicalidades e sensibilidades afroatlânticas (Corti, 2023), fundadas não na noção de pureza ou essência da África, mas exatamente na mistura proporcionada pela rede comunicativa e dinâmica que tem na metáfora do oceano de passagem uma forte simbologia. Nas palavras de González (1988, p. 79), trata-se de "reconhecer um gigantesco trabalho de dinâmica cultural que não nos leva para o outro lado do Atlântico, mas que nos traz de lá e nos transforma no que somos hoje: amefricanos", em que a música se constituiu em dimensão, linguagem e prática privilegiada para a expressão e afirmação e tensionamentos dos grupos subalternizados, como também tem exercido um papel fundamental na conexão entre as diferentes comunidades da diáspora.

Esses sentidos são vividos e percebidos no CCA, nas formas de elaborar uma curadoria na programação musical que traz sonoridades da África contemporânea e urbana e na eleição de estilos e gêneros musicais latinos e brasileiros que, de diferentes formas, dialogam com matrizes culturais (ame)africanas, construindo um espaço cultural de musicalidades afroatlânticas. Mais ainda, os sentidos de *world music* parecem tensionados na fala e nas práticas de curadoria de Yannick: o artista e produtor amplia seus sentidos e explicita o jogo de posicionalidades dinâmicas e instáveis a que estão submetidas as identidades culturais e musicais.

A música e suas práticas e performances, assim, mostram-se em seu protagonismo como vetor de articulação destas muitas questões e tensões que envolvem circuitos alternativos urbanos, ativismos, migrantes, identidade e diferença, uso da cultura como performatividade e recurso de visibilidade e inclusão, como também com as questões que envolvem mais amplamente a região do Bixiga na atualidade.

O CCA colabora com a afirmação das identidades negras e africanas na cidade e na região, contribuindo na reivindicação de territorialidade e reconhecimento numa estrutura urbana e social que é opressora, mas na qual se podem elaborar muitas brechas polinizadoras no concreto, potencializando as suas presenças. Elas entrelaçam raízes articuladas por códigos subterrâneos que não podem ser controlados pelos sistemas formais que ignoram as identidades e interculturalidades no cotidiano do polifônico no Bixiga, atravessado por diversos sotaques e pertencimentos.

Não entendemos o CCA como uma proposta de ruptura, mas como uma torção, fissura ou dobra nas maneiras de conjugar a sobrevivência comercial de um espaço independente/alternativo que vem paulatinamente ampliando seu público, aumentando a sua potência como referência democrática de pluralidade e diversidade de identidade e cultura na cidade e no Bixiga.

Discutir e perceber rotas de fugas, em construções heterogêneas de conhecimento em movimento, invocando as urgências de nosso tempo, encadeados pelos campos simbólico e material, incorporando presenças e representatividade nas fissuras das estruturas coloniais, são elementos que se mostraram na análise do CCA. Ampliam e potencializam perspectivas não brancas e menos submetidas a uma estrutura eurocentrada, assumindo posições desafiantes ao hegemônico na forma de outras existências e tecnologias ancestrais atualizadas e prospectivas dos corpos orientados por práticas coletivas de criação de vidas submetidas às sequelas da colonialidade, mas também vivas, criativas e pulsantes.

Longe de entender uma africanidade atávica ou como repositório de sentidos originais supostamente perdidos, entendemos no CCA a possibilidade de construir "estratégias para entrar e sair da modernidade" (García Canclini, 2001), e elaborar processos contraditórios e astuciosos – mas não menos potentes – de transculturação, adaptação, resistência, fetichização e autoafirmação presentes nas expressões musicais populares afroatlânticas. Esboça-se, assim, sentidos de africanidade locais/globais em pleno Bixiga.

Referências

APPADURAI, Arjun. *Dimensões culturais da Globalização*. Lisboa: Teorema, 2004.

BACOCCINA, Denize. Conheça o Centro Cultural Afrika, reduto de música africana na Bela Vista. *A vida no Centro*, 26/04/2023. Disponível em: https://avidanocentro.com.br/cultura/centro-cultural-afrika-bar/. Acesso em: 11 abr. 2024.

BARAÑO, Ascención *et al*. World Music ¿ El folklore de la globalización? *TRANS - Revista Transcultural de Música*, n. 7, 2003. Disponível em: https://www.sibetrans.com/trans/article/214/world-music-el-folklore-de-la-globalizacion. Acesso em: 16 abr. 2024.

BHABHA, Homi. *O local da cultura*. Belo Horizonte: ED, UFMG, 1998.

CATRACA LIVRE. *Centro Cultural Afrika traz para SP a diversidade do continente*. 09/03/2023. Disponível em: https://catracalivre.com.br/agenda/centro-cultural-afrika-sp/. Acesso em: 19 abr. 2024.

CORTI, Berenice. *Músicas negras*: cuerpos racializados y sensibilidades Afroatlánticas en Buenos Aires. Buenos Aires: Prometeo Editorial, 2023.

DELASS, Yannick. *Entrevista Yannick Delass – Centro Cultural Afrika – Tapera Podcast – 4º Episódio*. YouTube, 29/08/2023. Disponível em: https://www.youtube.com/watch?v=TbPmCPiHRXo&t=20s. Acesso em: 12 abr. 2024.

DOSUNMO, Oyebade Ajibola. *Afrobeat, Fela and beyond*: Scenes, style and ideology. Tese (Doutorado em Filosofia) – University of Pittsburgh, Pittsburgh, 2010.

GARCIA CANCLINI, Nestor. *Culturas híbridas*: estrategias para entrar y salir de la modernidad. 2. ed. Barcelona: Paidós, 2001.

GILROY, Paul. *O Atlântico Negro*: modernidade e dupla consciência. São Paulo: Editora 34, 2001.

GONZALEZ, Lélia. A categoria político-cultural de amefricanidade. *Tempo Brasileiro*, Rio de Janeiro, n. 92/93, p. 69-82, 1988.

HAESBAERT, Rogério. *Territórios alternativos*. São Paulo/Rio de Janeiro: Contexto/EdUFF, 2002.

HALL, Stuart. *Da Diáspora*: identidade e mediações culturais. (Liv Sovik, Ed.). Belo Horizonte: Ed. UFMG, 2003.

JACQUES, Paola. *Elogio aos errantes*. Salvador: EDUFBA, 2012.

MARTÍ, Josep. Transculturación, globalización y músicas de hoy. *TRANS - Revista Transcultural de Música*, n. 8, 2004. Disponível em: https://www.sibetrans.com/trans/article/188/transculturacion-globalizacion-y-musicas-de-hoy. Acesso em: 16 abr. 2024.

MARTÍN-BARBERO, Jesús; OCHOA GAUTIER, Ana Maria. Políticas de multiculturalidad y desubicaciones de lo popular. *In*: *Estudios Latinoamericanos sobre cultura y transformaciones sociales en tiempos de globalización*. Buenos Aires: CLACSO, 2001. Disponível em: http://biblioteca.clacso.edu.ar/clacso/gt/20100912040515/8barbero.pdf. Acesso em: 15 abr. 2024.

MARTINS, Leda Maria. *Performances do tempo espiralar*: poéticas do corpo-tela. Rio de Janeiro: Cobogó, 2021.

MBEMBE, Achille. As Formas Africanas de Auto-Inscrição. *Estudos Afro-Asiáticos*, ano 23, n. 1, p. 171-209, 2001.

PEREIRA, Simone Luci. Alternativos, autorais, resistentes: coletivos musicais, festas e espaços de música em São Paulo. *In*: FERNANDES, Cíntia S.; HERSCHMANN, Micael (org.). *Cidades musicais*: comunicação, territorialidade, política. Porto Alegre: Ed. Sulina, 2018.

PEREIRA, Simone Luci. Circuito de festas de música "alternativa" na área central de São Paulo: cidade, corporalidades, juventude. *FAMECOS – mídia, cultura, tecnologia*. v. 24, n. 2, p. 1-12, 2017.

PEREIRA, Simone Luci; SILVA, Gustavo; PAIVA, Fabio. Territórios, deslocamentos, comunicação urbana: uma análise do documentário *Oxente, Bixiga! Fênix – Revista de História e Estudos Culturais*. ISSN: 1807-6971, 2024. No prelo.

PEREIRA, Simone Luci; BRAS, João Marcelo; RODRIGUES, Juliana Conartioli. Usos da cultura, dinâmicas de produção/consumo solidário e ativismos: tensões e diálogos no Bixiga/São Paulo. *E-Compós*, v. 26, p. 1-21, 2023.

PEREIRA, Simone Luci *et al*. Apropriações da cidade em práticas musicais juvenis em São Paulo: experiências de uma pesquisa coletiva. *In*: ALVARADO, Sarah; JARAMILLO, Oscar (comp.). *Violencias, contra-hegemonías y re(ex)istencias en clave de niñeces y juventudes latino-americanas*. Manizales/Colômbia: CINDE/CLACSO, 2023. p. 223-276.

QUINTERO RIVERA, Angel. *Cuerpo y cultura – las músicas "mulatas" y la subversión del baile*. Madrid: Iberoamericana, 2009.

SODRÉ, Muniz. *O Terreiro e a Cidade*. Petrópolis: Vozes, 1988.

TAYLOR, Diana. *O arquivo e o repertório*. Performance e memória cultural nas Américas. Belo Horizonte: Editora UFMG, 2013.

UTEH, Gold Kingsley; NWAMARA, Alvan-Ikoku O. Afro-Beat: from Lagos to the world. *Awka Journal of Research in Music and the Arts*, v. 15, p. 144-155, 2021. Disponível em: https://www.nigerianjournalsonline.com/index.php/ajrma/article/view/3658/0. Acesso em: 16 abr. 2024.

VARGAS, Fernanda. *Bixiga-Mombaça*: entre lugares, percursos e memórias. Dissertação (Mestrado em Ciências Humanas e Sociais) – Programa de Pós-graduação em Ciências Humanas e Sociais, Universidade Federal do ABC, São Bernardo do Campo, 2019.

YUDICE, George. *El recurso de la cultura*. Usos de la cultura en la era global. Barcelona: Gedisa, 2002.

Invisibilidade, inaudibilidade e marginalidade: músicas e geografias afetivas nas cidades noturnas

Natalia Bieletto-Bueno

O desafio no evento acadêmico de que participei constituía em refletir sobre os ecossistemas musicais urbanos de pouca visibilidade e/ou quase subterrâneos (fora do radar do poder público e considerados perigosos). Inicialmente, realizei o exercício mental de levar a referência do visual para o campo sonoro, propondo o inaudível como problema principal. Como condição axiomática, as duas referências sensoriais remetem à incapacidade de perceber algo cuja existência é, no entanto, reconhecida. Nessa fantasmagoria, o fugaz, o efêmero ou o evasivo não se refere necessariamente à falta de luz ou som para tornar a percepção possível; pelo contrário, refere-se às pessoas que, por falta de agência, ou por causa dela, não podem ou não querem ser vistas na esfera pública. Ao mesmo tempo, quando o oculto é vinculado à ideia de cidade, ele fica naturalmente ligado ao noturno e às formas como a experiência urbana é vivida e simbolizada nas margens do que é permitido.

A provocação do título do evento me levou imediatamente para a obra *As cidades invisíveis* (1990), do premiado Italo Calvino, em que ele escreveu um exercício imaginário das conversas entre o viajante Marco Polo e Kublai Khan, o temido grande imperador mongol. Na história, cada cidade tem o nome de uma mulher e é representada por um poema em prosa. Assim, em Teodora, uma das cidades escondidas, Calvino nos descreve uma

> fauna obrigatória que acorda da letargia. Remetida durante longas eras a esconderijos isolados, desde que foi destituída do sistema por espécies agora extintas, [ali] a outra fauna voltava à luz [...]As esfinges, os grifos, as quimeras, os dragões, os hircocervus, as harpias, as hidras, os unicórnios, os basiliscos retomavam a posse de sua cidade (Calvino, 1990, p. 71).

Nessa cidade, a marginalidade urbana, os exilados, os estranhos, os abjetos, os outros fora da norma, voltam temporariamente e se apropriam dos lugares que lhes foram negados, despertando o medo dos seres que não têm uma marca. Enquanto isso, o autor afirma que a cidade de Raissa é uma:

> cidade triste, [onde] passa um fio invisível que conecta um ser vivo a outro por um instante e logo é destruído, depois ele é construído novamente entre pontos em movimento, desenhando figuras novas e rápidas de forma que a cada segundo a cidade infeliz contenha uma cidade feliz que nem sequer sabe que existe (Calvino, 1990, p. 134).

A partir da perspectiva dos estudos sonoros e auditivos, esse fio invisível "que conecta os seres, que é destruído e depois construído novamente", não é outro que o som em sua natureza evanescente. A experiência acústica da cidade proporciona oportunidades de interação entre seres, entidades e subjetividades que nos conectam uns aos outros e nos fazem confrontar nossas próprias formas condicionadas de escutar o mundo e construí-lo, mas principalmente dão espaço às formações identitárias e afetivas dos que foram marginalizados. Na metade da obra, Kublai Khan pergunta a Marco Polo por que ele nunca fala sobre Veneza, sua cidade natal, e o viajante responde "Sempre que estou falando de uma cidade, estou falando sobre Veneza" (Calvino, 1990, p. 82). A resposta do viajante italiano mostra que a cidade não é apenas uma configuração espacial ou arquitetônica, mas também uma experiência incorporada, feita corpo, que é impossível falar dela sem fazer referência ao que cada um se tornou ao vivê-la. Assim, a menção de "uma cidade triste, e outra feliz que não sabe que existe" me remete à alternância entre as condições de audibilidade e silenciamento a que algumas pessoas estão sujeitas. Para mim, parece que a frase expressa a experiência intermitente de habitar a centralidade e a marginalidade urbana; a experiência contraditória de se sentir parte e de ser excluído que algumas pessoas da cidade vivem. Principalmente aqueles que carregam corpos que encontraram, na noite, um ambiente onde podem desenvolver suas identidades e um espaço que lhes proporciona uma segurança maior, pelo menos durante o dia.

Nas próximas páginas, vou procurar debater sobre como as oscilações nas condições de audibilidade de algumas cenas musicais contribuem para criar noções do que é definido como marginalidade. A capacidade de ser ouvido ou não constrói simultaneamente a experiência urbana e molda as subjetividades dos que habitam a cidade. Além disso, essas experiências também dão forma material para as cidades, porque as práticas territoriais dos que as habitam – as práticas territoriais possíveis através da música e do som especificamente – podem mudar a percepção social de determinados espaços, mudando os padrões de valor concedidos a eles e modificando, consequentemente, as hierarquias urbanas e os critérios com que o espaço é feito. E já que algumas práticas sonoras permitem que algumas pessoas não apenas façam, mas também sejam os diferentes agenciamentos sonoros (LaBelle, 2019) e as representações musicais que praticam, têm o potencial de modificar a apreciação social de diferentes grupos de pessoas.

Começo minha jornada no dia 9 de junho de 2023, quando o conselho de Los Angeles, Califórnia, apresentou um pedido de desculpas público por causa de um evento ocorrido havia 80 anos, na zona leste de Los Angeles. Esse gesto de reparação histórica aludiu a um ataque que aconteceu em 1943 contra os "pachucos", jovens em sua maioria mexicano-americanos – apesar de contar com a participação de migrantes filipinos – que se reuniam para dançar gêneros musicais da moda como swing, boogie e rumba. Essa cena musical ficou conhecida como *zoot suiters* (ou pachucos). O nome em questão foi dado por causa da roupa que os praticantes usavam. Era uma roupa grande e confortável para dançar, tanto para os homens quanto para as mulheres, inspirada nas culturas musicais do jazz negro da década de 1930. Para seus protagonistas, a roupa reivindicava a cultura de fronteira e afirmava, por associação ao jazz negro, sua participação dentro da cultura estadunidense, mesmo que ela fosse marginalizada. A cena dos pachucos aconteceu em um contexto em que muitos dos jovens dançarinos tinham adquirido seu direito à cidadania graças a sua participação como soldados na Segunda Guerra Mundial. Contudo, seu novo status comprovado através do cobiçado *green card* parecia contradizer com o que Linda Martin Alcoff (2005) chama de "identidades visíveis" dos que as portavam: filhos de imigrantes mexicanos e a primeira geração de nascidos no território californiano.

Dessa forma, o que estava em disputa era sua capacidade de se inserir culturalmente em uma sociedade que os continuava vendo como estrangeiros. Naquela época, a cena pachuca permitiu que esses grupos de jovens estabelecessem alianças com outros grupos minoritários, mesmo que alguns fossem apenas de forma simbólica, permitiu que se reunissem e socializassem através da dança, ressignificando assim sua experiência de marginalização socioterritorial. Essa situação claramente alarmou alguns marinheiros provenientes da base militar de San Diego (*white Americans*), para quem a roupa pachuca era algo antipatriótico, porque sua fabricação exigia muito tecido em uma época em que era necessário racionar recursos para destiná-los à guerra. Seja qual fosse a desculpa para não reconhecer os jovens pachucos como merecedores dos mesmos direitos de qualquer outra pessoa, o ataque racista consistiu em despi-los e humilhá-los publicamente, queimando suas roupas, tudo isso com o apoio das autoridades do condado. Desde então, a roupa foi ressignificada no sul da Califórnia como um símbolo da identidade chicana e como símbolo da resistência dessa cultura marginalizada. Não é por acaso que figuras emblemáticas da época, como César Chávez e Malcom X, tenham sido reconhecidas como pachucas no evento comemorativo, em um gesto que procurou resgatar a memória invisibilizada desses lutadores sociais. Então, o caso pachuco permite uma leitura tanto das dinâmicas sociorraciais da época quanto dos padrões de regulamento socioterritorial em

Los Angeles. Ao mesmo tempo, revela algumas das respostas socioafetivas que essas comunidades marginalizadas encontraram para moldar novas geografias afetivas na cidade por meio da convivência mediada pela moda, pela música, pela dança e pelo prazer auditivo e corporal.

A cena pachuca fez sua transição para a cultura popular através de inúmeras ficções que representaram o pachuco como um sujeito em resistência, adicionando uma carga extra de perigo na representação. A música Pedro Navajas, do panamenho Rubén Blades, é um exemplo claro do que foi dito anteriormente. Como uma peça fundamental do cânone da música popular latino-americana, essa música participa de uma longa tradição de representações musicais em que o anti-herói perigoso está intrinsecamente conectado ao bairro marginalizado, à vida noturna da cidade e ao perigo (Waisman, 2024). Esse tipo de estrutura narrativa refletida na música também utiliza vários instrumentos extramusicais de representação, como a nota vermelha, a fotografia e a iconografia. A noite ocupa um papel central nessas representações, tanto como cenário para a ação quanto como um personagem agentivo: ou seja, ao mesmo tempo que a noite faz, ela também permite fazer.

O surgimento dos "estudos da noite" é um claro indicador de que a outra temporalidade do dia tem sido historicamente associada a uma série de condutas sociais, simbolismos e riscos que merecem um tratamento específico, tanto em sua interpretação quanto na ordem dos regulamentos e das políticas públicas (Straw, 2018, 2023). Vou me limitar apenas a referir o que já se sabe: que a noite responde a uma antiga tradição de representações sociais como um "recipiente do que não é socialmente aceitável, como um refúgio da imoralidade" (Pulido Llano, 2016, p. 19) e como espaço para a abertura de uma sexualidade livre. No decorrer da história, existiram muitas associações simbólicas que reforçaram o antagonismo dia/noite, masculino/feminino, permitido/proibido, bom/mau. Esses simbolismos foram criados pela literatura, e depois foram reforçados pelo cinema, pela ópera, pelo teatro, pela gráfica e, atualmente, por videoclipes. Continuo com Simone Pereira de Sá que diz que os videoclipes são, atualmente, o ecossistema em que a indústria musical vive. Foi esse formato de produção que contribuiu para "tornar a cultura musical muito audiovisual" (Pereira de Sá, 2021, apresentação s/n), e consequentemente contribuiu consideravelmente para que os videoclipes produzam conteúdos tanto sociais quanto urbanos e, nesse caso, também sobre as diferentes temporalidades que regem os corpos. Apesar de existirem muitos exemplos musicais, eu quero apenas chamar a atenção para o vídeo da música "Un Reggaetón en lo Oscuro" dos porto-riquenhos Wisin & Yandel.[28] O vídeo, lançado em 2018 e com mais de 132 mil visualizações até a escrita deste artigo, transmite de forma eficaz a ideia do poder da noite de transfigurar as pessoas, bem como de proporcionar um espaço de libertação corporal sexual e afetiva.

A narrativa do vídeo é a seguinte: é uma tarde ensolarada em Porto Rico. Uma jovem estudante avisa ao pai "que não irá jantar em casa". A tomada panorâmica do emblemático bairro La Perla dá lugar a um cenário noturno em que a protagonista, agora uma mulher sensual, troca de roupa e satisfaz seu desejo de dançar na noite. Lá, a escuridão é uma alegoria do proibido e dos usos ilícitos do corpo. A noite serve para temporalizar a sensualidade, a sexualidade e os comportamentos que a moralidade judaico-cristã estabeleceu como condenáveis. A noite é representada como um momento de transfiguração em que os bons se tornam maus; os humanos se tornam seres malignos, ou então são tentados por um mal que devem enfrentar. É durante a noite que surge o que antes se escondia: o impudente, o obscuro, o proibido, o perigoso, mas também o desejável. No vídeo também vemos a transfiguração do emblemático bairro La Perla, de um lugar perigoso para um lugar libertador e desejável. Então, a noite não só é o oposto da vida cotidiana, mas a vida musical noturna permite, ainda, escutar os territórios ocultos da experiência urbana e talvez, apenas talvez, dar pistas para saber como essas experiências territoriais são subjetivadas, principalmente para os que não encontram um espaço entre os normais.

---

[28] Wisin & Yandel – Reggaetón en lo Oscuro. Disponível em: https://www.youtube.com/watch?v=e_cfyudmdiQ&ab_channel=WisinYYandelVEVO. Acesso em: 23 maio 2024.

Além de como os vídeos contribuem para aumentar o desejo do proibido, o certo é que os espaços de sociabilidade musical reais estão ancorados em territórios e, consequentemente, sujeitos a disputas por sua jurisdição (Bieletto-Bueno, 2021; 2024). No entanto, o som como fenômeno acústico é apenas um componente no processo de territorialização sonora. A dimensão simbólica do território – entendendo-o como uma prática social e não apenas como uma extensão da área – é complementada quando são atribuídas cargas musicais aos sons que, por sua vez, são associados com atores sociais específicos. Então, a combinação de som no espaço, com as cargas simbólicas associadas a cada gênero musical, bem como com seus praticantes, foi chamada de "territorialidade sonoro-musical" por Herschmann e Fernandes (2014). Essas cargas simbólicas, por sua vez, derivam das posições sociais que os praticantes ocupam no território através de gêneros musicais específicos. A prevalência da "matriz colonial" na América Latina (Quijano, 2000) é condição para que as culturas musicais associadas a populações indígenas ou afrodescendentes (Jazz, hip hop, samba, landó etc.) carreguem um estigma social que se projeta nos lugares onde são praticadas. Assim, a associação entre pessoas marginalizadas e bairros periféricos é fortalecida.

Pode-se acrescentar ao argumento de Herschmann e Fernandes que as músicas acontecem nas zonas urbanas que também estão hierarquizadas sob critérios de valor preexistentes que estabelecem: a) quais espaços urbanos são mais ou menos importantes e quais são mais ou menos marginalizados; b) além disso, quais merecem um valor monetário maior e quais são restos urbanos; lugares que absorvem os efeitos externos da cidade. A vivência e a consciência de que existem espaços importantes (bonitos, valiosos, patrimoniais), e que eles se opõem a outros que são meramente funcionais e colocados a serviço das elites, têm necessariamente respostas afetivas, refletidas nas práticas expressivas como o grafite, a crônica urbana, a poesia, a canção e a música, com seus produtos associados como as produções fonográficas e os videoclipes.

Mas assim como as experiências urbanas dão lugar a reações afetivas determinadas, as hierarquias urbanas preexistentes também podem mudar por efeito da música (Bieletto-Bueno; Galván, 2023; Bieletto-Bueno, 2024). Não só porque as ocupações sonoras de determinados lugares podem reconfigurar as maneiras como o espaço é vivido, lembrado e construído socialmente; mas também porque as diversas produções culturais associadas ao som e às práticas musicais localizadas geram representações sociais tanto das pessoas quanto dos territórios, são percebidas representações que afetam a ambos (Doughty; Lagerqvist, 2016). Essas mudanças na valorização podem, então, gerar mudanças na materialidade desses espaços. Por exemplo, um espaço abandonado ou que não possui equipamento urbano suficiente devido a sua desvalorização (uma praça sem iluminação pública, uma esquina sem pavimentação) pode ser recuperado e restaurado depois que uma determinada prática musical tenha contribuído para sua ressignificação ou revalorização social.

Assim, parto do pressuposto de que as várias expressões musicais urbanas refletem a experiência de viver na cidade, ou seja, a cidade molda a música, também é somado ao inverso: as formas musicais moldam tanto a experiência urbana quanto a materialidade da cidade (Sánchez-Fuarros, 2017; Nofre Jordi *et al.*, 2017; Casquilho Claudia *et al.*, 2022; Bieletto-Bueno; Gálván, 2023). Como a música contribui para reverter, renegociar, atualizar ou contestar padrões de avaliação do espaço é algo que quero mostrar com o exemplo seguinte, que vem dos cenários das músicas urbanas no Chile.

O videoclipe da música "Las Torres Mix" é uma produção coletiva de 2021 em que vários representantes da música urbana chilena participam.[29] Esse videoclipe constrói um espaço discursivo onde são disputados os padrões de avaliação da centralidade urbana. Tanto o discurso lírico quanto o audiovisual contestam a lógica socioterritorial da cidade de Santiago do Chile e as raízes históricas de um padrão de regulamento socioterritorial extremamente classista. Por um lado, o vídeo contribui para processos de hierarquização social: os personagens protagonistas se

---

[29] "Las torres mix". Disponível em: https://www.youtube.com/watch?v=POx2aGYcfyQ&ab_channel=ElJordan23. Acesso em: 23 maio 2024.

autodenominam "Patos feios" e são associados com o crime e com a marginalidade urbana, mas, ao mesmo tempo, denunciam a oposição entre leste e oeste, abraçam seu território marginalizado – as comunas de Lo Prado e Puente Alto localizadas a oeste da cidade – e o transformam novamente em um símbolo de identidade (Goffman, 1969).

> De lo Pradopa' Puente Alto,
> to' mis compañero' son delincuente'
> Frecuentes demente' bajando pa'l poniente
> Si andamo' en raso/ detonamo' en el oriente
> Ando con el me'o ki, ando con el me'o diente

No vídeo, as torres de energia elétrica servem como ponto de referência para marcar um território, trata-se de um ponto em que arquitetos e urbanistas chamaram de "landmark". Dentro das diferentes geografias urbanas, os *landmarks* são pontos característicos (esculturas, edifícios, monumentos, morros e montanhas) que costumam ser transformados novamente em símbolos de identidade. Assim, apropriadas como símbolo do bairro marginalizado, os músicos usam essas torres de energia elétrica para denunciar como as externalidades urbanas são absorvidas apenas por um setor da população, enquanto as zonas centrais (as comunas localizadas na zona leste, nesse caso) desfrutam dos privilégios materiais. O vídeo e a letra destacam a precariedade do bairro e o que os cantores identificam como a "feiura" dos membros das gangues urbanas. Ambos são implantados como estratégias para posicionar seu lugar de fala: a favela e a condição de marginalização urbana. Assim, a gangue de "patos feios" é uma alegoria da criminalidade, do flaite (gíria chilena usada para descrever pessoas que possuem maus hábitos, hábitos vulgares e comportamento criminoso), do "desconhecido" e do que geralmente é invisível. Mas a produção do vídeo utiliza refletores, telas e fogos artificiais que iluminam os corpos dos jovens, inclusive das crianças, deixando-os visíveis: mostra sua presença, denuncia a precarização urbana da qual foram objeto e a mesma que se opõe à ostentação material através do uso de correntes brilhantes e roupas esportivas caras

– talvez produto de negócios ilegais. Assim como fazem as quimeras de Teodora, os marginais da metrópole acordam da sua letargia para reivindicar seu lugar na cidade. Aliás, para transformar seu lugar periférico em um lugar de relevância e desejado pelos jovens. Transformam o silêncio em voz.

O argumento que geralmente é espalhado por alguns meios de comunicação, de que esse tipo de música faz uma apologia ao crime e à violência, foi um argumento utilizado para tentar censurar esse tipo de expressão musical (Arruda, 2022). No entanto, além de julgar essa suposta influência negativa sobre os públicos, o certo é que essas produções culturais são formas para simbolizar essa experiência urbana que existe, mesmo estando invisibilizada. E graças ao encanto que o proibido gera, esses espaços urbanos aumentam o desejo por ela. Pelo menos é o que sugere as 13 milhões de visualizações do vídeo no YouTube. O que me interessa ressaltar é que uma das hipóteses por trás do fenômeno se apoia na ideia de que o crescimento desordenado da urbanização deu lugar a modos de subjetivação e sublimação da experiência de segregação e exclusão urbana. Então, se alguns analistas se perguntam como o neoliberalismo é expresso na cidade e como o faz através da música, uma possível resposta parece ser encontrada no tratamento simbólico da favela. As formas de representação musical que são feitas dela parecem indicar que a favela é considerada um mal necessário, uma estrutura inerente à cidade, cujas estruturas de regulamentação são naturalizadas com base no benefício que trazem para poucos a custo do mal-estar de muitos. Além disso, é um espaço que permite o desenvolvimento de determinadas identidades dissidentes da norma. E é precisamente na sua condição marginalizada que reside o seu valor.

Os mecanismos de revalorização do socioterritorial através do som revelam a dialética entre as formas cotidianas do exercício de poder e seus mecanismos de resistência, mas não necessariamente através de respostas sociais organizadas e propositalmente contestatárias a um sistema, mas principalmente por meio das atividades mais inofensivas da vida cotidiana. Nesses casos, prefiro o termo "persistência", que remete a quando uma expressão cultural sobrevive graças a seu poder de adaptação, apesar das condições adversas para sua reprodução.

Uma das perguntas recorrentes nesse texto foi a consideração de como a ideia da marginalidade representada musicalmente transcende para além do simbólico e da forma material das cidades. E, no que resta, quero refletir sobre as condições de audibilidade que estabelecem que determinada prática sonora ou musical possa ser escutada ou, pelo contrário, ser mantida no âmbito do inaudível (invisível). Primeiro é importante considerar que o prestígio ou estigma que certas práticas musicais desfrutam ou sofrem são condições determinadas pelo *status quo*. Então, a melhora ou o declínio das condições de audibilidade de uma prática está sujeita a mudanças no regime de poder que, por sua vez, condiciona as geografias socioafetivas de um espaço construído sociomusicalmente. Para conseguir entender as dinâmicas simbólicas que unem o musical, o territorial e o afetivo, proponho diferenciar os espaços de convivência musical, que chamarei de "tolerância", e os espaços de natureza clandestina.

Em geral, o regime de poder de qualquer sociedade ou regime abre espaços para conter e administrar a dissidência. Esses espaços de sociabilidade musical tendem a se localizar em lugares estabelecidos e costumam estar identificados pelas autoridades para sua supervisão. Cabarés, bares, clubes, *table dance*, botecos, bordéis, fóruns burlescos e de drag queen são alguns desses espaços cuja vida social, geralmente, é desenvolvida com a permissão das autoridades, embora nem sempre com sua simpatia. Consequentemente, são constituídos como espaços de "tolerância": ou seja, apesar de serem lugares onde acontecem coisas que margeiam os limites do que é aceitável, as autoridades permitem sua existência sem penalizá-los. Historicamente, isso tende a acontecer quando determinado regime de poder passa por uma crise de autoridade, porque seus mecanismos de controle relaxam para favorecer a governabilidade. A existência desses espaços se deve a uma sobrecarga que acontece quando há uma percepção generalizada de que o discurso oficial está desatualizado ou fora do lugar com as noções de moralidade da época e, consequentemente, não é majoritariamente aceito pela população. Então, embora a vigilância perdure, o controle é dificultado e a tolerância aumenta. Tanto os discursos oficiais quanto os meios de comunicação (entendidos como dispositivos de poder) costumam fazer uma representação discursiva desses lugares como "perigosos". Isso acontece tanto para controlar seus fluxos humanos quanto para tipificar seu público assíduo. Já que esses lugares não estão estritamente proibidos, nem são censurados de forma estrita, sua existência consegue ser relativamente estável no tempo. E justamente por serem supervisionados pelas autoridades, sua localização nas geografias urbanas – preferencialmente nas zonas marginalizadas – é possível, bem como o rastreamento da sua marca histórica. Consequentemente, esses espaços são susceptíveis a serem representados (através de cartografias, tabelas estatísticas, registros fotográficos, crônicas, estudos socioantropológicos etc.). Tais representações também facilitam as condições para sua audibilidade trans-histórica.

No entanto, existe uma diferença plausível entre os espaços de tolerância e os que existem contra as regras e por trás do radar das autoridades. Como é possível verificar com inúmeros casos históricos, em situações em que um novo regime tenta instaurar seu domínio, a implantação dos seus mandatos exige um aumento no autoritarismo. Nesses casos, o regime de poder considera como prioridade tornar invisível e inaudível determinados grupos sociais – dissidências ideológicas, opositores políticos, ou grupos sociais alternativos para a identidade que pretende passar por legítima ou ainda de pessoas que são agrupadas em torno de práticas ilegais (narcotráfico, prostituição etc.). O anterior dá lugar à censura, às proibições e, depois, à clandestinidade como sua resposta. Sobre isso, Laura Jordán (2009) diz que música e clandestinidade podem ser entendidas como noções convergentes em determinada situação histórica. Logo, pergunta sobre os termos dessa relação mútua, sob o entendimento de que o clandestino não é equivalente ao privado,

> [...] a conjunção dos dois termos – música e clandestinidade – permite compreender como as músicas são vivenciadas e articuladas de modos particulares no lugar e momento em

> que estão situadas [...] enquanto manifestação espaço-temporal, a noção do público assume uma importância central para a análise, pois sob a suposição de que a música é feita para ser atendida por um auditor em algum momento determinado, a problematização do clandestino recai principalmente na maneira em que "autor" e "público" entram em contato e no lugar em que a música é realizada (Jordán, 2009).

Já que a proibição é condição *sine qua non* do clandestino, os lugares em que a execução e a escuta musical são verificadas atuam contra o poder reinante. Na ordem do territorial, eles não costumam ser espaços estáveis – mudam de localização, ou então os espaços/momentos de convergência social e performance musical são precários, imprevistos, efêmeros, transitórios ou móveis (a relação entre trocas e narcocorrido, por exemplo). Na dimensão sincronizada, esses espaços inacessíveis são concordantemente inaudíveis, não apenas para as autoridades, mas também para estudos realizados por acadêmicos. Para mostrar esse último ponto, quero apresentar uma entrevista realizada pela CNN com os irmãos Nano e Gabriel Bellerreza, integrantes do grupo mexicano de música nortenha Los Cuates de Sinaloa.[30] Nela, os músicos descrevem sua experiência ao trabalhar nas festas organizadas pelos chefões de diferentes cartéis de droga, festas onde a música ao vivo parece ser muito valorizada. Quando o entrevistador pergunta como eles chegam nessas festas, essa é a resposta que eles dão:

> Para a segurança deles [os chefões], e a nossa também, eles colocam uma venda nos seus olhos para que você não saiba por onde foi, nem aonde chegou. É o mais conveniente, aliás, é muito melhor não saber do que saber onde fica. Nem o caminho que você usou, nem aonde chegou. Você só está lá e se apresenta. Sabe que está seguro e que está lá. [...] Chegamos de avião, helicópteros...

[30] Entrevista de "Los cuates de Sinaloa". Disponível em: https://edition.cnn.com/videos/spanish/2017/02/22/cnnee-camilo-intvw-los-cuates-de-sinaloa-narcocorridos-fiestas-narcos.cnn. Acesso em: 23 maio 2024.

Como é possível notar, as características desses espaços clandestinos são rastreáveis para a história apenas em dois casos: 1) quando excepcionalmente acontecem invasões, detenções, denúncias, ou seja, se e apenas se, a infração das regras é descoberta pelas autoridades; e 2) posteriormente, isto é, quando deixaram de ser clandestinos e as histórias orais permitem o acesso às memórias e suas formas de registro. Enquanto isso não acontece, apenas breves fragmentos de histórias autocensuradas, rumores e dados insignificantes permitem pensar sobre a existência desses espaços inacessíveis. No exemplo mencionado, não há uma maior rastreabilidade porque a localização geográfica é apagada pelas medidas de controle que buscam proteger a clandestinidade do evento, medidas implementadas por um regime de poder paralelo: olhos vendados, chegada em aviões e helicópteros etc. Conclui-se que aqui não estamos falando de espaços de grupos marginalizados (em termos sociais), mas dos *outlaws* (bandidos), dos ilegais ou fora da lei. São esses atores sociais que constroem outras territorialidades, cujo atrativo aumenta porque o bandido é um tropo cultural que gerou fascínio popular durante séculos. Mas, apesar de serem atrativos, esses espaços clandestinos costumam ser arriscados, voláteis, mutáveis, instáveis e, frequentemente, efêmeros. Também costumam ser inacessíveis e, por isso, não representáveis para os pesquisadores, afetando sua invisibilização histórica.

Tanto os espaços de tolerância quantos os clandestinos mostram o conceito de "Heterotopia" criado por Michael Foucault para descrever diferentes espaços culturais, institucionais, discursivos e geográficos que não seguem a norma. Enquanto "outros espaços" são disruptivos, intensos, incompatíveis com o aceitável, contraditórios e transformadores. Refletem a dissidência, a discordância e, consequentemente, contribuem na construção de ideias em torno do marginalizado. Como espaços paralelos, as heterotopias contêm corpos e identidades abjetas que se aproximam de um espaço utópico e que, paradoxalmente, aumentam o desejo por elas. Entender como a noção da marginalidade é configurada é uma das possibilidades e desafios que abre o estudo do sonoro e a pergunta sobre como as pessoas participam na escuta dos nossos ambientes, não para representá-los, mas para entender nossos corpos sencientes neles. De fato, a perspectiva da teoria não representacional pergunta pela relação entre espaço e afetos, bem como sobre sua capacidade de informar sobre como os padrões de segregação urbana são vivenciados e simbolizados pelos ouvintes (Thrift, 2008; Vannini *et al.*, 2015). Sobre isso, Michael Gallagher diz: "nossas explorações do mundo sonoro permitem capturar como a experiência, as emoções e os afetos são capazes de reconfigurar a relação dos ouvintes com os lugares, e gerar novas formas de atenção e experiências do próprio corpo e dos corpos alheios" (Gallagher, 2015, p. 468). Enquanto isso, Karla Berrens (2006) defende que, quando a escuta é entendida como um ato participativo, "tornamo-nos uma parte ativa da concepção do espaço que habitamos ao navegar nele de uma forma corporalmente desperta, o nosso corpo ilumina as nossas relações com esse espaço. Simultaneamente, também 'construímos'; ou, para ser mais preciso, redefinimos o nosso próprio sentimento do processo de escuta" (Berrens, 2016, p. 20).

A teoria não representacional aborda o que escapa do que pode ser mapeado, dos gráficos e estatísticas, e é talvez o que vai nos permitir formular novas e mais complexas perguntas para assomar às diversidades que se unem graças à participação musical. Como foi demonstrado, os espaços que determinam as condições de audibilidade desses grupos estão sujeitos ao regime de poder reinante, de modo que podem se manifestar como espaços de tolerância ou de clandestinidade que determinam suas condições de audibilidade ou visibilidade. O som, a experiência auditiva e sua relação com o espaço urbano nos permitem fazer uma leitura da socialidade dos sentidos, dos afetos e do sentimento público; área muito relevante para a análise das quimeras, dos estranhos, dos corpos abjetos, dos marginais da sociedade que acordam da sua letargia e reivindicam seu espaço na metrópole.

Referências

ARRUDA, Gabriel de. Músicas com apologia ao crime atraem milhões na internet. *Gazeta do Povo*, 14 ago. 2022. Disponível em: https://www.gazetadopovo.com.br/vida-e-cidadania/musicas-apologia-crime-atraem-milhoes-na-internet/. Acesso em: 23 maio 2024.

BERRENS, Karla. An emotional cartography of resonance. *Emotion, space and society*, v. 20, p. 75-81, 2016.

BIELETTO-BUENO, Natalia. Sonido y escucha en las ciudades latinoamericanas. Derecho a la ciudad, poder y ciudadanía. *In*: BIELETTO-BUENO, Natalia. *Ciudades Vibrantes*. Sonido y experiencia aural Urbana en América Latina. Santiago de Chile: Ediciones Universidad Mayor, 2021.

BIELETTO-BUENO, Natalia; GALVÁN, Gustavo. Estudiantinas en Guanajuato: Street Music, architectural Heritage and the Making of Space Hierarchies. *In*: SÁNCHEZ- FUARROS, I.; PAIVA, Daniel; MALET CALVO, Daniel (ed.). *Ambiance, Tourism and the City*. New York y London: Routledge, 2023. p. 43-61.

BIELETTO-BUENO, Natalia. Consideraciones sobre el aporte de la música en la fiesta popular callejera a la construcción del territorio. *Revista Musical Chilena*, v. 78. 2024.

BRINKMAN-CLARK, William. Ciudad uróbora: La ciudad como herramienta de dominio. *Cuadernos De Vivienda y Urbanismo*, v. 9, n. 17, p. 102-121, dez. 2016.

CALVINO, Italo. *Cidades Invisíveis*. São Paulo: Cia. das Letras, 1990.

CASQUILHO, Claudia; GONÇALVES, P.; MOURÃO, C.; NUNES, P.; PAIVA, D. The territories of music in public space: Scenes from Warsaw and Lisbon. *In*: *Territories, Environments, Politics*. Abingdon: Routledge, 2022. p. 174-187.

DOUGHTY, K.; LAGERQVIST, M. The ethical potential of sound in public space: Migrant pan flute music and its potential to create moments of conviviality in a 'failed'public square. *Emotion, Space and Society*, v.1, n. 20, p. 58-67, dez. 2016.

GALLAGHER, Michael. Sound as affect: Difference, power and spatiality. *Emotion, Space and Society*, v. 1, n. 20, p. 42-8, dez. 2016.

HARVEY, David. *El Cosmopolitismo y las geografías de la libertad.* Madrid: AKAL, 2017.

HERSCHMANN, Micael; FERNANDES, Cíntia S. *Música nas ruas do Rio de Janeiro.* Rio de Janeiro: Portcom/Intercom, 2014.

JORDÁN, Laura. Música y clandestinidad en dictadura: la represión, la circulación de músicas de resistencia y el casete clandestino. *Revista musical chilena*, v. 63, n. 212, p. 77-102, dez. 2009.

LABELLE, Brandon. *Sonic Agency*. London: Goldsmiths Press, 2019.

MARTIN-ALCOFF, Linda. *Visible identities*: Race, gender, and the self. Oxford: Oxford University Press, 2005.

NOFRE, Jordi; SÁNCHEZ–FUARROS, Íñigo; CARLOS MARTINS, J.; PEREIRA, P.; SOARES, I.; MALET–CALVO, D.; GERALDES, M.; LÓPEZ DÍAZ, A. Exploring nightlife and urban change in Bairro Alto. *Lisbon. City & Community*, v. 16, n. 3, p. 330-44, 2017.

PEREIRA SÁ, Simone. *Música Pop-periférica Brasileira.* Videoclipes, performances e Tretas na Cultura Digital. Curitiba: Appris editora, 2021.

PULIDO LLANO, Gabriela. *El mapa "rojo" del pecado.* Miedo y vida nocturna en la Ciudad de México, 1940-1950. México: Instituto Nacional de Antropología e Historia/Secretaría de Cultura, 2016.

QUIJANO, Anibal. Colonialidad del poder, eurocentrismo y América Latina. *Perspectivas Latinoamericanas.* Edgardo Lander (comp.) Buenos Aires: CLACSO, 2000.

SÁNCHEZ-FUARROS, Íñigo. "Ai, Mouraria!" Music, Tourism, and Urban Renewal in a Historic Lisbon Neighbourhood. *Musicultures*, v. 43, n. 2, 2017. Disponível em: https://journals.lib.unb.ca/index.php/MC/article/view/25475. Acesso em: 23 maio 2024.

STRAW, William. Afterword: Night mayors, policy mobilities and the question of night's end. *In*: NOFRE, Jordi; ELDRIDGE, Adam. *Exploring*

Nightlife: Space, Society and Governance. London: Rowman and Littlefield International Ltd., 2018. p. 225-231.

STRAW, William. Analisando Cidades. *In*: VII COMUSICA MUSICOM. Facultad de Comunicaciones. Universidade Federal do Rio de Janeiro (campus da Praia Vermelha). Rio de Janeiro, 3-5 out. 2023.

THRIFT, Nigel. *Non-Representational Theory*. Space I politics I affect. London and New York: Routledge, 2008.

VANNINI, Phillip. *Non-Representational Methodologies Re-Envisioning Research*. London and New York: Routledge, 2015.

WAISMAN, Leonardo. La vida te da sorpresas: la exaltación del malevo, siglos XVII-XX. Charla presentada en la Jornada sobre música y patrimonio en el Cono Sur, Universidad Católica de Chile, 12 de enero, 2024.

Música dos bairros: cultura, identidade e território na narrativa *sonidera* de Nova Iorque

César Rebolledo González

"O que um dia foi anômico no outro será canônico"
(Maffesoli, 2001, p. 54).

O lugar das culturas populares

No México existe uma expressão debochada e relativamente recente que repreende o estigma histórico ligado às culturas populares: "te falta bairro". Se você não domina as gírias, o humor e os códigos da vida nas ruas, inevitavelmente virá o apontamento: "te falta bairro". Caso você não reconheça a riqueza gastronômica, artística e cultural das áreas consideradas marginais ou baixas, a prescrição virá acompanhada da dedicatória: "te falta bairro". Se você não sabe dançar ou apreciar a *cumbia*, a *salsa*, a *huaracha*, que por estereótipo correspondem às inclinações musicais do povo, o diagnóstico revelará o sintoma: "te falta bairro".

A palavra bairro nos coloca num paradoxo de estratificação social, econômica e cultural. O bairro é um território de carências, mas ao mesmo tempo é um lugar de riqueza; o bairro é um lugar de bravura, mas ao mesmo tempo é um enclave de vulnerabilidade; o bairro é um espaço temível, mas também é um cúmulo de lealdade e afeto. Os bairros são uma presa cultural do abandono institucional, mas são o berço da cultura popular. Em que contextos e com que finalidade é evocada a falta de bairro nas urbes mexicanas?

Na tradição sociológica, tem-se revisado muito bem o desprezo pelo que é popular e a inerente disputa por significação que esta inércia traz consigo. Comparativos como inferioridade, ignorância ou vulgaridade ilustram muito bem como se estrutura a ideia de vazio ou insuficiência do artesanal *versus* o artístico, ou do tradicional *versus* o moderno. A cultura é uma variável que torna visíveis as tensões entre o canônico e o minoritário, bem como as disputas em torno do que é considerado legítimo ou ilegítimo (Bourdieu, 1998), e até mesmo o que define ou não o bom gosto (Eco, 1995). Nessa lógica, o estudo das culturas populares torna visíveis as formas de resistência e lutas por reconhecimento social a partir de um ângulo invertido, questionando as ponderações elitistas sobre a arte para reformular quem diz o que é arte.

Fazendo referência particularmente ao caso mexicano, este déficit também tem uma leitura colonial. De acordo com estudos sobre a mexicanidade, o que é popular não se refere apenas a um déficit de classe ou de capital cultural, mas também a um sentimento de dominação racializada cujo âmbito pode perturbar a psique coletiva. Nessa literatura, a identidade nacional é interpretada como a expressão de um complexo de inferioridade diante da identidade europeia, que foi internalizada sob a forma de um sistema de castas durante a colônia, e cuja sobrevivência hoje nos permite – em termos fatuais e simbólicos – falar de desigualdade e de racismo, mas também sobre uma resistência latente (Octavio Paz, 1981; José Vasconcelos, 1948; Samuel Ramos, 2001).

Assim, a carência constitui a matéria simbólica de reconhecimento nas sociedades estratificadas, e é precisamente nesse contexto que acreditamos ser pertinente abordar as narrativas emergentes que reivindicam o que é popular e repensam a configuração das identidades no terreno cultural. Se retomarmos a expressão "te falta bairro" como uma marca de orgulho identitário, inverte-se a tese sobre os níveis de cultura e a lógica da diferenciação social; a perspectiva nos obriga a observar uma mudança nas lógicas valorativas sobre as quais se desenvolvem os processos de configuração identitária.

Cabe registrar como o orgulho de pertencer ao bairro é destacado em outras línguas. A ideia de bairro é semelhante à de gueto, favela, *cité* ou *hoods*. Há alguns anos, numa sessão de trabalho com especialistas ingleses em marginalidade urbana, compartilhei uma frase que me pareceu ilustrativa para abordar o problema das identidades estigmatizadas: "saí do bairro, mas o bairro nunca saiu de mim". Um colega inclusive me informou que existia uma expressão semelhante em Londres: "você pode tirar o rapaz do lugar, mas não o lugar do rapaz".

A conexão nos levou a analisar os processos identitários inerentes à mobilidade social de comerciantes, profissionais e músicos oriundos de áreas estigmatizadas. O que tentamos foi tornar visível o que acontece com as identidades territoriais quando pessoas de bairros populares se deslocam para áreas com alto poder aquisitivo. O que acontece no âmbito identitário quando um rapper, um DJ ou um MC sai de um gueto de Londres para morar numa área de luxo? O que acontece quando um joalheiro, um publicitário ou um empreendedor sai de um bairro popular do México para viver numa área residencial? (Rebolledo; White, 2019).

Em geral, o que se pergunta num protocolo de apresentação entre estranhos que moram numa mesma cidade ou país? O que se pergunta quando isso ocorre sob o fator imigração? Em geral, a ideia de lar costuma estar associada ao local de origem, mas quando o orgulho territorial (*ghetto pride*) está presente, isso assume outra conotação. No contexto dos locais estigmatizados e suas identidades, o bairro não é um lugar qualquer, mas o lugar raiz, o lugar de identificação primária e de resistência: "eu sou do bairro".

Vamos focar na frase "te falta bairro" para nos situarmos na dinâmica do reconhecimento social com base na diáspora cultural mexicana nos Estados Unidos. Agora vamos fazer uma série de perguntas em escala transterritorial, destacando a convergência de duas problemáticas de ordem discriminatória: 1) a estigmatização de expressões e práticas populares (provenientes da geografia mexicana); 2) os preconceitos de ordem nacionalista e as políticas xenófobas de deportação de imigrantes considerados ilegais (localizados na geografia estadunidense).

Neste artigo abordamos o fenômeno *sonidero*, que em termos práticos se refere a uma comunidade tecno-musical de amantes de ritmos e danças tropicais, cuja história nos remete à identidade sonora dos bairros populares do México e sua eventual travessia para os Estados Unidos.

Diante desse complexo, nosso objetivo é analisar o lugar das culturas populares e das identidades de bairro no imaginário transterritorial mexicano-americano. Como a ideia de culturas populares se relaciona com as representações sobre território e identidades no contexto da imigração? Qual é o lugar do popular no imaginário transterritorial dos nossos dias? O que caracteriza as narrativas transterritoriais sobre a vida nos bairros populares? Quais são as lógicas de validação e legitimação daquilo que aqui e ali chamamos de cultura?

Pensar na diáspora das culturas populares nos obriga a colocar em perspectiva tanto o estigma como as lutas sociopolíticas pelo reconhecimento de que elas são portadoras. Nesse contexto, nosso objetivo é analisar os processos de reconfiguração identitária de um grupo de *sonideros* imigrantes em Nova Iorque. Propomos abordar a diáspora da cultura *sonidera* em três vias: 1) como prática musical estigmatizada e associada por estereótipo aos bairros populares de um México que se estende factual e simbolicamente até os Estados Unidos – através da imigração; 2) como dispositivo musical móvel através do qual o território mexicano é reconstruído simbolicamente e a identidade do bairro é exaltada – em oposição à segregação e ao racismo ambiental; 3) como tecnologia gregária de difusão musical, que estabelece de forma ritual um refúgio de prazer, resistência e desabafo.

Algumas breves anotações sobre os *sonideros*

Para expressá-la em termos introdutórios, a palavra "*sonidero*" se refere a um sistema de áudio, cujo fim é a reprodução festiva da música tropical e o apelo à diversão da dança. A tecnologia *sonidera* – presente no México desde a década de 1940 – continua em evolução; no entanto, persistem algumas constantes centrais que delineiam sua evocação até o presente:

- A noção tradicional do *sonidero* agrupa uma série de dispositivos sonoros, nos quais se interveio para alcançar altos decibéis de amplificação;
- A tecnologia sonora se distingue pela alteração das revoluções na reprodução musical, que chega a "reduzir" via *pitch* até 50% da velocidade dos ritmos tropicais, para adaptá-los ao gosto de seus seguidores;

- *Sonidero* é o nome dado ao operador de um sistema de áudio, cuja função é a seleção e apresentação personalizada de temas musicais. Os *sonideros* enviam saudações ao vivo, ao estilo radiofônico, durante seus eventos.

Figura 1 – Sonido Alacrán. San Pedro Tultepec (2023)

Fonte: Acervo do autor

Figura 2 – Sonido Cafetero. Iztapalapa, Cidade do México DF (2023)

Fonte: Acervo do autor

Na narrativa prática, o *sonidero* não é o mero proprietário de equipamentos de áudio, mas sim o detentor de conhecimentos para a construção personalizada de alto-falantes ou a modificação de equipamentos fabricados industrialmente em âmbito nacional ou internacional. Marcas como Radson (fundada no México em 1949) ou Garrard (fundada na Grã-Bretanha em 1915) ocupam um lugar fundamental nos testemunhos que levantamos sobre a história e a identidade *sonidera*.

Como expressaram diversos *sonideros* entrevistados ao longo desta pesquisa, é preciso adicionar uma seleção musical adequada ao problema do conhecimento técnico e da posse. Na narrativa *sonidera*, a funcionalidade tecnológica é condicionada pela descoberta de material musical original (chamado joias), cujo formato pode ser físico (vinil, cassetes ou discos compactos) ou digital (arquivos MP3).

Muitos *sonideros* também são colecionadores de vinis importados da Colômbia, Peru, Equador, Guatemala, Nicarágua, Honduras, Chile e Argentina. Segundo os relatos encontrados, apaixonados pela pouca música tropical que chegava aos poucos ao México, nos anos 1960, um punhado de *sonideros* da capital começou a viajar para a América Latina em busca de música. Isso deu início ao comércio informal de discos e à chamada era de ouro dos sons, que eventualmente levou a chamada "música de bairro" para a rádio e depois para a indústria discográfica.

Figura 3 – Sonido Pato. Tepito, Cidade do México, DF (2023)

Fonte: acervo do autor

Figura 4 – Sonido Continental 2000. Peñón de los Baños,

Fonte: acervo do autor

Estima-se que existam mais de dez mil *sonideros* somente na Cidade do México. Apesar de sua presença numerosa, os *sonideros* têm sido historicamente objeto de estigmatização no México. Por estereótipo, são associados à perturbação da ordem pública, à violência e ao consumo de álcool e substâncias ilícitas em espaços públicos. A proibição de eventos *sonideros* é uma constante que continua sendo notícia até o momento. Em 2023, um evento *sonidero* foi cancelado de forma violenta por orientação de uma prefeita da Cidade do México, que acusou os organizadores de não terem licenças institucionais e de incomodarem os vizinhos com o volume alto[31]. Isso mobilizou a comunidade *sonidera* e foram realizados vários pronunciamentos contra o que chamaram de "política discriminatória". Justamente naquele ano, após as reclamações e o pedido de "direitos culturais", a Secretaria de Cultura da Cidade do México e a UNESCO declararam a cultura *sonidera* patrimônio imaterial no âmbito local, sem conseguir com isso acabar com a proibição e sem conseguir tornar nacional a declaração.

[31] Disponível em: https://www.elfinanciero.com.mx/cdmx/2023/02/19/sandra-cuevas-reprime-protesta--sonidero-kiosko-santa-maria-la-ribera/. Acesso em: 23 maio 2024.

Sonidero vs. *sound system*: abordagens teóricas

Na literatura acadêmica sobre o fenômeno *sound system*, destacam-se os estudos sobre identidades, resistência e marginalidade; ritualidade, música e comunidade; apropriação tecnológica (*hacking*) e audiofilia; bem como diásporas culturais. Sem necessariamente serem de corte histórico, esses estudos situam a origem e a expansão dessa cultura sonora nos anos 1940, destacando os fluxos migratórios da Jamaica para a Inglaterra, bem como a estigmatização e falta de reconhecimento como expressão cultural (Henriques, 2011).

A maioria desses estudos está voltada para a música reggae e sua influência em todo o mundo; no entanto, há uma literatura crescente sobre outras expressões de som de rua, que há cerca de doze anos estão presentes em outras latitudes, como a colombiana, a brasileira e a mexicana (Hayes-Edwards, 2016). A cultura *sonidera* é semelhante à do *sound system* de origem jamaicana; o picó colombiano, as radiolas e *aparelhagens* brasileiras.

No caso específico da cultura *sonidera* mexicana, destacam-se os trabalhos de Mariana Delgado (2013); Cathy Rangland (2013); Darío Blanco-Arboleda (2014, 2018); Rubén López-Cano (2015); Josh Kun (2016); Moses Iten (2021); López (2015); Olvera (2013); e Rivera (2009). Nesses estudos, a cultura *sonidera* é abordada como um fenômeno central para a compreensão das identidades de bairro no México e sua extensão imigrante. Constantemente, a cultura *sonidera* é considerada uma prática cultural onde se cristalizam crenças, saberes, tecnologias, valores e estruturas comunitárias, e cujas abordagens acadêmicas são atravessadas pela noção de identidades. De uma perspectiva geral, a literatura sobre *sonideros* entende a música e suas tecnologias de reprodução de rua como partes significativas de uma interação social mediada por ideias de poder, classe, raça e gênero.

Notas metodológicas

Este artigo apresenta os resultados parciais de uma investigação sobre a diáspora *sonidera* em Nova Iorque. O trabalho que desenvolvemos é de natureza qualitativa e se enquadra principalmente nos estudos culturais e na etnomusicologia. Desde o início de 2023, trabalhamos no âmbito do projeto Sonic Street Technologies, vinculado à Universidade de Goldsmiths, em Londres. Nosso trabalho consistiu em desenvolver uma cartografia dos *sonideros* no México, que se estendeu quase com vida própria até Nova Iorque. Realizamos entrevistas em profundidade com mais de sessenta sonideros em território mexicano e mais de vinte sonideros nos Estados Unidos.

Para este artigo, aprofundamo-nos no fenômeno *sonidero* nova-iorquino a partir das variáveis de cultura, identidade e território. Partimos de um exercício de performances sobre a "música de bairro", que agrupa estilos tropicais como a *cumbia*, a *guaracha*, o *son* e a *salsa*. Embora este gênero remeta à geografia e à cultura de bairro mexicana, sua projeção *sonidera* nos situa num lugar intersticial onde se misturam tanto a nostalgia imigrante como a reconstrução simbólica dos bairros. As entrevistas realizadas foram desenvolvidas com base nos seguintes gatilhos comuns:

- Se você tivesse um evento muito importante chegando e só pudesse tocar um tema, qual seria e por quê?
- No que ou em quem você pensa quando ouve, toca ou dança música *sonidera*?
- O que é chamado de música de bairro? O que significa para você "música de bairro"?
- Como começou sua história *sonidera*?
- O que é preciso para ser *sonidero* nos Estados Unidos?
- Quais problemas enfrenta um *sonidero* nos Estados Unidos?
- Qual é a lembrança mais agradável que você tem como *sonidero*?
- Qual é a lembrança menos agradável que você tem como *sonidero*?
- Já pensou em deixar de ser *sonidero*?
- Qual é o sonho de um *sonidero* nos Estados Unidos?

O significado do bairro no jogo das identidades urbanas

É a primeira vez que Lalo Rakonas visita Nova Iorque (NY). A música e o som o levam constantemente do México para os Estados Unidos. Como *sonidero* visitou os estados da Califórnia, Arizona, Nova Iorque, Carolina do Norte, Flórida, Geórgia e Oregon. Ele é natural de Tepito, também conhecido como "o bairro bravo" da Cidade do México, onde, além de ser *sonidero*, trabalha como analista de caixa-preta no Sistema de Transporte Coletivo, mais conhecido como Metrô.

Nós nos encontramos pela primeira vez fora do aeroporto JFK; havíamos conversado ao telefone e sabíamos que estávamos no mesmo voo, mas não havíamos tido a oportunidade de nos encontrar pessoalmente. Lalo saiu por último porque foi interrogado por um policial após passar pelo filtro da alfândega: "primeiro ele perguntou dos meus tênis; então perguntou dos meus documentos".

Estamos em meados de outubro (2023) e faz um pouco de frio. Ray, um *sonidero* de Nova Iorque, vai passar para nos pegar e nos hospedar na casa dele. Enquanto esperamos, Lalo Rakonas, também conhecido como Sonido Juventud Latina, começa a fazer uma transmissão ao vivo via Facebook. Instantaneamente, começam a tocar alertas das mensagens que ele recebe. "De que parte da cidade vocês vêm?", ele nos pergunta enquanto envia saudações a diversas pessoas no México e nos Estados Unidos. Os alertas se multiplicam, e Lalo começa a anunciar suas próximas apresentações indistintamente: Tlaxcala, Hidalgo, Oregon, San José Califórnia.

Figura 5 – Lalo Rakonas, Sonido Juventud Latina.
Tepito, Cidade do México (2023)

Fonte: acervo do autor

Já na estrada, Ray pergunta pelo pai de Lalo, Don Benito, e eles brincam porque seu sobrenome Juárez é o mesmo de um emblemático ex-presidente do México (1858-1872). Lalo recebe uma ligação e começa a consultar sua agenda, faz algumas contas em voz alta e comunica o orçamento para tocar numa província do México. Ray retoma a conversa e conta a ele sobre o evento *sonidero* para o qual viemos: "no sábado tocamos aqui em Nova Iorque e no domingo na Filadélfia".

Ray é originário de Puebla capital, reconhecida por ser um território *sonidero* no México. Ele migrou há 18 anos para Nova Iorque, atravessando o Rio Bravo de forma ilegal. Ray é o líder de uma organização *sonidera* chamada Los Cinco Fantásticos, além de ser diretor de La Fantastic Señal Radio, NY, uma emissora na internet de música *sonidera* com treze anos de história. Iniciou formalmente sua carreira como *sonidero* (Sonido Disco Móvil Barranquilla) ao chegar aos Estados Unidos, e desde então se dedica à organização de eventos *sonideros*. São duas horas de viagem, então conversamos escutando a música "Bonito y Sabroso":

> [...] a música dos senhores de ontem, dos avós. Cada vez que chegamos à cidade ouvimos *salsa* ou matancera [...] Isso me faz

viajar para o mundo mágico e maravilhoso do México. Sempre nos lembramos de nossa terra através da música. A música nos transforma. Ao escutar essa música nos sentimos como se estivéssemos em nosso bairro, e você relembra aqui em Nova Iorque os momentos maravilhosos que viveu lá.

Figura 6 – Raymundo Gallardo. Sonido Discomovil Barranquilla, cidade de Nova York (2023)

Fonte: acervo do autor

De diferentes maneiras, Ray insiste que sua missão como *sonidero* é divulgar a "música de bairro" ou "a boa música", como ele também a denomina. Seu repertório musical reúne principalmente *cumbias* clássicas de origem colombiana e mexicana, mas também sons cubanos e *salsas neoyoricans*. Ele nos fala sobre a velha escola *sonidera*, enfatizando que o novo são meras reinterpretações do passado. Para Ray, "a música de bairro" é a verdadeira música *sonidera*, e essa afirmação é sustentada através de memórias:

> Nasci em Amalucan, Puebla. Minha família sempre foi muito festeira. Minha mãe foi quem me deu a herança musical dos meus avós. Sou de um bairro muito popular, de um lugar tradicional de ambiente *sonidero*. Amalucan é o berço de muita

> gente que gosta da música de bairro, e acho que é a alma de Puebla, [onde] sabemos dançar *salsa*, *guaracha*, *cumbia*, *tropical*, de tudo. Quando cheguei aqui, nunca pensei que houvesse sons. Quando cheguei aqui fiquei surpreso, né? Até onde a música avançou, até onde se espalha, até onde pode chegar? Não é?

Lalo retomou a transmissão ao vivo depois de tirar uma soneca e entrou no chat. Seu avô foi *sonidero* e depois seu pai, de quem herdou o legado e com quem trabalha quando está no México (já que o pai não possui visto para acompanhá-lo nos Estados Unidos). A mãe de Lalo foi *sonidera* na juventude e, conforme nos conta, é quem lhe dá *feedback* com mais frequência de forma remota durante e após suas apresentações:

> É difícil estar longe da sua terra, estar longe de onde você nasceu, do lugar onde você cresceu e se formou. Aqui a solidão faz você procurar um incentivo, algo que faça você se sentir bem. Se eu gosto de ir aos bailes *sonideros* é porque lá tenho a oportunidade de viver como no bairro, porque lá encontro pessoas que vêm do mesmo lugar e que procuram a mesma coisa que eu [...] Você se sente bem, não? Porque longe de tanta solidão que se tem aqui, [o *sonidero*] te dá um pouco do bairro. Isso é muito legal".

Já na casa de Ray encontramos César, aliás Sonido Mambo Ai. Ele é natural de Iztapalapa, Cidade do México. Ele vem de Chicago exclusivamente para alternar os eventos entre NY e Filadélfia. Ele mora nos Estados Unidos há cerca de 35 anos. Recentemente legalizou sua situação migratória e, durante muito tempo, sonhou com o momento em que poderia retornar ao México. Seu depoimento sobre a experiência sonora também se situa na saudade do seu bairro:

> Viemos para ficar apenas um tempo e acabou que ainda estamos aqui. Gostamos da vida daqui, mas sentimos muita falta do bairro; sim, sentimos saudades. Mas achamos que há melhores oportunidades aqui, não é mesmo? Não fazia parte

dos meus sonhos voltar para casa como *sonidero*, certo? Não sabíamos que íamos acabar assim. Mas agora já estamos há 29 anos no ambiente. Seria muito bom voltar ao bairro para trabalhar como *sonidero* e reencontrar os amigos, não é? Retornar ao lugar de onde saímos, onde conhecemos esta cultura. Não consigo nem imaginar o que vou sentir quando tocarem as músicas do bairro. Não, não posso nem [...] tenho... palavras para descrever.

Figura 7 – César Galicia. Sonido Mambo Ai, cidade de Nova York (2023)

Fonte: Acervo do autor

O evento organizado por Ray convocou uma dezena de *sonideros* de NY, mas também há *sonideros* que viajaram de outros estados para se conhecerem. Entre eles está Joel, do Sonido Travieso. Ele é natural de Xochimilco, Cidade do México. Também se dedica à produção sonora de eventos fora do ambiente *sonidero*. O nome de Travieso é inspirado no som de Raúl Mercado, cujo logotipo ele leva tatuado no braço direito:

> [...] quando eu toco e as pessoas me respondem dançando, quando estou em total ambiente [o som] me transporta para minha cidade do México, para meus bairros, para a lembrança dos meus amigos, de quem sinto muita saudade, da minha família, dos meus primos, nós éramos os que frequentavam os bailes. Há temas que me transportam para esses lugares. Seja o que for, seja uma *salsa*, seja uma *cumbia*, seja uma *huaracha*, seja uma música de Puebla, seja uma música regional mexicana, [...] isso me transforma, mata todos os problemas que eu tenho.

Figura 8 – Joel Posadas. Sonido Travieso, cidade de Nova York (2023).

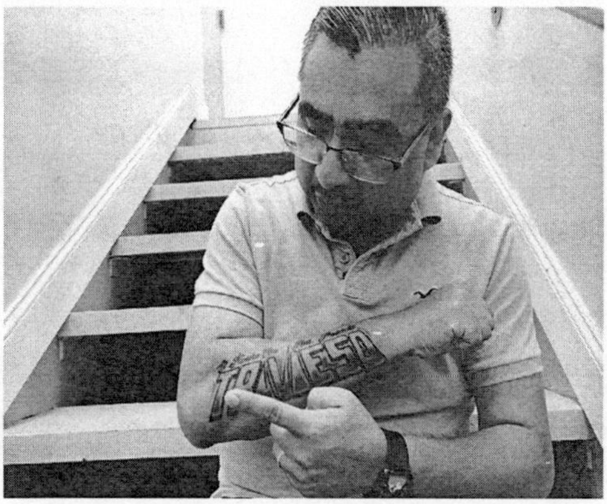

Fonte: Acervo do autor

Ray toca constantemente com seu som tanto em Nova Iorque quanto em outros estados da união americana. Constantemente reitera que desse lado da fronteira há mais restrições para tocar no México; especialmente devido às regulamentações de volume e à escassez de licenças para tocar em espaços públicos. Os eventos aos quais iremos serão realizados em salões de festas privados e com o áudio tocando bem abaixo de suas capacidades. Apesar de serem anunciados como eventos *sonideros*, não são necessárias autorizações da prefeitura, já que em tese se trata de uma festa. Já tiveram problemas com as autoridades por causa do alto volume, por isso preferem manter a discrição, com as portas fechadas.

Ray planeja viajar para Califórnia, Oregon e Chicago para tocar na rede *sonidera* com a qual colabora. Assim como ele recebeu em casa os sons que vêm de fora, haverá quem o receba por sua vez nesses lugares. Ray ainda não conseguiu resolver sua situação migratória, mas seu trabalho como *sonidero* o fez abandonar o abrigo onde esteve durante seus primeiros anos como imigrante, por medo da deportação:

> Há colegas que têm medo de tocar fora de Nova Iorque. Eles têm medo de que chegue a imigração [...] e eu os entendo porque eu vivi assim durante muito tempo. Há muito racismo, os hispânicos são muito apontados. Agora não, viajo de carro, de ônibus ou de avião. Tranquilo [...] Senão, imagine não poder voltar para o México nem conhecer aqui. Há muitos compatriotas aqui, muita gente que gosta de música de bairro. Quando eu toco, sinto-me em casa e quero transmitir esse mesmo sentimento para meu público. A música tropical faz parte das nossas raízes, faz parte da nossa cultura mexicana.

Alan, do Sonido San Fermix, é outro dos *sonideros* do cartaz. Ele é natural da Cidade do México. Para ele, a cultura *sonidera* é muito necessária nos Estados Unidos, porque graças a ela as pessoas encontram uma vitrine para o trabalho duro, a solidão e o medo da deportação. Em particular, sua preocupação recai sobre os jovens, porque aos 45 anos não consegue ver com clareza o que o futuro reserva para os imigrantes ou para os sons nos Estados Unidos:

> Abriu portas para mim de várias maneiras; conheci muitos lugares graças a ele e conheci inúmeras pessoas do México, que sempre foram muito gentis. Sempre abriram seus corações para nós. E da mesma forma nós abrimos nossos corações para elas e lhes dizemos que o mundo *sonidero* é uma cultura muito bonita. E a verdade é que sim, peço de todo o coração, não permitam que isso morra, porque precisamos disso. As pessoas que amam a música de bairro precisam disso. A vida aqui não é fácil, temos que fazer muitos sacrifícios e não temos nenhuma garantia.

Na casa de Ray existem dezenas de reconhecimentos por sua trajetória como *sonidero*. A maior parte lhe foi concedida por clubes de baile e organizações *sonideras* de Nova Iorque. Outros vêm diretamente do México, como o Tequendama de Oro, que foi entregue pela primeira vez nos Estados Unidos em 2023 e hoje aparece num lugar central de sua sala. Mas o reconhecimento que mais nos chama a atenção é o de 2024, que lhe foi concedido pelo consulado mexicano, poucos meses depois de a cultura *sonidera* da Cidade do México ter sido declarada patrimônio imaterial:

> Fomos reconhecidos pelo som de Nova Iorque. Pouco antes, o mesmo aconteceu na Califórnia com os *sonideros* de lá. Conversamos com o cônsul, pedimos-lhe que apoiasse a cultura, que nos colocasse na programação deles. Eles estão percebendo que somos muitos os sons que há na união americana. Em cada estado existem sons [...] Onde há mexicanos há sons, isso é uma realidade.

Há muitas expectativas em relação aos eventos. Foi organizada uma transmissão ao vivo para anunciar que já está tudo pronto. Lalo Rakonas é o som estelar: "El Bravo del Barrio". O cartaz é apresentado e se oferecem algumas cortesias. Há certo nervosismo no ambiente. Conforme solicitado, trouxemos uma lona estampada, camisetas comemorativas e cerca de vinte prêmios que mandamos fazer no México, ou melhor: no bairro.

Considerações finais

Os *sonideros* são porta-vozes de uma paixão pela música tropical e pelo baile que remonta aos anos quarenta e, ao mesmo tempo, são um arquivo vivo que testemunha como foram construídas as pontes de intercâmbio musical em nossa geografia continental. Reconhecer a transcendência patrimonial de uma cultura historicamente estigmatizada como a *sonidera* é tornar visível a musicalidade de seus mecanismos e tecnologias de resistência. O *sonidero* é um símbolo não apenas de uma luta pela apropriação de espaços recreativos comunitários dentro e fora do México, mas de uma luta pela autonomia do gosto que contrasta e inverte os ditames da indústria cultural.

Nesse sentido, nosso artigo é concebido justamente no burburinho do reconhecimento do valor memorial que o som tem como expressão sincrética da cultura popular de nosso país e como narrativa de uma diáspora de tradições e apropriações sonoras. Partimos daí porque a declaração de patrimônio de 2023 (e os sucessivos reconhecimentos nacionais e internacionais) requer estratégias que garantam tanto sua preservação como sua descentralização e materialização.

Em nossa perspectiva, na cultura *sonidera* de Nova Iorque convergem múltiplas identidades através da música de bairro e suas tecnologias de amplificação. O território *sonidero* não é a mera soma de duas geografias musicais, mas o resultado de complexos intercâmbios e apropriações culturais no âmbito continental. A cultura *sonidera* não está localizada nem no México nem nos Estados Unidos, mas sim numa intersecção tecnomusical feita de *cumbia, huaracha, salsa* e *son*.

O *sonidero* "[...] é um lugar onde se exalta a disputa identitária que atravessa as comunidades transterritoriais; é uma evocação penetrante da terra natal e ao mesmo tempo é uma geografia ficcional com sonoridade própria" (Rebolledo, 2023). O *sonidero* é uma passagem aberta de culturas populares historicamente marginalizadas, é um lugar de resistência contra a estigmatização social e a proibição de encontros em espaços públicos, aqui e ali. Os *sonideros* representam a tensão de uma comunidade dividida pela força entre dois territórios; representam a reinvenção cosmopolita de dois países entrelaçados por uma passagem de conflitos migratórios. A cultura *sonidera* evoca uma travessia de histórias íntimas onde se misturam a busca pelo sonho americano e a vontade de voltar para casa. Nesse sentido, o som é um refúgio atemporal que reúne os migrantes com suas memórias e seus locais de origem.

Referências

BLANCO, D. *Los colombias y la cumbia en Monterrey*. Identidad, subalternidad y mundos de vida entre inmigrantes urbanos populares. San Nicolás de los Garza: Facultad de Filosofía y Letras, Universidad Autónoma de Nuevo León, 2024.

BLANCO, D. *La cumbia como matriz sonora de Latinoamérica*. Medellín: Editorial Universidad de Antioquia, 2018.

BOURDIEU, P. *La distinción*. Madrid: Grupo Santillana de Ediciones, 1998.

ECO, U. *Apocalípticos e integrados*. Fábula-Editorial Tusquets, 1995.

GRAMSCI, A. *Cuadernos de la cárcel*. Puebla: Universidad Benemérita de Puebla, 1999.

HAYES-EDWARDS, B. The Sound of Anti-colonialism. *In*: RADANO, R.; OLANIYAN, T. *Audible Empire*. Music, Global Politics, Critique. New York: Duke University Press, 2016. p. 269-291.

HENRIQUES, J. Sonic Bodies. *Reggae Sound Systems, Performance Techniques and Ways of Knowing*. Continuum Books, 2011.

ITEN, M. The Roots of Digital Cumbia in Sound System Culture. Sonideros, Villeros and the Transformation of Colombian Cumbia. *Journal of World Popular Music*, v. 8, n. 1, p. 77-101, 2021.

KUN, J. The Aesthetics of Allá: Listenig as a sonidero. *In*: RADANO, R.; OLANIYAN, T. *Audible Empire*. Music, Global Politics, Critique. New York: Duke University Press, 2016. p. 95-115.

LÓPEZ, R. Mexican Sonideros. Alternative Bodies on the Street. Inmediaciones de la comunicación, v. 10, n. 10, p. 145-155, 2015.

MAFFESOLI, M. *Sobre o Nomadismo*: vagabundagens pós-modernas. Rio de Janeiro: Record, 2001.

OLVERA, J.-J. Cumbia in Mexico's Northeastern Region. *CUMBIA!* Scenes of a Migrant Latin American Music Genre. New York: Duke University Press, 2013. p. 87-104.

PAZ, O. *El laberinto de la soledad.* Ciudad de México: Fondo de Cultura Económica, 1981.

RAGLAND, C. Communicating the Collective Imagination. The Sociospatial World of the Mexican Sonidero in Puebla, New York and New Jersey. *CUMBIA!* Scenes of a Migrant Latin American Music Genre. New York: Duke University Press, 2013. p. 119-137.

RAMOS, S. *El perfil de hombre y la cultura en México.* Ciudad de México: Editorial Planeta Mexicana, 2001.

REBOLLEDO, C.; White, J. Contrasting "ghetto" pride. A comparison of the sense of belonging for people who live outside of their local neighborhoods: London and Mexico City. *In*: CUPPLES, J.; SLATER, T. *Producing and Contesting Urban Marginality*: Interdisciplinary and comparative dialogues. Edinburgh: Rowman and Littlefield's Transforming Capitalism Series, 2019.

REBOLLEDO, C. Puebla-York: Memorias de una diáspora sonora. *Sonic Street Technologies,* 2023. Disponível em: https://sonic-street-technologies.com/puebla-york-memorias-de-una-diaspora-sonora/#. Acesso em: 23 maio 2024.

RIVERA, E. Los sonideros en México. *Antropología. Revista Interdisciplinaria del INAH*, v. 86, p. 58-62, 2009.

VASCONCELOS, J. *La raza cósmica.* Ciudad de México: Editorial Stylus, 1948.

Direitos "que dançam": quando a Maré Verde passou pelas ruas

Mercedes Liska

Introdução

Para analisar as recentes experiências de dança na cidade de Buenos Aires e entender alguns dos seus significados de gênero e sexualidade, devemos contextualizar os eventos sociais vividos na Argentina que apontaram para as mulheres e deram relevância política para as expressões de seus corpos. Como trabalhos anteriores já mostraram, as experiências vividas através de performances fazem do espaço urbano um lugar praticado capaz de mediar consensos sociais (Fernandes; Herschmann, 2018; Trotta, 2018).

No livro *La guerra contra las mujeres* (A guerra contra as mulheres), a antropóloga feminista Rita Segato afirma que o feminicídio e o juvenicídio fazem parte das guerras civis contemporâneas que provocaram transformações substanciais nos significados da sexualidade. A violência de poder manifesta como uma mensagem nos corpos violentados revela uma situação de conquista que perpetua o mandato da masculinidade. Desde 2001 é possível notar, através de pesquisas, que a violação e os abusos sexuais parecem ter aumentado em sadismo. Os corpos das mulheres e outros corpos feminizados são o quadro no qual a estrutura de uma guerra se apresenta (Segato, 2018). Além disso, Segato ressalta que os meios de comunicação tradicionais transformaram esses acontecimentos em um espetáculo cotidiano de subjugação (Segato, 2018).

Ni Una Menos (Nem Uma a Menos) começou como uma campanha gráfica nas redes sociais em maio de 2015, depois do assassinato de Chiara Páez, uma adolescente de 14 anos morta a golpes em Rufino, província de Santa Fé, Argentina; seu corpo sem vida foi encontrado no quintal da casa do seu namorado. De acordo com as estatísticas de feminicídio no país, a maioria dos assassinatos é cometida pelos companheiros ou ex-companheiros das vítimas, e no caso das denúncias de violência, que aumentaram exponencialmente depois da campanha *Ni Una Menos*, 90% se referiam à violência doméstica (Peker, 2018), deixando visível que relações familiares e socioafetivas podem ser uma ameaça. A reação foi divulgada em todos os meios de comunicação, e em poucas horas atingiu sua condensação por meio da circulação de imagens acompanhadas da hashtag #NiUnaMenos em mais de sessenta cidades do país (Rovetto, 2015), convocando, devido à repetição de casos similares, uma mobilização social para o dia 3 de junho. Foi a primeira mobilização promovida pela sociedade civil para denunciar as consequências drásticas da violência de gênero no país.[32]

Como afirma Florencia Rovetto, especialista em gênero e comunicação da Universidade Nacional de Rosário, foi um evento de comunicação de grande impacto social por causa de diversos fatores (Rovetto, 2015). Por trás da campanha gráfica #NiUnaMenos estava um grupo de profissionais do jornalismo, da literatura e da academia com trajetórias reconhecidas na abordagem da crítica de gênero, além de ativistas mais jovens do circuito de comunicação nas redes sociais. Esse núcleo intergeracional teve um papel importante nas estratégias daquele que seria conhecido como o *Movimiento Ni Una Menos* (Movimento Nem Uma a Menos). Umas das responsáveis do grupo que promoveu o movimento, a socióloga María Pía López, descreveu o processo convergente dessa façanha:

> Se o '*Ni Una Menos*' foi o grito de um punhado de leitoras há alguns meses, hoje se tornou um território profuso, onde coexistem retóricas de diferentes tipos, diversas inteligências, apostas políticas não apenas heterogêneas, mas contraditórias, tenacidades militantes e organizacionais, novidades tecnoló-

[32] A frase "*Ni Una Menos*" (Nem Uma a Menos) já circulava na comunicação virtual, mas a partir desse momento foi estabelecida como o principal slogan da reivindicação coletiva contra a violência de gênero.

> gicas, comprometimento feminista e experiência nos meios de comunicação. [...] A voz comum que se conjuga como grito é o 'Basta à violência' exercido contra a autonomia e o corpo da mulher (López, 2015).

Dedicada à antropologia dos corpos e às corporalidades, Silvia Citro fez um levantamento das performances dramáticas realizadas nas primeiras mobilizações, e destaca que os temas mais representados foram a exploração sexual, o tráfico de pessoas, as violações, os abusos sexuais e o assédio sexual (Citro, 2018). Em 2018, o movimento que começou na Argentina como *Ni Una Menos*, para exigir o fim do número terrivelmente alto de mulheres assassinadas, deslocou-se por meio da Maré Verde, depois que mais de um milhão de mulheres, muitas usando lenços verdes, tomaram as ruas do país para apoiar a legalização do aborto que, após anos de luta intensa, foi aprovada em dezembro de 2020.

Entre 2015 e 2019 foram realizadas várias mobilizações históricas, não só pela capacidade de atrair pessoas em diversas localizações geográficas, mas porque alcançaram altos níveis de organização civil. A ação pública de 8 de março de 2018 foi preparada com meses de antecedência, o que gerou repertórios musicais específicos para a ocasião, uma abundante produção audiovisual, e ensaios de música e dança nas praças e centros culturais. De modo geral, podemos perceber que o contexto de expansão das lutas feministas causou uma percepção ampliada das considerações de gênero sobre as práticas musicais. Para explicar quais foram as condições de possibilidade do fenômeno de criação de repertório de cumbia e reggaeton feministas, músicas geralmente apontadas como altamente misóginas (Silba; Spataro, 2008), é necessário rever o futuro das políticas do movimento e seu significado na política musical que gerou a multiplicação de bandas e festivais (Novick, 2021). Proponho pensar que um dos aspectos que incidiu nas apropriações musicais e performáticas do movimento feminista e da Maré Verde ligadas à dança popular tem relação com as experiências de ocupação em massa das ruas e de outros eventos públicos que mediaram novos reconhecimentos e alianças sociais.

Como ressalta Simone Luci Pereira (2018), dentro do que poderíamos chamar de parte do setor independente da música, há formas alternativas de sociabilidade afetiva e uso do espaço público deslocado da arena política tradicional. Fernandes e Herschmann (2022) revelaram e analisaram como o samba protagonizado pelas mulheres no Rio de Janeiro nos últimos anos colocou alianças corporais em cena. No livro *Cuerpos aliados y lucha política* (*Corpos em aliança e a política das ruas*), a filósofa Judith Butler recorre à noção de "performatividade corporificada" para marcar um processo de transformação cultural incorporado nos corpos, e o potencial político das concentrações em massa contemporâneas no contexto de sociedades hipermediatizadas: "Quando os corpos se reúnem na rua, em uma praça ou em outros espaços públicos – inclusive os virtuais –, estão exercendo um direito plural e performativo de aparecer, um direito que afirma e instala o corpo no meio do campo político" (2017, p. 18). Para a filosofia política de Butler, os corpos da multidão reunidos nos lugares históricos das cidades também passam por uma transformação histórica por meio das ações coletivas, tornando as ruas um lugar seguro para mulheres e minorias sexuais e de gênero (Butler, 2017).

Nessa época, a dança sexualizada performada por mulheres foi tomada pelos discursos feministas na Argentina como um recurso para reivindicar certa soberania sexual, gerando uma nova abordagem entre as reivindicações políticas de gênero e sexualidade, e a exibição erótica das mulheres no âmbito musical. Quais foram as condições sociais e culturais que causaram uma exortação à erotização da iniciativa social das mulheres? Vamos descrever alguns eventos que delinearam a estética de um corpo sexualizado como símbolo da resistência feminista.

Crítica feminista ao pensamento puritano

Durante um enorme Encontro Nacional de Mulheres realizado em Rosário, em 2016, na província de Santa Fé, um artigo jornalístico convidava a escutar uma seleção de dez músicas para se preparar "emocionalmente" para o Encontro (*Rosario 3*, 2016). Por ordem de apresentação estava a cantora argentina Miss Bolivia com a música de cumbia villera (cumbia de favela ou de gueto) "Tomate el palo" (2013). O refrão da música operava como um elo de significado: "Ahora tomate el palo / ahora tomatelo / y que Dios te bendiga / yo te digo adiós/ A la gilada ni cabida, mi vida / ahora decido yo". Em shows ou festas, a última frase do refrão era entoada com mais intensidade, deixando em aberto para diversas interpretações os significados da música de desamor. Nesse caso fica mais evidente a reapropriação simbólica dessa música para um relacionamento amoroso tóxico. Tal temática foi protagonista de músicas associadas ao movimento feminista por algum tempo, até que o processo da luta pela legalização do aborto conquistou centralidade na ação política em Buenos Aires, originando inúmeras narrativas e sonoridades associadas com a reivindicação da dança e do erotismo.

Em 2017 foi criada uma playlist no Spotify com o título "El feminismo también se baila" (O feminismo também se dança), muito compartilhada nas esferas sociais associadas ao ativismo em língua espanhola.[33] A maioria das músicas foi disponibilizada na plataforma em 2018, mas continuou ativa em 2019, chegando a 231 músicas; tempo de música suficiente para animar várias noites de festa dançante. O "também" da frase marca uma reafirmação e uma mudança de perspectiva. Artistas de vários países da América Latina, com músicas de amplo desenvolvimento narrativo, compuseram em métricas de rap levadas a um registro de cadências para o movimento do corpo e a exibição da sensualidade. Estas são algumas das expressões musicais que surgiam em espaços sociais e recreativos, associando música e dança a termos políticos dos feminismos contemporâneos.

Em meados de 2017, devido a um comunicado divulgado por uma famosa boate de Buenos Aires chamada Cocodrilo, uma das escritoras que promoveu a campanha *Ni Una Menos*, Marta Dillon, publicou o artigo "A mover el culo" (Vamos rebolar a bunda) no jornal *Página 12*. A conhecida

33 Disponível em: https://open.spotify.com/playlist/1u98RWfbzPotnBkkPDORf8?si=65smRSYHTeeZuvqur_tSsQ. Acesso em: 24 maio 2024.

casa noturna de Buenos Aires tinha informado a remoção dos suportes utilizados para a "dança do cano", internacionalmente conhecida como *pole dance*. A boate, que buscava apoiar a luta contra "a objetificação sexual da mulher" com essa ação, problematizava, de acordo com Dillon, o resultado puritano e moralista das ações que pretendem evitar as violências de gênero. Por outro lado, o artigo se manifestava a favor das práticas de twerk entre as adolescentes, e as considerava as novas políticas estéticas do ativismo feminista. O twerk é uma técnica globalizada de dança pélvica, executada em coreografias de grupos formados por mulheres. De origens difusas e afluências variadas, o twerk se tornou um estilo de dança social que representava a cultura coreográfica contemporânea, de tal forma que certos movimentos musculares e dos quadris que atravessam diversas práticas musicais populares na América Latina, tais como a cumbia e o reggaeton, foram enlaçando uma nova estilização de gestos mais codificada, desenvolvida por e entre jovens mulheres em diferentes áreas artísticas e esportivas de grandes e pequenas cidades do mundo (Liska, 2024). O texto contava a própria experiência de Dillon em uma oficina de twerk, ministrada por uma jovem de 17 anos durante o Encontro Nacional de Mulheres algumas semanas antes da publicação. Nesse sentido, a convergência intergeracional estabelecida nos espaços e ações do movimento também impactou o pensamento dos feminismos e os seus juízos de valor ético-estéticos.

Na mesma data, María Florencia Alcaraz, editora do meio de comunicação digital feminista LATFEM e que também promoveu a campanha *Ni Una Menos*, publicou um artigo com o título "Fanáticas de mover el culo: *twerking* y feminismo" (Fãs de rebolar a bunda: twerk e feminismo). Esse texto também estabelecia uma declarada articulação política: "Como o twerk e o feminismo se cruzam? Que poderes são liberados ao sacudir a bunda? (Alcaraz, 2017).

Figura 1 – Capa da matéria jornalística sobre o twerk escrita por Florencia Alcaraz para *LatFem*

Fonte: Alcaraz, 2017

A imagem do artigo de Alcaraz exibe três dançarinas de twerk, que pertencem a uma escola de danças urbanas, fotografadas em um terreno baldio. A estética dos corpos, vestidos com collants furados, meias arrastão no rosto – em vez de nas pernas –, bonés e luvas cortadas, refletem um imaginário erótico que cruza elementos que representam a cultura juvenil da rua. Em sintonia com Dillon e sua história da oficina de twerk que participou no Encontro, Alcaraz faz referência a uma coreografia de twerk realizada na mobilização de 8 de março daquele ano em Buenos Aires, pelo Dia Internacional da Mulher Trabalhadora, e o marco dessa cena de dança erótica em uma marcha pelos direitos das mulheres. A adesão organizada de grupos de dançarinas e praticantes de twerk nas atividades do movimento social também teve impacto na sua valorização política: twerk*ear* foi integrado ao ativismo feminista. Alcaraz conclui o artigo com o seguinte parágrafo:

> Quando as meninas que movem o músculo traseiro nos salões de dança saem daquele microclima agradável, um abismo se abre: os machos assediadores, os policiais que penalizam peitos rebeldes em Necochea no verão passado. Em 2015, na Rússia, um grupo de meninas foi preso durante dez dias por publicar um vídeo dançando twerk na frente de um memorial da Segunda Guerra Mundial. Se a libertação feminina no

> século passado tinha como bandeira usar calças, colocar uma minissaia, usar biquíni, tomar contraceptivos e se divorciar, hoje, para muitas, existe uma libertação de poderes que começa ao rebolar a bunda (Alcaraz, 2017).

A liberdade de mostrar o corpo sem inibições começou a ser pensada por um setor visível de mulheres intelectuais relacionadas ao ativismo de *Ni Una Menos* como uma prática contra-hegemônica. Alcaraz mostra o caráter performativo, fundador dos significados, que implicou no uso das coreografias de dança nos clubes como uma forma de adesão e de intervenção social no espaço público. Nos espaços cada vez mais difundidos para aprender a dançar twerk, onde não há a presença de homens, acontecia uma reapropriação da sensualidade do corpo. A intenção retórica de aproximar essas práticas às apostas simbólicas do movimento fica evidente quando no artigo aparecem os depoimentos de algumas das jovens que vinham praticando e ensinando a técnica de dança há algum tempo: "Adoramos rebolar a bunda. Por quê? Não sei. É natural pra gente!" [...]. [A Estefi Spark por exemplo] não se considera 'feminista', mas sabe que muitas das meninas que a seguem a enxergam como tal" (Alcaraz, 2017).

Outra participante que se destaca do grupo de jornalistas que promoveu a campanha *Ni Una Menos*, Luciana Peker, publicou em 2018 *Putita Golosa. Por un feminismo del goce* (Puta Gulosa. Por um feminismo de prazer). Este livro se tornou um dos ensaios mais transcendentes ao nomear e significar os termos de uma luta feminista que focava na reivindicação dos prazeres:

> [O feminismo de prazer] é uma revolução do desejo. Ele se opõe ao abuso, ao assédio e à violência. E está a favor de um desejo onde as mulheres, as jovens, as lésbicas, transexuais, travestis e outras identidades sexuais tenham voz, palavra, poder e pele. O freio para a violência não é o puritanismo, ao contrário, é uma luta pelo prazer (Peker, 2018, p. 15).

A centralidade política que as imagens corporais adquiriram e a contundência que o slogan dos anos 1960 "Mi cuerpo es mío" (Meu corpo é meu) adquiriu durante os debates sobre a legalização do aborto, que aconteceram no Congresso Nacional em Buenos Aires, explicam, em parte, a densidade conjuntural do debate sexual naqueles anos.

A agência sexual e o direito ao prazer foram dois aspectos que revitalizaram a agenda feminista. A pesquisadora María Laura Schaufler, da Universidade do Litoral, afirma que o feminismo iniciou uma luta pelos direitos eróticos, sexuais e reprodutivos das mulheres, que tinha ficado em segundo plano durante as ondas anteriores (2020). Durante uma quarta onda de forte expansão social, as práticas que antes tinham evidenciado a reprodução da norma heteropatriarcal e hipersexualizada das mulheres transformaram-se na transgressão dessa norma, traçando novas expectativas entre o feminismo e o erotismo. Finalmente, quando Peker define o "feminismo de prazer", ele o identifica com certas estéticas corporais e musicais: "O feminismo subtropical, sul-americano, latino, comunitário ou anticolonial (feminismos do terceiro mundo) não pode ser acusado de conservador ou puritano porque, basicamente, exala cúmbia, reggaeton, calças em bundas grandes e tatuagens" (Peker, 2020, p. 23).

As definições instaladas pelo "feminismo de prazer" mostram uma mudança nas experiências de dança a partir das quais o twerk se posiciona em uma passagem de "a bunda como objetificação" ou objeto favorito do sexismo midiático, para "a bunda como rebelião civil".

A participação do grupo de dança Flow Altas Wachas nas mobilizações

Flow Altas Wachas – FAW – é um dos clubes de dança urbana mais conhecidos de Buenos Aires. Em novembro de 2016, o jornal *Clarín* publicou um artigo sobre o grupo FAW com o título "O que é o dancehall. A subcultura onde as mulheres mandam" (De Masi 2016). O termo "dancehall" é utilizado, pelo menos nesse caso, como um resumo de diferentes estilos derivados do breaking ou break dance aplicados e adaptados a músicas contemporâneas com base eletrônica, incluindo reggaeton e trap, que está cada vez mais predominante. Por sua vez, o dancehall destaca entre seus recursos a fusão de danças mais antigas de tradição afrodescendente, e a proposta do grupo FAW também incluía as danças árabes. Nessa época, as responsáveis pelo projeto artístico eram: Estefi Spark, Mailén Cisneros, Fany Álvarez, Sol Gómez e Rocío Medina, mas o grupo de dança começou em 2011 formado apenas por Estefi, Mailén e Lauren Pringle. Estefi, uma das integrantes do início do grupo, que trabalhava na churrascaria da sua família, foi convidada para dançar no show de uma artista conhecida que vinha renovando os discursos musicais da cumbia eletrônica a partir de uma perspectiva de gênero, a cantora Miss Bolívia, e, então, passou a se dedicar profissionalmente à dança.

O antropólogo argentino Gustavo Blázquez nos lembra que as diferentes formas de dançar das mulheres estão vinculadas a condutas morais e hierarquias de gênero organizadas por dois princípios de diferenciação: racial-estético-moral e sexual-genérico-erótico (Blázquez, 2014). No sistema de pares opostos que forma a base ideológica do sistema patriarcal, o homem público é definido por sua presença e participação na vida social; por outro lado, a definição de mulher pública inclui sinônimos como o de prostituta. Este binarismo tem sido relacionado a dois modelos extremos de comportamento para as mulheres de conotações sexuais: a boa – virgem, mãe, esposa fiel –, e a má – prostituta, *femme fatale* (Viñuela, E.; Viñuela, L., 2008, p. 302). O discurso do grupo FAW em relação ao twerk reivindica a mulher má, questionando tanto o regime de assepsia sexual da cultura da dança quanto os estereótipos de beleza e os cânones corporais burgueses:

> Nossas alunas são meninas como a gente: têm corpos normais, com celulites e estrias. E algo muito louco acontece: um processo de se apaixonar pelo seu físico. As meninas começam a ir às aulas usando calça comprida e depois começam a ir de short curto. Começam a perceber que os problemas que sentem com o seu corpo são problemas trazidos pela televisão, por exemplo (De Masi, 2016).

Essas expressões enfatizam a visão crítica sobre as formas contemporâneas de dançar que exacerbam o erotismo, ressignificando os significados da dança, deslocando até mesmo a conotação exclusivamente erótica dos movimentos das partes inferiores do corpo. Do ponto de vista visual, coerente com a reivindicação de um corpo volumoso, quanto maior o tamanho da bunda, melhor será apreciada a estética do movimento. Ao dizer que o volume determina a apreciação do movimento, o twerk é uma técnica que está associada a uma estrutura corporal exuberante, na direção oposta ao estilo de outras danças.

FAW foi crescendo e começou a oferecer aulas coletivas em outras cidades da Argentina, como Rosário, Mendoza e Neuquén, questão promovida por sua participação em shows e festas de artistas musicais, até apresentar seus próprios espetáculos de dança e amostras da escola em lugares da cultura *indie* portenha, como Niceto Club ou Vorterix.[34]

Durante o ano em que participei das aulas, em 2018, FAW ministrava suas aulas e práticas no centro da cidade de Buenos Aires e, apesar de as aulas serem de dancehall, twerk, urban-fusion, house, afrobeats, femme e hip hop, cerca de 50% delas eram de twerk. O twerk foi protagonista naquela época não só nas aulas, mas também nas vozes das dançarinas do grupo FAW ao fundamentar a terapia da dança sem inibições. A autoestima do corpo e o erotismo que circulava no clube davam um "poder" material e comportamental aos movimentos corporais.

Nas primeiras aulas eram explicados os dois movimentos básicos do twerk: o primeiro consistia em rebolar a pélvis para a frente e para trás, evitando o movimento do tronco que, por sua vez, fica inclinado para frente até que as mãos se apoiem nas coxas; o segundo movimento consistia em uma combinação da contração do abdômen, rebolado da cin-

[34] Outros clubes da cidade revelados na mesma época, em 2018, que ofereciam aulas de twerk foram Palermo Twerk, Art Dance Studio, Vibra Dance Studio, Pole Dance Studio, Fit Vertical Dance, Artemisa Escuela de Danzas; Buenos Aires Dance Club; Ubatuba Dance Belgrano, Instituto Danzave, Streetflow; Kintun Belgrano Escuela de Baile; A Todo Ritmo; Dance & Move; Mov Estudio de Danza; Full Dance; Studio Flavio Mendoza; Arte Danza Instituto – ADI; Estudio Legarreta-Pole Dance, Bailes y Danzas; Entrenaya; Dancedeets; e Escudero Danzas.

tura – oblíquos – e quebra dos joelhos, que acompanham a alternância ponta-calcanhar dos pés. "Tem que imaginar a bunda encaixada em uma estrutura quadrada", "a bunda tem que estar em movimento o tempo todo", "no twerk, a frente do corpo é a bunda". Nas coreografias feitas para cada aula, as pessoas também rastejam, apoiam os joelhos e as mãos no chão, inclusive os músculos frontais da pélvis. O trabalho do assoalho pélvico é similar ao feito na ioga; a dificuldade está em realizar os movimentos em uníssono inseridos em coreografias hiper padronizadas numa pulsação musical frenética que exige agilidade e flexibilidade de corpos jovens e/ou bem treinados e resistentes.

No clube, o twerk também é uma pedagogia de autoconhecimento. O trabalho corporal intenso sobre a zona pélvica – de quase duas horas – causa uma sensação de dissociação entre as áreas superiores e inferiores que perdura no corpo mesmo depois de ter concluído a prática de twerk. Nas danças está presente o que se vê e o que se sente, diz Silvia Citro: a relação de autoerotismo com o corpo. Não é apenas uma bunda "pública", mas, sim, um corpo "aberto" (Alcaraz, 2017). Assim como a dança do ventre, o twerk estimula e melhora a relação com o assoalho pélvico e a estimulação sexual. Também podemos considerar as representações de mulheres imitando os movimentos sexuais tradicionalmente masculinos, invertendo os papéis de passivo e ativo. Uma das expressões que uma dançarina do grupo FAW usa em uma entrevista ressoa com a ideia de deslocamentos sociossexuais: "Nossa atitude no palco é agressiva" (De Masi, 2016). Existem muitas formas de pensar a configuração sociossexual que esta cultura coreográfica performa, inclusive como pedagogia de autoerotismo relacionada com práticas de cuidado em um contexto assolado pela violência de gênero em vínculos afetivos heterossexuais.

Símbolo por excelência do narcisismo (Díaz, 2014), o espelho é um elemento fundamental da prática de twerk no clube. Você aprende olhando para o seu reflexo quase o tempo todo. Existem vários elementos dessa prática que são indícios dos processos contemporâneos de personalização da sociedade. No entanto, a internet está cheia de tutoriais para praticar twerk usando o espelho de casa. Quem se dispõe a dançar em clubes quer dançar em grupo, para socializar nessa cultura de rito sensual. Esse destino grupal foi o que possibilitou a participação artística do grupo FAW na mobilização em massa que aconteceu no Dia Internacional da Mulher – 8M (8 de março) – de 2017:

Figura 2 – Participação coreográfica do grupo FAW na mobilização pelo 8M de 2017 no centro da cidade de Buenos Aires.[35]

Fonte: acervo da autora

Foi só depois da participação do grupo FAW nessa mobilização que Florencia Alcaraz escreveu um extenso artigo se posicionando a favor do twerk, que também inclui uma entrevista com o grupo. Nessas performances em ambientes públicos, os vínculos entre as práticas e os discursos dos clubes se fortaleceram com o movimento feminista.

Em 2018, o Flow Altas Wachas estava mais envolvido e organizado para ações públicas, quando o movimento social desafiado pelos feminicídios tinha ampliado a sua agenda de reivindicações e se envolveu na luta pela Lei de Interrupção Voluntária da Gravidez (IVE). Em 8 de março de 2018, FAW compartilhou uma produção de imagens das fundadoras do clube na escadaria do Congresso Nacional acompanhadas do seguinte texto:

[35] Registro audiovisual disponível em: https://www.youtube.com/watch?v=UPcrW7wjXrQ. Acesso em: 24 maio 2024.

#8M Educar a partir do exemplo, da ação e do pensamento, da vida cotidiana e da simplicidade é o lugar que escolhemos como docentes. Ensinando mais do que dançar, ensinando a amar e aceitar a nós mesmos e aos nossos semelhantes, destruindo velhas estruturas de pensamento que se arrastam há gerações e que nos afastam do nosso verdadeiro eu. Buscamos um mundo com menos preconceito e mais empatia onde a possibilidade de escolher a vida que você quer viver não seja um privilégio. Nosso corpo é a nossa revolução e nossa dança é a bandeira que levamos.[36]

Figura 3 – Imagem das fundadoras do grupo FAW na escadaria do Congresso Nacional com um lenço verde no pescoço e no rosto, símbolo do aborto legal. 8 de março de 2018

Fonte: acervo da autora

[36] Flow Altas Wachas Family, disponível em: https://www.facebook.com/altaswachasfamily/photos/a.187354297997900/1719422664791048/?type=3&theater. Acesso em: 24 maio 2024.

Considerações finais

O processo social manifestado pelo movimento *Ni Una Menos* intensificou os significados da música em torno de noções de resistência social em um tom feminista. Em um contexto de luta, essas expressões artísticas moldaram como reconhecer as configurações de gênero em torno da dança erótica. Nesse sentido, as atividades musicais alimentaram as definições do pensamento contemporâneo contra as violências de gênero.

O grupo de dança Flow Altas Wachas criou um discurso político da prática de twerk à medida que se sentiu desafiado pela mobilização nas ruas contra as violências, mas principalmente por se identificar com a ideia de autonomia corporal que implantou o slogan da legalização do aborto "*Mi cuerpo es mío, yo decido*" (Meu corpo é meu, a decisão é minha), conceito que já estava presente na manifestação do clube de dança. Além disso, o envolvimento dessas práticas contribuiu para a criação de tecnologias de luta feminista por meio de um tipo de presença física e simbólica desafiadora das mulheres no cenário social da Argentina atual, inserida em um contexto cultural muito maior e em redes de significado que envolvem a circulação de conteúdos audiovisuais heterogêneos na comunicação em massa.

Como é sugerido por Fernandes e Herschmann no livro *Cidades Musicais* (2018), as "atividades musicais espontâneas e até mesmo as transitórias podem provocar dinâmicas mais interculturais nos espaços urbanos" (Fernandes; Herschmann, 2018, p. 19) e, nesse caso, fortaleceriam as alianças para a configuração e ampliação do movimento feminista. Para esses autores, as dinâmicas pouco institucionalizadas das práticas musicais constroem imaginários relevantes e potentes (Fernandes; Herschmann, 2018). A dança erótica, uma prática incômoda para a luta feminista, vem cada vez mais se tornando uma atividade significativa de caráter político, muitas vezes concretizada nas ruas. Essas práticas enfatizam uma tensão sexual a partir de uma posição antivitimista. O interesse da juventude pelas expressões musicais leva-nos a pensar em outras formas de convivência, ação política e formas de experienciar as culturas urbanas na atualidade (Pereira, 2018). A fertilização intergeracional que aconteceu nas áreas de luta quebrou certos pressupostos adultocentristas entre a dança sexualizada e sexismo e certas considerações elitistas da cultura que historicamente atravessaram o pensamento feminista. As danças populares são dissonantes da ordem estabelecida. Como afirma provocativamente Vincenzo Susca, elas são implementadas sobre as ruínas do moderno (Susca, 2018). Por fim, a "primavera feminista" impulsionou novas representações da sexualidade através das manifestações de dança erótica em ambientes públicos.

Referências

ALCARAZ, M. Florencia. Fanáticas de mover el culo: twerking y feminismo. *Latfem*, Buenos Aires, 27 dez. 2017.

BLÁZQUEZ, Gustavo. *¡Bailaló! Género, raza y erotismo en el cuarteto cordobés*. La Plata: Gorla, 2014.

BUTLER, Judith. *Cuerpos aliados y lucha política*. Buenos Aires: Paidós, 2017.

CITRO, Silvia. Pasajes del Ni Una Menos. Reflexiones metodológicas sobre un ensayo colectivo de performance- investigación, *Claroscuro*, n. 17, Rosario, 2018.

DE MASI, Victoria. Qué es el dancehall. La subcultura en la que mandan las mujeres. *Viva*, Buenos Aires, 26 nov. 2016.

DÍAZ, Esther. *La sexualidad y el poder*. Buenos Aires: Prometeo, 2014.

DILLON, Marta. A mover el culo. *Página 12*. Buenos Aires, 5 nov. 2017.

FERNANDES, Cíntia S. *et al*. *A[r]tivismos Urbanos*. Río de Janeiro: Sulina, 2022.

FERNANDES, Cíntia S.; HERSCHMANN, Micael. Um debate relevante envolvendo ideias fora do lugar?; Entre as "conchas vazias" e a potencialidade das dinâmicas criativas urbanas cotidianas na área do porto do Rio de Janeiro. *In*: FERNANDES, Cíntia S.; HERSCHMANN, Micael (org.). *Cidades Musi-*

cais. Comunicação, Territorialidade e Política. Porto Alegre: Sulina, 2018. p. 7-15/19-56.

LÓPEZ, María Pía. Ni una menos: aquelarre y algarabía. *Página 12*. Buenos Aires, 2 jun. 2015.

LISKA, Mercedes. *Mi culo es mío*. Mujeres que bailan como se les canta. Buenos Aires: Gourmet Musical, 2024.

NOVICK, Daniela. *De "cumbia nena" a cumbia feminista*. Tesis de Maestría en Comunicación y Cultura. Facultad de Ciencias Sociales de la Universidad de Buenos Aires: inédita, 2021.

PEREIRA, Simone L. Alternativos, autorais, resistentes: coletivos musicais, festas e espaços de música em São Paulo. *In*: FERNANDES, Cíntia S.; HERSCHMANN, Micael (org.). *Cidades Musicais*. Comunicação, Territorialidade e Política. Porto Alegre: Sulina, 2018. p. 191-220.

PEKER, Luciana. *Putita golosa*. Por un feminismo del goce. Buenos Aires: Galerna, 2018.

QUÉ momento: diez canciones para escuchar antes de la marcha, *Rosario 3*, 9 out. 2016. Disponível em: http://www.rosario3.com/ocio/Que-momento-diez-canciones-para-escuchar-antes-de-la-marcha-20161009-0003.html 9/10/16. Acesso em: 24 maio 2024.

ROVETTO, Florencia. Violencia contra las mujeres, comunicación visual y acción política en Ni Una Menos y Vivas Nos Queremos. *Contratexto*, n. 1, Rosario, 2015.

SCHAUFLER, María L. Feminismo y mediatización: la disputa por los derechos eróticos. *In*: ARHANCET, A.; SBODIO, M.; SEJAS, N.; VISINTINI, A. P. (comp.). Documento de Trabajo n 1: *Potencia Práctica de la Filosofía Feminista*, Santa Fe, 2020, p. 49-56.

SEGATO, Rita. *La guerra contra las mujeres*. Buenos Aires: Traficantes de sueños, 2018.

SILBA, Malvina; SPATARO, Carolina. Cumbia nena. Letras, relatos y baile según las bailanteras. *In*: ALABARCES, P.; RODRÍGUEZ, M. G. (comp.).

Resistencias y mediaciones. Estudios sobre cultura popular. Buenos Aires: Paidós, 2008. p. 89-110.

SUSCA, Vincenzo. Dançar sobre as ruínas: o ritmo da cultura eletrônica entre a rua e as redes. *In*: FERNANDES, Cíntia; HERSCHMANN, Micael (org.). *Cidades Musicais.* Comunicação, Territorialidade e Política. Porto Alegre: Sulina, 2018. p. 383-396.

TROTTA, Felipe. Música e conflito na cidade: práticas de escuta, espaço público e violência no Rio. FERNANDES, Cíntia S.; HERSCHMANN, Micael (org.). *Cidades Musicais.* Comunicação, Territorialidade e Política. Porto Alegre: Sulina, 2018. p. 57-78.

VIÑUELA, Eduardo; VIÑUELA, Laura. Música popular y género. *In*: CLÚA, Isabel (comp.). *Género y cultura popular*. Barcelona: UAB, 2008. p. 293-325.

2ª PARTE

Percursos cartográficos e corpográficos

Empregando a noção de Ecotranssistemas Musicais-Midiáticos às complexas dinâmicas das urbes

Fabiano Lacombe
Micael Herschmann

Introdução

Este artigo tem como propósito fornecer suporte ao debate conceitual relacionado à noção de *ecossistema* e a termos correlatos como *ecologia*, *sustentabilidade* e *resiliência*. Busca-se analisar a utilização desse termo como metáfora para se repensar o dinamismo das tramas em diferentes espaços de maneira aberta e fluida. Para tanto, revisitamos aqui as primeiras definições produzidas desde o campo da biologia, construindo um alicerce teórico que possibilite a compreensão das aproximações metafóricas com outros campos do saber[37]. Na segunda parte – tomando como referência não só uma breve revisão da literatura especializada, mas as pesquisas realizadas nos últimos anos – construímos o conceito do que denominamos de *Ecotranssistema Musical-Midiático* (EMM), inclusive correlacionando esta noção a alguns exemplos analisados em pesquisas realizadas recentemente na cidade do Rio de Janeiro.[38]

---

[37] Uma análise das afinidades e possibilidades de integração entre ciências humanas e biológicas (que passa ao largo dos usos de suas terminologias como metáfora) pode ser encontrada no trabalho de Giuliani (1998). Pickett e Cadenasso (2013) também abordam a relação direta de ecologistas com cientistas sociais, geógrafos e planejadores urbanos.

[38] Agradecemos a Cíntia Sanmartin Fernandes por todas as sugestões feitas durante a elaboração deste artigo. Ressalta-se que parte dos exemplos analisados aqui foi inicialmente apresentada por Herschmann e Fernandes em investigações realizadas conjuntamente nesta urbe (para mais informações conferir: Herschmann; Fernandes, 2023).

Tomando como referência não só uma breve revisão da literatura especializada, mas também as pesquisas realizadas nos últimos anos, busca-se contribuir com o debate teórico-conceitual que envolve a noção de *ecossistema* na contemporaneidade. Ao mesmo tempo, neste trabalho sugerimos o emprego do conceito de *Ecotranssistema Musical-Midiático* (EMM), aqui cunhado como noção profícua que não apenas possibilitaria repensar as dinâmicas musicais e comunicacionais de maneira articulada, mas que também sinalizaria aos pesquisadores a relevância fundamental do trabalho de investigação de campo (mesmo esse sendo precário e limitado), isto é, a importância de seguir os rastros e vestígios dos atores humanos e não humanos nas dinâmicas de reagregação social.

Crescente relevância do conceito de Ecossistema

O nosso percurso teórico se inicia com Odum (2004), autor responsável, em grande medida, por tornar a ideia de ecossistema paradigmática, graças ao desenvolvimento, nas décadas de 1960 e 1970, de uma área de pesquisa que a colocava em foco (Pickett; Cadenasso, 2013). No texto *Fundamentos de ecologia*, Odum realiza uma breve historicização da noção de *ecologia*, apontando os discursos (nos séculos XVIII e XIX) que a constroem. Explicando que o termo *ecossistema* foi proposto em primeira mão pelo ecologista inglês A. G. Tansley em 1935 – suplantando ao longo dos anos outros conceitos tais como *microcosmo* ou *geobiocenose* –, Odum argumenta que seu sentido é amplo, "sendo a sua principal função no pensamento ecológico dar realce às relações obrigatórias, à interdependência e às relações causais, isto é, à junção de componentes para formar unidades funcionais" (Odum, 2004, p. 13). O autor assinala ainda que no mesmo ecossistema estão incluídos não somente organismos vivos, pois estes "e o seu ambiente inerte (abiótico) estão inseparavelmente ligados e interagem entre si" (Odum, 2004, p. 11). Ressaltamos este ponto, em certo sentido, porque através da noção de ecossistema buscamos justamente dar relevo aos atores não humanos em diferentes processos cotidianos. É interessante notar que o debate ecológico dialoga e se aproxima de certa maneira de alguns preceitos defendidos pela Teoria Ator-Rede, na medida em que oferece destaque aos agenciamentos não humanos e se propõe a repensar e relativizar o lugar de centralidade dos atores humanos (Latour, 2012).

Nota-se que, ainda que tenhamos algumas críticas à perspectiva moderna e totalizante da definição proposta por Tansley em 1935, reconhecemos evidentemente a sua importância histórica. Segundo este autor, o ecossistema seria: "uma comunidade ou assembleia biótica e seu ambiente físico, associados em um local específico, sendo os principais componentes do conceito suas [complexas] características abióticas e bióticas e as interações entre elas" (Tansley, 1935, p. 286).

O trabalho dos ecologistas Pickett e Cadenasso (2002), por sua vez, explora as formas pelas quais a noção de *ecossistema* é utilizada na contemporaneidade. Para esses autores, a definição conceitual de ecossistema seria neutra (podendo ter escalas variadas, ser estável ou instável, fugaz ou duradouro), e assim *modelos* seriam importantes para definir quais enfoques abordar e tornar a ferramenta teórica útil aos ecologistas. À medida que travaram contato com pesquisas em Ciências Sociais, os autores explicam, as modelagens acabaram também considerando aspectos sociais em interação com outros seres, animados ou inanimados. Não enfocaremos aqui os usos de modelos como os propostos por Pickett e Cadenasso. Não obstante, nota-se a relevância de considerar, dada a amplitude de possibilidades, possíveis molduras analíticas como as utilizadas por esses modelos (quais as partes e as interações de interesse, por exemplo), demarcando o que será (e, evidentemente, o que não será) abordado nas análises. Pickett e Cadenasso, diga-se, também abordam especificamente as utilizações metafóricas de ecossistema. Segundo eles, diferentes áreas (como Economia e Comunicação) vêm empregando o termo de variadas maneiras na contemporaneidade, e as múltiplas "camadas de significado e uso têm ligações teóricas específicas, mas muitas vezes não reconhecidas" (Pickett; Cadenasso, 2002, p. 1). Neste ponto, que é relevante indiretamente para as nossas reflexões, eles concluem que o uso como metáfora estimula "a síntese e a integração dentro do domínio da ciência e também pode carregar uma variedade de pressupostos socialmente significativos" (Pickett; Cadenasso, 2002, p. 7).

Nas Ciências Sociais, o pioneirismo do emprego da noção de ecologia dá-se nos trabalhos desenvolvidos pelos sociólogos da Escola de Chicago. O termo aparece como metáfora para tratar a cidade como *ambiente*, articulando com conceitos ecológicos vigentes na época, como competição, nichos e sucessão. Embora a ecologia urbana de Park (2018), como sugere Frúgoli Jr. (2007), tenha sido descartada (sendo confrontada com os próprios resultados dos estudos empíricos), autores como Joseph (2005) propõem retomar de certa maneira a noção criada por Park. Joseph recorda que a definição seminal de Park para ecologia é notadamente abrangente, pois envolve: "a descrição de constelações típicas de pessoas e instituições em uma área de habitat humano e das forças que convergem para produzir essas constelações" (Joseph, 2005, p. 111). A releitura de Park realizada por Joseph nos parece profícua por compreender a cidade, para além de um mosaico de territórios, constituindo-se em espaços que põem certas constelações em interações. Para esse autor, as "forças ecológicas" convertem a urbanidade em um fenômeno territorial que age ao mesmo tempo estimulando a movimentação e concentração dos atores locais. Como veremos mais adiante, ainda que seja uma tarefa complexa, parte-se do pressuposto de que seja possível estudar as várias camadas palimpsescas das cidades, vivenciando a experiência sensível do corpo na trama urbana e dando voz e visibilidade a ecotranssistemas musicais-midiáticos pouco conhecidos.

Não poderíamos deixar de mencionar a noção de *Ecologia Sonora* (ou Ecologia Acústica) de Schafer (2001), desenvolvida por ele (de forma articulada também à noção de *paisagem sonora*), que buscou problematizar de que formas as sonoridades interdependentes vêm se (re)combinando nos processos de geração de ambientes acústicos. Essa abordagem ecológica nos interessa menos pelo seu esquematismo e militância (seu viés de engajamento contra o que o autor considera o fenômeno crescente do muzak e da poluição sonora dos grandes centros urbanos) e mais por enfatizar também a interação entre os elementos sonoros e a influência do ambiente acústico nas experiências comunicativas.

Outro autor que permite compreender este percurso teórico é Aliel (2017), que constrói uma revisão bibliográfica da noção de Ecologia Sonora, apresentando os principais debates do campo da Ecologia Acústica até fins da década de 2010. Nesse estudo, o autor define Ecologia Sonora ressaltando a subjetividade, complexidade, inter-relação e imprevisibilidade como contingências presentes nos ecossistemas:

> Compreendemos a ecologia dos sons como a subjetividade sônica de lugar captada através da percepção de cada agente contido neste sistema. Este sistema se torna complexo a cada ciclo onde os agentes percebem os recursos materiais e cognitivos, analisam suas possibilidades de interação e sintetizam ações que alteram o entorno que se adapta regularmente para proporcionar um novo ciclo. Consideramos significante apontar que toda forma de perspectiva ecológica possui primordialmente um contexto caótico e de imprevisibilidade intrínseco que pode vir a causar mudanças significativas no sistema. Neste contexto geral, consideramos que toda forma de imprevisibilidade poderá ser conceituada como uma contingência no sistema, que em nossa condição sonora será determinada pela capacidade de improvisação dos agentes. São as tomadas de ação e retomadas de reação que poderão causar ciclos sonoros castamente divergentes que irão transformar o sistema drasticamente (Aliel, 2017, p. 29).

Como assinala Aliel, apesar de boa parte dos trabalhos nessa área estarem dedicados a tratar das especificidades mais técnicas do som (oferecem, por exemplo, análises comparativas entre aspectos sonoros dos espaços públicos e privados ou levantamentos quantitativos que buscam correlacionar as sonoridades a contextos diversos), há uma linha de estudos que pesquisa especificamente as relações sociais junto a questões acústicas, que claramente dialoga com alguns dos trabalhos que têm sido desenvolvidos no campo da Comunicação do país, corrente de estudos sônicos aos quais estamos alinhados (Trotta, 2020; Herschmann; Fernandes, 2014; Pereira, 2021).

Já no campo da Etnomusicologia, especialmente nas últimas décadas – como sugere o trabalho de Souza (2022) ou autores como Titon (2015) e Schippers (2015) –, o termo ecossistema em geral tem sido correlacionado com outras noções importantes, tais como *resiliência* e *sustentabilidade*. Ater-nos-emos a alguns detalhes dessas proposições, ressaltando a riqueza dessa longa discussão conceitual[39]. Afirmando a noção de "ecossistema musical" (a qual não se afasta muito da perspectiva proposta por Tansley), Schippers revisita abordagens comparativas que escapam do viés eurocêntrico para explorar os vínculos "entre sustentabilidade e ecologia da música de uma perspectiva contemporânea, holística e global" (Schippers, 2015, p. 135). Esse autor define ecossistema musical como sendo:

> O complexo de fatores que definem a gênese, o desenvolvimento e a sustentabilidade da cultura musical circundante no sentido mais amplo, incluindo (mas não limitado a) o papel dos indivíduos, comunidades, valores e atitudes, processos de aprendizagem, contextos para fazer música, infraestrutura e organizações, direitos e regulamentos, diáspora e viagens, mídia e indústria da música (Schippers, 2015, p. 137).

Schippers assinala que todas as forças que impactam a música são "parte do ecossistema, incluindo [por exemplo] tecnologia, comercialização, legislação, globalização e mídia" (Schippers, 2015, p. 140). Assim, "para entender a influência desses domínios na sustentabilidade, é importante considerar não apenas cada domínio individual, mas o todo como ecossistema. Cada um desses domínios [...] se sobrepõe e se inter-relaciona afetando as culturas musicais" (Schippers, 2015, p. 144).

Destacando o ecossistema como resultado de variados processos, Schippers afirma que é preciso "considerar o passado, presente e futuro das práticas musicais como parte de um ecossistema complexo e muitas

[39] Segundo Schippers (2015), o campo da etnomusicologia já recorria às noções de ecologia desde a década de 1960. O autor destaca o trabalho de Titon (2015), o qual há mais de trinta anos vem conduzindo um debate teórico rico sobre o uso de termos como ecologia, sustentabilidade e ecossistema.

vezes delicado" (Schippers, 2015, p. 139). Nesse sentido, o autor argumenta que o objetivo da sustentabilidade

> não é necessariamente a preservação de todas as formas de expressão musical, mas um futuro para aquelas que músicos, comunidades e outras partes interessadas acham que vale a pena preservar e desenvolver e que estão em risco devido a uma série de circunstâncias fora de seu controle (Schippers, 2015, p. 138).

Titon, por sua vez, enfatiza (em consonância, em alguma medida, com o que Aliel entende como sendo as imprevisibilidades) que o antigo paradigma de "equilíbrio da natureza", já foi abandonado (embora muitos conservacionistas culturais ainda acreditem nisso). Nesse sentido, este autor assinala que:

> A maioria dos ecologistas contemporâneos não acredita mais que os ecossistemas exibam períodos de estabilidade prolongada, bem como uma tendência geral de se mover em direção a um equilíbrio único e equilibrado, um estado de clímax. Em vez disso, eles aceitam que, em sistemas complexos, distúrbios e mudanças são a norma, e que não há equilíbrio natural em um ponto de equilíbrio ótimo, mas sim inúmeros pontos de inflexão que, quando ultrapassados, provocam mudanças de regime para diferentes estados de equilíbrios temporários, alguns mais desejáveis do que outros [...]. As estratégias de resiliência visam alcançar e manter os estados mais desejáveis sempre que possível (Titon, 2015, p. 180).

Esse reconhecimento de que há falta de estabilidade nos processos ecossistêmicos de certa maneira liberta a análise de autores como Titon da tarefa de realizar defesas ferrenhas das manifestações culturais, isto é, como algo que deva ser necessariamente conservado. De fato, desde a década de 2000 (Titon, 2009), o autor criticava as iniciativas de gestão do patrimônio cultural que abordam a preservação de forma estática, de cima para baixo, argumentando que a gestão em parcerias horizontais, com agentes locais e endógenos dos ecossistemas musicais, está mais próxima do que entende como sustentabilidade.

Nesse contexto contemporâneo de maior interesse em torno das questões ecológicas, é possível constatar que no campo da Comunicação há também um processo crescente de emprego da noção de ecossistema. Por exemplo, analisando diversos trabalhos publicados nos anais dos principais congressos de comunicação do país Janotti Jr. *et al.*, 2021; Marra, 2012; Trotta, 2020; Pereira, 2021), é possível atestar que o termo aparece muitas vezes relacionado às análises dos agenciamentos das mídias sociais. Como sugere Scolari (2010), a difusão de uma visão ecológica relacionada à comunicação aconteceu paralelamente à difusão das ideias ecológicas a partir dos anos 1960. No entanto, segundo ele, essa corrente passou por um período de ostracismo acadêmico até se consolidar no meio acadêmico: "aos poucos os ecologistas da mídia foram ganhando espaço e hoje têm sua própria organização (a Media Ecology Association), uma publicação científica (Explorations in Media Ecology) e um espaço dentro de organizações (International Communication Association)" (Scolari, 2010, p. 18). Assim, termos como Ecologia da Mídia (ou Ecologia dos Meios) ganham relevância, principalmente na virada para o século XXI.[40]

> Em um ambiente marcado pela consolidação de redes globais de informação, processos de convergência e explosão de novas mídias e plataformas de comunicação, o surgimento de narrativas transmídia e a irrupção de um paradigma de comunicação muitos-para-muitos que rompe com o modelo tradicional de broadcasting, reflexões sobre a ecologia da mídia, apresentam-se como uma referência quase indispensável na hora de compreender esses processos (Scolari, 2010, p. 24).

[40] Evidentemente, reconhece-se que diversos autores seguiram não empregando a metáfora de ecossistema para tratar do contexto midiático contemporâneo. Frequentemente esses autores ora enfatizam a ambiência midiática (caso do "bios midiático" proposto por Sodré, 2002) e/ou ora a integração entre diversas tecnologias de informação e comunicação (como na ideia de "cultura da convergência" defendida por Jenkins, 2009).

Destacamos ainda o importante trabalho de Van Dijck (2013), citada com frequência como uma referência relevante de diversas pesquisas apresentadas no campo de Comunicação. A autora dá ênfase em sua obra à interconexão e interdependência dos *microcosmos* de cada rede social:

> Cada microssistema é sensível a mudanças em outras partes do ecossistema: se o Facebook muda suas configurações de interface, o Google reage ajustando sua artilharia de plataformas; se a participação na Wikipedia diminuir, os recursos algorítmicos do Google podem fazer maravilhas. É importante mapear convoluções neste primeiro estágio formativo do crescimento da mídia conectiva porque esse pode nos ensinar sobre a distribuição atual e futura de poderes (Dijck, 2013, p. 21).

Assim, Dijck explora as perspectivas técnicas, sociais, econômicas e culturais nas mídias sociais e seus efeitos na nossa experiência de sociabilidade, através da análise das tensões "no ecossistema em que operam plataformas e grupos cada vez maiores de usuários" (Dijck, 2013, p. 5). Segundo Dijck, com a interconexão de plataformas, "surgiu uma nova infraestrutura: um ecossistema de mídia conectiva com alguns grandes e inúmeros pequenos players" (Dijck, 2013, p. 4). Portanto, o ecossistema seria para este autor: "um sistema que nutre e, por sua vez, é nutrido por normas sociais e culturais que evoluem simultaneamente em nosso mundo cotidiano, isto é, um sistema em que cada uma das partes seria sensível as mudanças em outras partes" (Dijck, 2013, p. 21).

Emprego da noção de *Ecotranssistema Musical-Midiático*

Ainda que possa parecer um pouco paradoxal, gostaríamos de salientar que em nossas pesquisas empregamos a noção de *ecossistema* muito mais como uma metáfora do que propriamente correlacionada aos seus aspectos mais palpáveis: isto é, tendo em vista que assumimos as precariedades e limitações das nossas investigações, temos sempre em mente nas nossas análises que essas não visam alcançar a totalidade e se distanciam de uma perspectiva de viés estruturalista. Em razão disso é que justamente sugerimos um ajuste, empregando o termo *ecotranssistema* articulado à noção proposta. A vantagem de empregar o conceito *trans* associado à noção de *ecossistema* é que conceitualmente essa palavra forma de certa maneira uma espécie de oxímoro, indicando sentidos opostos: sugere não só que, se existe efetivamente algum sistema, esse provavelmente é multi ou aberto, mas também que se constituiria muito mais em uma ambiência fluida, na qual entidades humanas e não humanas realizam mediações que constroem arranjos e bricolagens que contaminam diferentes situações (Mons, 2023).

Portanto, leva-se em conta aqui o alerta feito por Latour: o autor sublinha que é preciso resistir às tentações de tomar "atalhos" oferecidos pela "Sociologia do Social" que partem de categorias sociológicas panorâmicas e vazias e que apostam que o social seria um sólido, e que necessariamente está lá. O autor propõe uma "Sociologia das Associações" (segundo ele, uma "Lento-ciologia") que só é possível de ser realizada de maneira precária, pois "os vínculos sociais são fugazes e apenas rastreáveis quando estão em curso, e, portanto, estes rastros são fluidos e tendem a desaparecer" (Latour, 2012, p. 229-230).

Tendo em vista que há algum tempo temos realizado pesquisas de campo nos espaços urbanos, rastreando vestígios dos atores humanos e não humanos, de certa maneira temos podido atestar que muitas interpretações e narrativas abrangentes veiculadas nas grandes mídias desconhecem muitos aspectos da vida sociocultural das urbes, especialmente aqueles relacionados aos *ecotranssistemas* (in)visíveis presentes nos territórios. Assim, por exemplo, tem-se a cultura musical de rua da cidade do Rio de Janeiro, com suas festas e rodas de rua, realizadas de maneira informal e até clandestina: apesar de sua grande popularidade e relevância, muitas vezes está "fora do radar" do poder público e, em geral, do escopo das agendas de pesquisa acadêmica.[41] Portanto, parte-se de uma perspec-

[41] Para mais informações sobre a o tipo de pesquisa cartográfica que vem sendo realizado – em torno dos *ecotranssistemas musicais-midiáticos* e das *territorialidades sônico-musicais* que vêm sendo construídas pelos

tiva pós-estruturalista (Lyotard, 2021) e aposta-se, aqui, que só com o trabalho árduo de pesquisa de campo (como aquelas rotinas de investigação praticadas pelos pesquisadores-formigas da Teoria Ator-Rede), é que será possível seguir os atores nas suas dinâmicas de reagregação social e compreender as dinâmicas que conformam muitas vezes de forma surpreendente *ecotranssistemas musicais-midiáticos* (in)visíveis nas localidades. Isto é, talvez só assim se possa efetivamente acessar – ainda que por breves momentos – algumas das controvérsias presentes nas territorialidades palimpsescas da vida urbana, repleta de situações transitórias e fugazes.

Além disso, para se construir a ideia de *ecotranssistemas musicais-midiáticos*, é preciso também salientar que partimos das características ressaltadas pela literatura do campo da comunicação, que em geral sublinha as inter-relações e interconexões presentes nos territórios. Assim, em pesquisas recentes (Herschmann; Fernandes, 2023; Fernandes *et al.*, 2022), temos recorrentemente assinalado que a ação de grupos musicais está estreitamente ligada a inúmeros actantes, humanos e não humanos: por conseguinte, as ações de coletivos musicais, produtores do setor, gestores públicos, ou mesmo de ambulantes; as mensagens que circulam nas redes sociotécnicas que veiculam essas iniciativas culturais; os diferentes aspectos relacionados à arquitetura ou mesmo às condições climáticas, entre outros atores que poderiam ser mencionados. Cada vez mais cresce a percepção no meio acadêmico de que a questão da geração da sustentabilidade implicaria em um processo urgente e necessário da superação do antropoceno (Haraway, 2019), dando-se crescente relevo a outros actantes, especialmente aos animais e, de maneira geral, à natureza.

Em resumo, esses mediadores potencialmente podem afetar os ecotranssistemas e influenciar nos resultados das tramas locais. Ao acompanhar algumas rodas de samba protagonizadas por jovens pardas e negras na área do Centro do Rio (tais como Samba que Elas Querem, Mulheres da Pequena África e Moça Prosa), fica evidente que o êxito dessas inicia-

---

atores – conferir: Herschmann; Fernandes, 2014, 2023.

tivas está relacionado não só ao fato de esse gênero musical (samba) ser notoriamente muito popular nesta metrópole.

Figura 1 – Roda de Samba do grupo Moça Prosa realizada na Pedra do Sal no Centro da cidade do Rio de Janeiro

Fonte: acervo dos autores

Assim, outros actantes também contribuem para o êxito desses eventos realizados de maneira informal e regular: a) o sistemático emprego das redes sociais digitais como principal forma de contato entre os atores (sejam eles artistas, produtores ou consumidores); b) o fato de os agentes de segurança pública serem frequentemente tolerantes nessas áreas, permitindo a realização desses microeventos mesmo quando não têm alvarás e autorizações; c) não só o Centro Histórico é uma área de fácil acesso (inclusive para os pedestres) – o que facilita a circulação dos segmentos mais pobres da cidade –, mas também remete a uma memória das comunidades negras locais; d) a forte identificação dos membros que organizam e participam dessas rodas com o ativismo feminista e do movimento negro (e, de modo geral, com a *agenda queer* contemporânea); e) e, finalmente, poderíamos mencionar ainda o actante climático extremamente favorável, com temperaturas amenas quase o ano todo (que favorecem a realização de eventos nos espaços públicos).

Seguindo com esse debate conceitual, Titon (2020) assinala outros aspectos relevantes quando afirma que o fluxo se constituiria em uma norma e a diversidade seria um dos pilares que ampliam a chance de sobrevivência não só de cada integrante do ecossistema como do próprio ecossistema em si. Para esse autor, existiriam quatro princípios amplos da ecologia que mereceriam ser ressaltados:

> se estivermos dispostos a aceitar a ideia de que as culturas musicais se comportam como ecossistemas, podemos discernir quatro princípios amplos da ecologia. O primeiro seria o valor adaptativo da diversidade. A segunda é que o crescimento em expansão contínua é insustentável. O terceiro princípio é a conexão, com o corolário de que as intervenções em uma parte do ecossistema musical terão resultados em outras partes dele. A quarta é a administração, ou a ideia de que os humanos são zeladores (e não proprietários) desses recursos agenciados (Titon, 2020, p. 155).

Para além da proposta de considerar o "humano como zelador" (que haveria diferentes maneiras de fazer a gestão dessas sonoridades), este autor também coloca em destaque os agenciamentos (e mediações) dos actantes não humanos. Como disse Latour, a vida cotidiana "só pode ser precariamente capturada se devolvermos a essa [...] a parte das coisas" (Latour, 1994, p. 134).

Além disso, salientamos que a noção de ecossistemas em geral norteia os pesquisadores em direção a uma compreensão holística, interdisciplinar/transdisciplinar das dinâmicas musicais em diferentes contextos. Para Souza, a compreensão ecológica das manifestações musicais, através do conceito de ecossistema, "[...] poderá ajudar a projetar ações e políticas públicas mais consistentes voltadas para a sua manutenção" (Souza, 2022, p. 4). É preciso deixar claro que nos afastamos das propostas de preservação ou conservação: nesse sentido, estamos de acordo com Titon quando ele afirma que perturbações, distúrbios e fluxo "são características constantes de qualquer ambiente complexo" (Titon, 2015, p. 193) e que muitas das ações que buscam salvaguardar os bens culturais os fixam em uma forma ideal e, assim, tendem a condená-los ao paradoxo da necessidade de se construir *autenticidades* (Freire Filho; Janotti Junior, 2006)[42] e *tradições* (Hobsbawn; Ranger, 1997).

Titon e Souza consideram ainda relevante articular o conceito de ecossistema às noções de *sustentabilidade* e *resiliência*. Segundo a trilha da ideia de ecossistema como fluxo, Souza postula existir – na perspectiva da sustentabilidade musical – um caráter de projeção futura, que reconhece que "mudanças ambientais, políticas socioculturais e econômicas são inevitáveis, buscando, assim, gerenciar essas mudanças para garantir integridade e continuidade das manifestações musicais no futuro" (Souza, 2022, p. 2).

Ainda sobre sustentabilidade, Titon sugere que o objetivo "é a permanência alcançada através da utilização de recursos renováveis" (Titon, 2013, p. 9). Para o autor, nos processos de formação dos ecossistemas musicais (sustentáveis), seria imperativo haver pelo menos algumas dessas características: processo de transmissão, vínculos na comunidade, infraestrutura para a prática musical, mídias de apoio, interação com a indústria musical, dentre outras estratégias criativas que possam surgir e sendo patente a integração de aspectos humanos e não humanos. Esse autor conclui que o fundamental seria "identificar o que torna uma cultura musical vulnerável à mudança de regime e o que a torna resiliente, melhorando a primeira e fortalecendo a segunda" (Titon, 2015, p. 193). Assim, para ele, adaptar-se seria uma forma de resistência: ou melhor, o que temos atestado nas nossas investigações é que os atores recorrentemente praticam *táticas e astúcias* (De Certeau, 1995) urbanas como forma de *re-existir* (Fernandes *et al.*, 2022) às dinâmicas neoliberais que precari-

[42] Cabe ressaltar que, recorrentemente, é possível constatar que inúmeras festas (musicais) populares passam por mudanças que parecem lhes oferecer força, dinamismo e atualidade. Como exemplos poderíamos mencionar: a festa do Boi Bumbá do Maranhão, que já incorporou os passos das festas de Reggae desde o final do século XX; as batidas do funk que se normalizaram nas performances das baterias das escolas de samba cariocas nos últimos anos; ou mesmo o caso curioso das Festa do Dia dos Mortos em México (DF), que passou recentemente a contar com cortejos pelas ruas da cidade por conta do enorme sucesso de um filme da série 007 que ficcionalizou e encenou este desfile no enredo deste thriller de espionagem.

zam a vida da grande maioria dos segmentos sociais e que, de modo geral, extenuam perigosamente os recursos do planeta.

Por exemplo, no caso das rodas de samba de rua femininas cariocas, os anos de Governo Bolsonaro – marcado pela implementação de necropolíticas (Mbembe, 2019) – exigiram o desenvolvimento de táticas de (in) visibilidade e a adoção de certos cuidados: implicaram em deslocar os seus eventos de rua para espaços mais protegidos ou híbridos (não só em becos e pequenas praças, mas também em espaços controlados pelo poder público ou com vocação pública), tais como fundações, museus e centros culturais. Outro aspecto relevante é que nas rodas, em geral, havia uma atitude corporal e narrativas que buscavam reforçar a construção de um corpo mais coletivo e coeso. Assim, as proxemias e aglomerações corporais das frequentadoras ou a menção a expressões que estão muito em voga – "mexeu com uma, mexeu com todas" (fazendo referência à violência de gênero), "nenhuma a menos" (referenciando o assassinato diário de mulheres) ou "ninguém larga a mão de ninguém" (sinalizando risco de ataque aos direitos humanos ou dos cidadãos) – aparecem com frequência entremeando a narrativa cantada ou falada por essas jovens nesta "cartografia das controvérsias"(Lemos, 2013) que foi construída em pesquisas anteriores.

Aliás, o "corpo feminino em performance e festa" (Herschmann; Fernandes, 2023) é uma chave importante para compreendermos as relações entre as artistas, os públicos e os espaços nos quais atuam. Esses corpos em ação nos espaços urbanos criam ambiências capazes de subverter as lógicas espaço-sociais-temporais dos lugares. Os gestos, a entonação da voz, a proxemia com o público potencializam interações sensíveis capazes de transmutar os territórios (do corpo e da cidade) através do jogo, da ludicidade e da teatralização. Desse modo, considera-se os conjuntos de gestos, memórias (que se expressam de forma poética e discursivas) e entonações com as quais os corpos performam (cartografando sensivelmente o espaço) – fundando *lugares* pautados por *iniciativas dissensuais* (Rancière, 1996) que visam promover *revoluções moleculares* (Guattari, 1977) – como expressões relevantes capazes não só de alterar os imaginários urbanos, mas também de possibilitar a elaboração de *territorialidades* (Haesbert, 2010) potentes. Esses gestos e expressões manifestam e materializam devires (Guattari, 1977) nos corpos dissensuais, os quais poderiam se constituir em momentos relevantes de construção de tramas urbanas mais solidárias e democráticas.

Considerações finais

Buscou-se aqui reavaliar os usos do termo *ecossistema*, da biologia às ciências humanas, almejando contribuir para o debate teórico-conceitual e propor um conceito que pudesse ser empregado e que não sacrificasse a complexidade das dinâmicas presentes. Concretizou-se assim uma espécie de remix de uma célebre noção, promovendo-se uma "mistura sem centro nem periferia, [...] repaginando teorias e transformando práticas" (Amado; Rincón, 2015, p. 10). Em outras palavras, propôs-se aqui uma metáfora que reconhece a filiação do termo *ecossistema* ao campo da biologia, mas que também é moldada por contribuições outras de diferentes áreas. Especificamente nos estudos voltados aos sons e à música, vale a pena destacar a interação e interdependência entre os elementos sonoros e as relações sociais nas experiências comunicativas: como inclusive o campo da comunicação já vem trabalhado recentemente, com ênfase especial nas redes sociotécnicas. Já do campo da etnomusicologia, ressaltamos a utilização das noções de *sustentabilidade* e *resiliência*, que nos parecem promover um importante diálogo com diversos debates contemporâneos relevantes.

Se o projeto de metáfora de Park (2018), em um primeiro momento, foi descontinuado, talvez seja justamente por fazer a transposição do termo sem adaptações ou críticas. Entendemos também, no mesmo sentido, que é preciso levar em conta os estudos em andamento para adaptar ferramentas conceituais que de fato façam correspondência com o que os trabalhos de campo nos anunciam. Supomos, pois, que é viável analisar as múltiplas territorialidades das cidades, experimentando a sensibilidade do corpo na complexidade das dinâmicas urbanas, destacando especialmente a relevância dos ecotranssistemas musicais-midiáticos (EMM) mais opacos (de pouca visibilidade) ali presentes. Entendemos que o emprego do EMM pode ajudar a reavaliar muitas das dinâmicas musicais e comunicacionais contemporâneas, destacando a importância da pesquisa de campo e enfatizando a relevância de seguir os rastros e vestígios de atores humanos e não humanos nas dinâmicas de reagregação social, sugerindo que os sistemas são complexos, sobrepostos e fluidos, e, portanto, é fundamental transcender as suas definições mais convencionais.

Referências

ALIEL, L. *Ensaios sobre Comprovisações em Ecologia Sonora*: Perspectivas Práticas e Teóricas. Dissertação (Mestrado em Música) – Universidade de São Paulo – USP, São Paulo, 2017.

AMADO, A.; RINCÓN, O. La reinvención de los discursos o cómo entender a los bárbaros del siglo XXI. *In*: AMADO, A.; RINCÓN, O. (ed.). *La comunicación en mutación: remix de discursos*. Bogotá: Centro de Competencia en Comunicación para América Latina, 2015. p. 5-11.

DE CERTEAU, M. *A invenção do cotidiano*. Petrópolis: Vozes, 1995.

DIJCK, J. V. *The culture of connectivity*: a critical history of social media. Nova York: Oxford University Press, 2013.

FERNANDES, C. S. *et al*. *Artivismos Urbanos*. Porto Alegre: Ed. Sulina, 2022.

FREIRE FILHO, J.; JANOTTI JR, J. (org.). *Comunicação e Música Popular Massiva*. Salvador: EDUFBA, 2006.

FRÚGOLI JR., H. *Sociabilidade urbana*. Rio de Janeiro: Zahar, 2007.

GIULIANI, G. M. *Sociologia e Ecologia*: Um Diálogo Reconstruído. *Dados*, Rio de Janeiro, v. 41, 1998, p. 147-172.

GUATTARI, F. *Revolução Molecular*. São Paulo: Brasiliense, 1977.

HERSCHMANN, M.; FERNANDES, C. S. *Músicas nas ruas do Rio de Janeiro*. São Paulo: Ed. INTERCOM, 2014.

HERSCHMANN, M.; FERNANDES, C. S. *A força movente da música*. Porto Alegre: Sulina, 2023.

HAESBAERT, R. *O mito da desterritorialização*. São Paulo: Bertrand Brasil, 2010.

HARAWAY, D. *Seguir con el problema*. Bilbao: Edición Consonni, 2019.

HOBSBAWN, E; RANGER, T. *A invenção das tradições*. Rio de Janeiro: Paz e Terra, 1997.

JANOTTI JUNIOR, J. *et al.* Deixa a gira girar: as lives de Teresa Cristina em tempos de escuta conexa. *Galáxia*. São Paulo: PPGCOM da PUC-SP, n. 46, 2021.

JENKINS, H. *Cultura da Convergência*. São Paulo: Aleph, 2008.

JOSEPH, I. *A respeito do bom uso da Escola de Chicago*. *In*.: VALLADARES, Lícia (org.). A Escola de Chicago: impactos de uma tradição no Brasil e na França. Belo Horizonte/Rio de Janeiro: Ed. UFMG/IUPERJ, 2005.

LATOUR, B. *Jamais fomos modernos*: ensaio de antropologia simétrica. Rio de janeiro: Ed. 34, 1994.

LATOUR, B. *Reagregando o Social*. Salvador: EDUFBA, 2012.

LEMOS, A. *A comunicação das coisas*. São Paulo: Annablume, 2013.

LYOTARD, J.F. *A condição Pós-Moderna*. 12ª ed. Rio de Janeiro: José Olympio, 2021.

MARRA, P. S. Vou ficar de arquibancada pra sentir mais emoção. *Contemporânea*. Niterói: PPGCOM da UFF, v. 10, n. 1, 2012.

MBEMBE, A. *Necropolítica*. São Paulo: N-1 Edições, 2019.

MONS, A. *L'entendue du Trouble*. Quebec: Liber, 2023.

ODUM, E. P. *Fundamentcs de Ecologia*. Lisboa: Fundação Calouste Gulbenkian, 2004.

PARK, R. E. *A sociologia urbana de Robert E. Park*. Rio de Janeiro: Editora UFRJ, 2018.

PEREIRA, V. A. Mercado de ruídos e sons para o bem-estar. *Intexto*. Rio Grande do Sul: PPGCOM/UFRGS, n. 52, 2021.

PICKETT, S. T. A; CADENASSO, M. L. The ecosystem as a multidimensional concept: meaning, model and metaphor. *Ecosystems*, v. 5, Wisconsin: Springer-Verlag, , p. 1-10, 2002.

PICKETT, S. T. A; CADENASSO, M. L. Three Tides: The Development and State of the Art of Urban Ecological Science. *In*: PICKETT, S. T. A; CADENASSO, M. L; MCGRATH, B. *Resilience in Ecology and Urban Design*: Linking Theory and Practice for Sustainable Cities. Dordrecht: Springer, 2013. p. 29-46.

RANCIÈRE, J. *O desentendimento*. São Paulo: Editora 34, 1996.

SCHAFER, R. M. *A afinação do mundo*. São Paulo: Ed. UNESP, 2001.

SCHIPPERS, H. Applied Ethnomusicology and Intangible Cultural Heritage: Understanding Ecosystems of Music as a Tool for Sustainability. *In*: PETTAN, S.; TITON, J. (ed.). *The Oxford handbook of applied Ethnomusicology*. Nova York: Oxford University Press, 2015. p. 134-156.

SCOLARI, C. A. Ecología de los medios. Mapa de un nicho teórico. *Quaderns del CAC*, Barcelona, v. 13, n. 1, p. 17-25, 2010.

SODRÉ, M. *Antropológica do Espelho*. Petrópolis: Vozes, 2002.

SOUZA, T. C. Ecossistema musical, resiliência e gerenciamento adaptativo. *Anais da ANPOM*. XXXII Congresso da Anppom. Natal, 2022.

TANSLEY A. G. *The use and abuse of vegetational concepts and terms*. Ecology 16. Nova Jersey: Wiley, 1935, p. 284-307.

TITON, J. The Nature of Ecomusicology. *In*: *Música e Cultura: Revista da Associação Brasileira de Etnomusicologia*, v. 8, n. 1, , p. 8-18, 2013.

TITON, J. Sustainability, Resilience, and Adaptive Management for Applied Ethnomusicology. *In*: PETTAN; TITON (ed.). The Oxford handbook of applied ethnomusicology. Nova York: Oxford University Press, 2015. p 157-195.

TITON, J. Music and Sustainability: An Ecological Viewpoint. *In*: TITON, J. T. *Toward a Sound Ecology*: New and Selected Essays. Indiana: Indiana University Press, 2020, p. 152-169.

TROTTA, F. *Annoying Music in Everyday*. Londres: Bloomsbury, 2020.

Cidades Arquipélagos: a mutabilidade constante das conformações dos espaços pelas experiências sonoro-musicais

Cíntia Sanmartin Fernandes
Victor Belart
Flávia Magalhães Barroso

Introdução

Convidamos o leitor a se deslocar para uma compreensão da cidade que considera a complexidade e a mutabilidade constante das conformações dos espaços pelas experiências sensíveis e sonoro-musicais. Considerar que a cidade pode ser muitas. Cidades que se compõem a partir de redes-rizomas de práticas, usos, afetos, gostos e experiências (táteis, gustativas, olfativas, sonoras e imagéticas) que, amalgamadas, tecem formas e modos de ser diversos. Partimos neste artigo da perspectiva de que as cidades são arranjos sociais, espaciais, temporais, corporais, emocionais e técnicos que dão a ver as interações racionais-sensíveis dos diversos lugares que as formam. Ou seja, sugerimos realizar um movimento em direção a um modo de perceber a urbe – o qual coloca "em suspensão" a separação tempo/espaço, sujeito/objeto, natureza/cultura, real/virtual –, no entendimento de que as experiências sonoras partilhadas são capazes de se materializar delineando múltiplas territorialidades ou ambiências.

Com inspiração em Italo Calvino, repousamos nossos olhares sobre as cidades menos visíveis, sensíveis e imaginárias. E assim, assumindo como caminho compreensivo-perceptivo a busca dos sentidos das interações sensíveis nos espaços da cidade, os "corpos-pensamentos" dos pesquisadores debruçam-se sobre as diversas experiências coletivas cotidianas, que se inventam e reinventam – nos interstícios da cidade programada e funcional – através da música e do som, associados a imagens e imaginários, potencializando processos de ressignificação desses lugares por meio de dinâmicas comunicacionais fundadoras de múltiplas "territorialidades sônico-musicais" (Herschmann; Fernandes, 2014).

Desse modo, por meio da prática das errâncias e deambulações, argumentamos que a cidade se delineia como um arquipélago (ilhas-redes) e não como uma unidade moderna (centro-periferia). Essas espacialidades apresentam-se como um ambiente comunicativo de sentidos. Espaços não somente inteligíveis, mas sensíveis, afetivos, onde existir é arriscar-se em outras possibilidades. A aventura "erótica" dos corpos com as cidades, por sua vez, suscita outros significados para os espaços urbanos ao se transformarem em *lugares*. "Lugarizam-se" (Santos, 2002) na medida em que os corpos se apropriam dos territórios, sentindo-os, interagindo com o ambiente, desvelando-o ao mesmo tempo que se desvelam gerando a possibilidade de infinitas conformações de espacialidades que tecem o cotidiano da cidade. Seria aquilo que Santos (2002) chamou de "espaços do acontecer solidário", que definem usos e geram valores de múltiplas naturezas – culturais, antropológicos, econômicos e sociais –, em que se pressupõem coexistências culturais.

No Rio de Janeiro, os grupos de pesquisa Comunicação, Arte e Cidade (CAC-UERJ) e Núcleo de Estudo e Pesquisas em Comunicação (NEPCOM-UFRJ) – em atividades de pesquisa conjunta – seguem "corpografando" (Jacques, 2012) há mais de uma década as experiências dos sons e músicas pelas cidades[43]. As cartografias traduzidas em material imagético-sonoro convidam a navegar pelos espaços de diferentes cida-

[43] A primeira cartografia (disponível em: http://www.cartografiamusicalderuadocentrodorio.com/; acesso em: 27 maio 2024) realizada no centro da cidade do Rio de Janeiro, em 2014, valoriza as experiências corporais que gravitam em torno da música e das experiências sonoras e imaginárias que têm como fruto, em geral, situações de *détournement* e dissidências (Rancière, 2009). Uma segunda cartografia (disponível em: https://www.cartografiasmusicais.com.br/; acesso em: 27 maio 2024) foi elaborada entre 2019 e 2022 pelos mesmos núcleos de pesquisa e contemplou as Cidades Musicais do Estado do Rio de Janeiro (Paraty, Rio das Ostras, Conservatória e Rio de Janeiro).

des tendo como referência as músicas, os espaços, as narrativas de quem produz e frequenta, os circuitos sonoro-musicais e suas ambiências. Aqui neste trabalho queremos chamar a atenção para o fato de que a prática cartográfica dá a ver "as pontes e portas" construídas pelas socialidades dos/entre grupos praticantes das cidades.

Interessam-nos as coexistências que se comunicam nas cidades-arquipélagos por meio de "portas e pontes" (em todas as suas modulações técnicas e imaginárias), como sugeridas por Simmel (2013). Neste artigo, sinalizamos a importância de perceber essa dupla função das portas e pontes que influenciam na dinâmica urbana. Ao mesmo tempo em que uma porta se abre, ela delimita o espaço das relações e interações sociais ao territorializar as diversas expressões culturais e imaginários; o mesmo ocorre com a ponte, pois, ao mesmo tempo em que essa conecta, possibilitando identificações, também delimita as fronteiras definindo os "lugares de cada um". Desse modo, conteúdo e forma social nascem no jogo das socialidades por meio da partilha de emoções e afetos ("estética"), potencializando heterotopias. Empregamos aqui a noção de "heterotopias" não exatamente no sentido foucaultiano – como conjunto de práticas, na maioria das vezes, a serviço do "biopoder" (Foucault, 2013) –, mas no sentido utilizado por Lefebvre (2004, 2015): como iniciativas potentes, capazes de conduzir, a partir da biopolítica, transformações no cotidiano da vida urbana.

Os espaços, imagens, cenas, interações estéticas e comunicacionais ao redor do Rio de Janeiro apresentados neste artigo são frutos de pesquisas (já concluídas e em andamento) e pretendem assinalar a configuração híbrida, erótica e sensível que a cidade estabelece a seus praticantes que compartilham afetos. Trata-se, afinal, de percorrer os complexos modos de viver e perceber que convocamos enxergar a vida na urbe a partir da multiplicação dos possíveis nortes de nossa bússola citadina.

Os relatos modestos dos pesquisadores-errantes

Sobre a ideia de "arquipélagos conectados" e/ou labirintos, La Rocca (2018, p. 443), ao tratar dessas relações semelhantes na cidade de Nápoles, reitera que a transitoriedade é o que faz vibrar a cidade, "amplificando sua energia social, que em nosso entender parece próxima de metrópoles como Nova Iorque, Londres, Rio de Janeiro". É interessante pensar, inclusive, o quanto nessas cidades de estreita relação entre sua população e suas ruas é possível transitar por esses espaços numa construção labiríntica. Isto é, andar várias vezes pela mesma cidade ou até pelo mesmo bairro de uma cidade sem que nenhuma dessas incursões seja da mesma forma e todas elas sejam de descobertas e labirintos.

Jacques (2011) também nos convida a refletir a respeito ao tratar do jogo da imersão pelas metrópoles. A autora reitera a importância da compreensão da desordem, da dúvida e de "enfrentar os riscos do acaso" (Jacques, 2012, p. 48). Ela reforça exatamente essa concepção labiríntica de um terreno que valorize seus percursos e caminhos. Assim, a pesquisadora apresenta a necessidade da desorientação na cidade como método, compreendendo o espaço urbano como "corpo social, coletivo" (Jacques, 2012, p. 94). Ao pensar nessa experiência corpográfica de múltiplas cidades numa mesma cidade, é interessante refletir exatamente numa grande metrópole sobre sua variedade de caminhos que podem levar a lugares distintos. Viver as várias cidades num mesmo lugar ou numa mesma cidade.

A partir da "cartografia musical do centro do Rio de Janeiro"[44] realizada em 2014 e em seus novos desdobramentos, constata-se que a música é fundante das expressões e imaginários dos espaços. Essas experiências cartográficas dos sons, músicas e imagens das cidades levam a pensar as cidades como propôs Jacobs (2000), na qualidade de "sistemas abertos" constituídos empiricamente por práticas cotidianas. Esses sistemas en-

[44] Uma das inspirações de nossa cartografia é o documentário *Atravessando a Ponte: O Som de Istambul*, dirigido por Fatih Akin em 2005. O músico Alexander Hacke, da banda alemã Einsturzende Neubauten, torna-se a ponte entre o diretor e os músicos da cidade. O espectador navega, ao longo do documentário, por meio das experiências sonoro-musicais que mesclam rock psicodélico, influências de jazz, rock e hip hop com sons orientais como música tradicional turca, romena, curda etc. O documentarista, cuja ascendência é turca, corpografou a cidade revelando as pontes culturais e interculturais entre Ocidente e Oriente, entre o seu país, Alemanha, e a Turquia.

frentam cotidianamente interferências e incertezas do acaso. Em contraponto à programação do tempo da cidade moderna destinada ao ciclo da produção-consumo-produção das mercadorias, a perspectiva da cidade-arquipélago seria composta de inúmeros sistemas abertos, polimorfos e rizomáticos (Deleuze; Guattari, 1997).

É importante sublinhar que acionamos a metáfora do rizoma para conduzir o argumento de que as múltiplas práticas musicais na cidade do Rio de Janeiro podem ser analisadas sem que seja preciso ligá-las a uma unidade. Um dos princípios das reflexões sobre rizoma trata da independência das conexões, de modo a não haver oposições ou dicotomias que não possam ser conectadas, em movimentos por vezes aparentemente controversos. As dinâmicas de contágio ou contato – inevitavelmente afinadas com as atividades da festa e da música – não estariam sob a ordem de cristalizações, mas sob a dinâmica dos agenciamentos que, para a visada metodológica de nossas pesquisas, permitem-nos entrar em contato com as controvérsias, transformações e conexões sacudidas e agitadas pela vida cotidiana da cidade.

A força movente da música e do som nas cidades, como bem apontadas e trabalhadas por Herschmann e Fernandes (2023), invocam uma abertura do corpo-pesquisador/a ao plurissensorial, à perspectiva afetiva, às situações ordinárias, sentindo os lugares como experiência co-habitativa, que podem ser mapeadas através da "deriva psicogeográfica", como fizeram os situacionistas[45]. Ou ainda, como Bey (2001) e Careri (2013), pensar ou pesquisar a partir das "zonas autônomas temporárias" ou "espaços nômades" é de suma importância, pois não podemos correr o risco de propor uma história geral das cidades contemporâneas. Assim,

---

[45] O pensamento situacionista convoca primeiramente a um rompimento com a dimensão moderna da arte no transbordamento para uma "arte integral" essencialmente ligada à vida (Jacques, 2012). O desenvolvimento desta diretriz se dá no estreitamento da arte com a cidade, na consideração de que "a arte integral, de que tanto se falou, só se poderá realizar no âmbito do urbanismo" (Jacques, p. 48). A atitude questionadora em relação ao urbanismo moderno toma forma no pensamento situacionista a partir de suas derivas, experiências urbanas que promovem situações de rompimento com a carga utilitarista e espetacular da cidade moderna.

desenharíamos um "mapa-arquipélago", descentrando a dicotomia "centro-periferia", ao considerar as sensibilidades locais, os *genius loci* de cada lugar. Em nossas experiências de pesquisa, observamos que a cidade não se apresenta como uma unidade programada, mas sim como um conjunto de fragmentos. Em nossas derivas, apreendemos que não há um centro adensado e uma periferia, como apontaram mapas, análises e descrições de diversos urbanistas ao longo da modernidade que ignoraram as experiências sensíveis e psicossociais da ambiência – estamos nos referindo especialmente ao movimento moderno em arquitetura e urbanismo e a seus maiores símbolos: o funcionalismo separatista da Carta de Atenas e a racionalidade cartesiana de Le Corbusier, seu maior defensor, conforme Jacques (2003).

O que gostaríamos de chamar a atenção é que os conhecimentos que emergem das interações e agregações entre humanos e não humanos nas cidades são descontínuos e geram um conhecimento-arquipélago (descontínuo) que comporta a transformação contínua das formas de usos, práticas e imaginários contidos na multiplicidade, pluralidade e diversidade das culturas que ali habitam. Parte-se do pressuposto de que é preciso desconstruir a linearidade porque, ao tentar saber "o que são as cidades", estamos falando de espaços-tempos-culturas diversos e, por vezes, distintos. Quem sabe podemos pensar em espirais, em desvios, em movimentos e nomadismos a fim de desenhar coletivamente uma cartografia sônico-musical onde daríamos a ver as diferenças e aproximações das territorialidades de diversas cidades. Ou seja, dar a "escutar" as multiplicidades de existências. As coexistências potentes do nosso tempo social que atravessam pontes e abrem portas. Em certo sentido, constituíram-se em "Mapas Errantes Sonoros das Cidades-Arquipélagos". Essas experiências, por sua vez, ajudam na reflexão sobre as diversas ambiências vividas e edificadas nas interações sonoras e musicais em ato. Podemos repensar as cidades a partir das suas ambiências sonoras, paisagens sonoras ou territorialidades sônico-musicais, considerando essas noções dentro de uma perspectiva que leve em conta a fluidez das situações espaciais e as particularidades estéticas que são compartilhadas no cotidiano. Compreendemos, assim, nesta cidade-arquipélago, a virtude e potência da abertura ao caminhar na cidade sem medo dela, construindo mapas mentais, paisagens, passagens e processos.

Navegando na cidade-arquipélago

Em um quiosque de uma praia carioca, o vento sopra enquanto estruturas sonoras são armadas para o show de reggae daquela mesma noite que acontece ao ar livre. Moradores se exercitam e a cidade pulsa. Apesar de ser no Rio de Janeiro, engana-se quem pensa que a cena descrita vem de espaços previamente imaginados quando se fala em praias famosas da capital fluminense. Nas margens da Baía de Sepetiba, jovens da Zona Oeste oriundos de bairros como Pedra de Guaratiba, Santa Cruz e vizinhanças se aproximam para mais uma noite de som e música na Praia de Guaratiba.

Em direção oposta na cidade, cena semelhante se repete entre o mar e a música. Caixas de som sorrateiramente são instaladas numa festa no Centro do Rio de Janeiro. Próxima da Praça XV, portanto, ao lado do porto das barcas de Niterói e Paquetá, a Praça Marechal Âncora apresenta outras imagens possíveis de um Rio de Janeiro também litorâneo, festivo e distante de suas praias. Elas poderiam estar também debaixo do Viaduto de Realengo ou de Laranjeiras, em áreas radicalmente opostas da cidade e onde coletivos culturais também costumam produzir shows e intervenções de cinema. Ou até mesmo no deck ao lado do Aeroporto Santos Dumont, que é ocupado para festas de trap e hip hop.

Todos esses espaços descritos podem possivelmente se entrelaçar entre sua frequência e cotidiano. Os movimentos se fazem por "enraizamentos dinâmicos", abrangem desde os canais comunicativos (com suas pontes e portas) mais concretos e reais – que vão desde as estruturas de comunicação arquitetônicas de uma cidade, como viadutos, galerias, praças, ruas, monumentos, até as formas de representação simbólica, como o fato de alguns desses espaços servirem de lugares de encontro homologados por determinada convenção grupal. Esses processos simbólicos e concretos permitem os encontros e os reconhecimentos das tribos urbanas (Maffesoli, 1987) que vivem, em si mesmas, suas pluridimensionalidades sensoriais nos espaços das cidades.

A rede de ilhas, ou arquipélagos, desse modo, apresenta os imaginários e as tessituras relacionais que acomodam essa comunicação sócio-cultural-espacial contribuindo para a experiência do "estar junto"[46], no sentido antropológico. Cartografar distintas experiências festivas e musicais nos revela processos de (re)construção de outros imaginários, para além do estabelecido e programado pelos projetos da cidade moderna. A cidade-arquipélago resgata o sentido mesmo de uma religiosidade sincrética (Maffesoli, 2003), que transborda as funcionalidades atribuídas aos espaços, que integra diversas territorialidades.

Saber caminhar e parar: a visão contemplativa, as rotas e o reconhecimento das paisagens da cidade

Realizando uma incursão na capital fluminense, através das Cartografias Sensíveis das Cidades Musicais do Estado do Rio de Janeiro, constatamos o quanto frequentadores de eventos deslocam-se por bairros distantes da região de onde vivem, ao passo que fazem esforços para alterar roteiros desses mesmos eventos para diferentes direções[47]. Assim, é possível que um mesmo bloco ou festa que acontece no porto ou no Centro administrativo se reúna com coletivos culturais do subúrbio e ocupe, por exemplo, o Jardim do Méier numa tarde festiva. Com cada vez mais bairros não caminháveis crescendo no Rio, andar em festa é um

[46] Maffesoli (1987), em sua obra "O tempo das tribos: o declínio do individualismo nas sociedades de massa", dedica um capítulo para investigar a proxemia, o "estar-junto". A proxemia refere-se à valorização da história cotidiana frente à macro-história, em que as ligações da vida diária e o senso de comunidade conferem sentido aos espaços: "Há momentos em que o indivíduo significa menos do que a comunidade na qual ele se inscreve. Da mesma forma, importa menos a grande história factual do que as histórias vividas no dia a dia, as situações imperceptíveis que, justamente, constituem a trama comunitária. Esses são os dois aspectos que me parecem caracterizar o significado do termo 'proxemia'" (Maffesoli, 1987, p. 214).

[47] Ver *Cidade Ambulante: a climatologia da errância nos coletivos culturais do Rio de Janeiro* (Fernandes; Barroso; Belart, 2019).

ato de potência, especialmente com cortejos musicais que nos últimos anos intensificaram seus trajetos e percursos. Alteram-se as percepções e sensações que se tem a respeito de determinados espaços de acordo com a circulação errante que ali foi estabelecida, através do ato das itinerâncias musicais.

Destaca-se no Rio de Janeiro a constante errância dos cortejos musicais que atacam o ambiente urbano em vários de seus eixos geográficos e espaços. Suas caminhadas podem ser compreendidas também como aproximadas dessas duas características possíveis e híbridas: parar andando. Exercitarem-se na construção de novas cinematografias de um Rio de Janeiro: que sai inclusive à beira-mar pelas barcas e flutuante de encontro a essas formas de vida ali ainda resistentes. O movimento dos cortejos musicais difere dessa perspectiva apressada de uma cidade em trânsito rápido. É também uma escolha estética, afetiva e política por uma caminhada lúdica que mistura movimento, contemplação e reconhecimento dos espaços da cidade onde se vive. No Carnaval de rua contemporâneo, podemos perceber diferentes modos de fazer política nas ruas através da música e do corpo. Como exemplo, identificamos experiências como o Quilombike. O grupo, que já partiu sua deriva musical de frente ao Consulado de Angola, no Centro, realizou o cortejo do Bloco Afro Futurista. A partir de uma bicicleta sonora denominada Quilombike, DJs tocam músicas de Nova York, Bahia, Nigéria ou Jamaica. Próximo dali, numa praça reformada para os Jogos Olímpicos, o bloco Minha Luz é de Led espalha cores e imagens, ressignificando pelas mãos da própria população a ideia de legado dos megaeventos.[48]

[48] Ver *Cidade pós-megaeventos: legados e improvisos entre o Maracanã e o Porto Maravilha* (Lacerda; Belart, 2021).

Figura 1 – Minha Luz é de Led

Fonte: Divulgação do bloco

Em 2016, a UNESCO concedeu ao Rio de Janeiro o título de Paisagem Cultural Urbana como Patrimônio da Humanidade. Para além dos enquadramentos oficiais, destaca-se a cidade experimentada em seus múltiplos trajetos, em seus esconderijos, na potência atrativa e vasta de seus ambientes. Trata-se de conceber que as materialidades, os monumentos, a arquitetura, a história e o modo de significá-la são comunicantes e produzem paisagens transitórias e até mesmo errantes e táticas em suas movimentações.

No YouTube, viralizaram imagens da deriva de carro pelas ruas[49] na região central da cidade. O vídeo recebeu milhares de visualizações especialmente durante os dias mais críticos da pandemia da Covid-19 com pessoas saudosas de viver as ruas. Na análise do vídeo, constatam-se diversos comentários que reclamam da iluminação e dos postes antigos. A iluminação desses mesmos postes velhos protagoniza as imagens dos cortejos na madrugada no Centro: a luz em amarelo fosco incidindo em corpos com pouca roupa pelo calor que seguem caminhando durante as madrugadas de março ou outubro num Carnaval que insiste em demorar para acabar.

[49] "Rio 4k – City Center", disponível em: //www.youtube.com/watch?v=fG_idt3oMZA. Acesso em: 27 maio 2024.

É importante sublinhar que a noção de "paisagem" assumida atualmente no âmbito de nossas pesquisas segue a proposta de Rancière (2020), ou seja: a paisagem aqui é tratada como aquilo que não se limita, como o espaço do indeterminado, como aquilo que explode, que transborda, que escapa, e parece algo potente para se pensar a ambiência enquanto paisagem nômade. Assim, as paisagens sonoro-musicais que apresentamos se constroem no entre e no movimento, nelas se convive com o transbordamento das alteridades, onde se experienciam as coexistências. Podem ser pensadas como a textura da experiência estética que redefine inclusive a "partilha do sensível" (Rancière, 2009) de diversas comunidades e de experiências comuns. E assim, podemos perceber essas ambiências, com suas particularidades estéticas, seus arranjos de sentidos, a partir das poéticas errantes das músicas e dos sons.

O Centro tentacular, disputado e invertido

Se pensarmos na formação geográfica do Rio de Janeiro, repleta de rochas, montanhas, paisagens e caminhos labirínticos, podemos perceber um exemplo de cidade que constantemente subverte suas direções geográficas e disputas. Menezes (1996) esboça uma espécie de cartografia dessas dezenas de trilhas abertas entre as matas da cidade, passando pela Floresta da Tijuca, Pedra Branca, Morro da Urca, Pico da Cocanha, Barra de Guaratiba, Baixada de Jacarepaguá, entre vários espaços. Felipe Fortuna, em trabalho sobre o bairro alto, labiríntico e repleto de ladeiras e áreas verdes de Santa Teresa, destaca como, através exatamente dessa circulação pelas estradas e pelo maciço rochoso, "é possível dirigir um carro da Lapa até a Barra da Tijuca, e atravessar, portanto, as zonas mais movimentadas do Rio de Janeiro, sem precisar parar em um sinal de trânsito" (Fortuna, 1998, p. 18). Cruzar a cidade toda no alto, atravessando seus bairros por caminhos irregulares e pouco conhecidos a quem circula apenas ao nível do mar. Esse processo denuncia uma cidade repleta de atalhos, desvios de rota e possibilidades de mutação, que nos servem de metáfora para pensar uma cidade de muitas territorialidades em disputa. Santa Teresa, desse modo, estaria ao mesmo tempo perto e distante de diferentes áreas centrais do Rio.

Figura 2 – Santa Teresa

Fonte: Ilustração de autoria de Ana Maria Moura

Sarlo (2008), no mesmo caminho, em trabalho sobre a vivência urbana em grandes cidades, aposta exatamente na ideia do labirinto como uma possibilidade de ocultação e redescoberta de um habitar na cidade. Assim, entende que este estimule o vivido e a experiência urbana sentida de perto. Também sob a metáfora do labirinto, Jacques (2011) comenta a respeito das favelas da cidade, localizadas constantemente em seus maciços rochosos, que hibridizam relações entre a vida urbana caótica e o olhar contemplativo de viver a cidade acima de seu conhecido mar.

Abreu (1987) apresenta os diferentes processos diaspóricos que afastaram a população carioca da região central ao longo da história. Neste processo, é interessante perceber como a região que até hoje entendemos como Centro também não está posicionada necessariamente no Centro geográfico da cidade. Uma imersão nos espaços musicais do chamado Centro do Rio de Janeiro demanda de antemão encarar que se tratam de territorialidades distintas e transitórias que não estão determinadas pelas sub-regiões que compõem o delineamento administrativo do território. Regiões como o Largo de São Francisco da Prainha, a Praça Tiradentes, a Lapa, a Praça XV e o Porto configuram alguns destes espaços-sônicos que se constituem, em certas experiências, em rede, de forma temporária e nômade. Trata-se afinal de conceber as descentralizações do próprio Centro da cidade.

Em contrapartida, destacamos aqui o quanto essa mesma população oriunda de bairros distantes deste Centro administrativo reivindica, subverte e reconstrói seus espaços por lá. É fundamental tratar com acuidade as remodelações, ressignificações e reinvenções acionadas por moradores de distintas zonas que se inserem no Centro da cidade. A região incorpora o aspecto tentacular que inspira conexões a serem feitas em nova rotas, caminhos e espaços. Não é raro que grupos, músicos, produtores e coletivos culturais interajam em determinados espaços no Centro do Rio, como em festas, shows e protestos, e futuramente organizem outras manifestações em bairros, por exemplo, do subúrbio[50].

Esse constante movimento de reinvenção provoca a suspensão da própria categoria de espaço público. O espaço público pode ser compreendido na capacidade de produção de lugares (Santos, 2002), ou seja, na habilidade de constituírem-se na medida em que são vividos, e por isso pressupõe fluxos de práticas e coexistências culturais. Esta ressalva se faz relevante, visto que identificamos no processo de pesquisa problemáticas nos espaços musicais no Rio de Janeiro relacionadas aos binários, próprios dos postulados modernos, entre espaços privados e públicos (Da Matta, 1997).

Na Lapa, entre as ruas, lonas e muros, o Circo Voador, que nasceu na Zona Sul, deslocou-se para a região Central há quase 30 anos e estacionou no antigo campo do bairro. Até hoje, ele hibridiza as fronteiras entre lugar fechado e aberto ao abrir espaço para ensaios de blocos e pernaltas do carnaval de rua. Ao mesmo tempo, nos anos 1990, artistas como Marcelo D2 (Zona Norte), B Negão (Centro) e Marcelo Yuka (Zona Oeste) se conheciam por lá dando o tom das bandas de rock, reggae e hardcore carioca daquela época e que até hoje influenciam novas gerações da me-

---

[50] Ver *Convivialidade e Territorialidade Sônico-Musical no Carnaval da Charanga Talismã em Vila Kosmos* (Lacombe; Herschmann, 2020).

trópole. Um dos mestres de cerimônias da casa, Lencinho Smith, recorda a essência radical de uma cidade de cultura "de rua e da rua" entre suas várias gerações:

> Costumo achar que temos cultura de rua, mas também da rua. Em meu bairro sempre vi muitas casas abertas com pessoas entre as calçadas e suas salas, conversando no portão. Mais velho participei de uma rede de cultura que se articulava às vezes na praia, às vezes no Centro da cidade, na Lapa. Quando o Circo Voador estava fechado, no começo dos anos 2000, fizemos a ocupação do canteiro de obras que movimentou muito a região, que está em modificação até hoje (Lencinho Smith).[51]

Experiências de metrópole e da "comunicação-comunhão"

Ativo há mais de 30 anos e incentivador da cultura independente da cidade, o espaço do Circo Voador é um dos núcleos que se articula com outras redes de interação e grupos que reivindicam a cidade diante de suas constantes modificações. Neste movimento, identificam-se dinâmicas de produção de alianças (Butler, 2018) entre os atores mediadas tanto por situações de precariedade quanto pelos elos emocionais construídos nas experiências musicais. É nesses aparentes pequenos lugares das cidades que se encontram os "altos lugares" que exercem as funções de elaborar os "mistérios da comunicação-comunhão" (Maffesoli, 2003).

A Garagem das Ambulantes é uma iniciativa cultural e festiva no entorno da Praça Tiradentes capitaneada pelas ambulantes Alice, Aline e Isabel na produção de shows, batalhas de DJs e rodas de samba em aliança articulada com produtores de cultura, músicos independentes e blocos de carnaval. Concebido inicialmente para estoque de bebidas e de carrinhos ambulantes, o espaço foi transformado para receber even-

[51] Entrevista concedida para a pesquisa por Lencinho Smith, mestre de cerimônias do Circo Voador, em 17 de setembro de 2020.

tos culturais, burlando os limites utilitários em direção à construção de outras territorialidades e paisagens urbanas. A iniciativa das ambulantes é consequência de uma rede colaborativa formulada nos últimos anos entre produtores culturais, blocos de carnaval e vendedores informais de bebidas, diante do acirramento de diferentes dinâmicas de controle do comércio informal e da autorização de festas nas últimas duas gestões da prefeitura da cidade. O amadurecimento dessas redes veio a produzir possibilidades alternativas de renda e visibilidade tanto para as comerciantes informais quanto para os músicos e produtores culturais. É interessante observar que sociabilidades das cenas musicais constroem um tipo de elo que, no limite, podem configurar alianças de proteção e afeto.

A imagem de um grupo, fecundada por detrás das "portas", lança-se para além dessas fronteiras e atravessa "pontes" que ligam e relacionam com o todo social, num movimento de justaposição relacional. Ao mesmo tempo em que os corpos procuram se enraizar em seus "pequenos lugares", também se lançam em busca de outras potencialidades de comunicação, que tecem as redes cotidianas nas quais "as portas" são abertas e fechadas, e "as pontes" ora os levam, ora os reconduzem aos seus "pequenos altos lugares". Esse paradoxo é vivido nos tempos atuais, e, para Maffesoli, ele possibilita o "enraizamento dinâmico".

> [Seja no] Quartier Latin, Shinjuku, Copacabana, Manhattan, Kreusberg ou Trastevere. A lista é longa dos "altos lugares" que nós podemos de forma fantasmagórica ou fisicamente investir. E de fato nós encontramos [...] "altos lugares" que formam os nichos nas grandes megalópoles [...], nos quais podemos passar o tempo com os outros. Cada um destes pequenos altos-lugares pode ser substantivado, cada um torna-se um "lugar-dito" (Mafessoli, 2003, p. 78-79).

É interessante perceber lugares, como a Garagem das Ambulantes, que vão sendo delineados várias vezes às margens ou ressignificando espaços previamente programados a outros fins. As reformas urbanas nas regiões centrais das metrópoles são uma realidade mundial e nos convocam a observar as posições e experiências dissensuais que aparecem em paralelo a esses projetos (Jacques, 2012). No caso do Rio de Janeiro, chama a atenção especificamente a produção independente de espaços musicais arquitetados nas bordas das áreas de revitalização que, de forma errante, mobilizaram redes de produção musical, cultural e de modo geral e, consecutivamente, criaram condições interativas para encontro e associação entre atores urbanos que reverberam até os dias atuais na cidade, como é o caso da Garagem das Ambulantes. Enquanto músicos, festas e ambulantes são igualmente proibidos ou cerceados – diante de dinâmicas distintas de controle e ordenamento da cidade –, a performance itinerante é acionada como mecanismo de escape e também como alavanca comunicacional.

Cidades como Rio de Janeiro reconhecidas dentro da categoria de metrópole são formadas por uma variedade de "redes de comunicação-comunhão", conforme apresentamos acima. Martín-Barbero, enquanto cartógrafo, recorda o quanto os espaços das grandes metrópoles "conecta entre si seus diferentes territórios e os conecta com o mundo" por ser vivido enquanto um espaço comunicacional (Martín-Barbero, 2011, p. 77). Nelas, diferentes éticas e estéticas são celebradas e festejadas, onde os corpos, em suas infinitas possibilidades, interagem com os espaços transformando território-espaço (localizado-métrico-objetivado) em territorialidade-espacialidade (lugarizada-relacional-emocional). Interessante é notar que a "lugarização" dos espaços rompe e desloca os conceitos modernos público e privado traçados na dicotomia entre a rua (espaço da imprevisibilidade, insegurança e das tensões) e a casa (espaço do previsível, segurança e do aconchego, o familiar). Nessas cidades-arquipélagos, a rua é a casa!

Considerações finais

Jacques (2012, p. 24) cita que "o errante não vê a cidade de cima, a partir da visão de um mapa, mas a experimenta de dentro; ele inventa sua própria cartografia a partir de sua experiência itinerante". Ao ressignificar as funcionalidades dos espaços e do modo de fruir a cidade, o corpo ambulante negocia com o corpo da cidade vinculado ao mundo do trabalho, de modo que corporifica, num processo de não dissociação entre corpo e espírito, o desejo de subverter o planejamento de cidade instituído para propor novas formas de vivenciá-la, a partir de seu próprio "jogo de passos", suas próprias "cartografias".

Pensamos, então, essa rede-rizoma como comunhão de sentidos e significados compartilhados, que necessitam de um reconhecimento não apenas cognitivo-racional, mas emocional-relacional-corporal. A comunicação, nesse sentido, pressupõe algum nível de comunhão. Esse é um ponto fundamental, pois é preciso primeiro ocorrer um compartilhar, uma comunhão de sentidos, sentimentos e significados para haver comunicação.

Há uma transfiguração dos espaços da cidade que se faz a partir das interações entre corpos-indivíduos e ambientes (com todo o seu aparato concreto e simbólico) que deflagram – a partir dos usos e práticas cotidianos – uma ressignificação dos espaços urbanos. Nesses pequenos rituais de existência cotidiana do compartilhar das relações, constroem-se os sentidos próprios de cada lugar sedimentado pelo entendimento de que "eu sou" a apresentação do "mundo que compartilho com os outros". E esse *ethos* representa tanto o mundo racional como o mundo emocional e afetivo que oferece sentidos e significados à expressão ética da estética (emoção comum). Neste sentido, o prazer estético e a harmonia física e social estão profundamente entrelaçados e se dão a ver na estética de um lugar, de um grupo, de um novo desenho arquitetural, de uma expressão coletiva revelada em diversas ambiências e territorialidades (La Rocca, 2018; Herschmann; Fernandes, 2014).

Referências

ABREU, Maurício de Almeida. *A evolução urbana do Rio de Janeiro*. Rio de Janeiro: Inplanrio/Zahar, 1987.

BUTLER, Judith. *Corpos em aliança e a política das ruas*. Rio de Janeiro: Civilização Brasileira, 2018.

BEY, Hackim. *TAZ*: Zona Autônoma Temporária. São Paulo: Conrad, 2001.

CALVINO, Italo. *As cidades invisíveis*. São Paulo: Companhia das Letras, 2000.

CARERI, Francesco. *Walkscapes*. Barcelona: Gustavo Gili, 2013.

DA MATTA, Roberto. *A casa e a rua*. Rio de janeiro: Rocco, v. 5, 1997.

FERNANDES, Cíntia Sanmartin; BARROSO, Flávia Magalhães; BELART, Victor. Cidade Ambulante: a climatologia da errância nos coletivos culturais do Rio de Janeiro. *Revista Mediação*, 2019.

FERNANDES, Cíntia Sanmartin; HERSCHMANN, Micael. Efervescências musicais e noturnidades no Beco das Artes. *Todas as Artes*, 2021.

HERSCHMANN, Micael; FERNANDES, Cíntia S. *Música nas ruas do Rio de Janeiro*. São Paulo: Ed. Intercom. 2014.

JACQUES, Paola Barestein. *Elogio aos errantes*. Salvador: EDUFBA, 2012.

JACQUES, Paola Berenstein. *Estética da ginga*: a arquitetura das favelas através da obra de Hélio Oiticica. 4. ed. Rio de Janeiro: Casa da Palavra, 2011.

LACOMBE, Fabiano; HERSCHMANN, Micael. Convivialidade e Territorialidade Sônico-Musical no Carnaval da Charanga Talismã em Vila Kosmos. *Anais Intercom*, 2020.

LA ROCCA, Fabio. *A cidade em todas as suas formas*. Porto Alegre: Ed. Sulina, 2018.

LA ROCCA, Fabio. *A Potência do imaginário em Nápoles*: entre músicas e ruas. *In*: FERNANDES, Cíntia S.; HERSCHMANN, Micael (org.). *Cidades Musicais*: Comunicação, Territorialidade e Política. Porto Alegre: Ed. Sulina, 2018. p. 435-444.

MAFFESOLI, Michel. *Écosofhie*. Paris: Les Éditions du Cerf, 2017.

MAFFESOLI, Michel. *Notes sur la Postmodernité*: le lieu fait lien. Paris: Editions du Felin-Institu du Mond Arabe, 2003.

MAFFESOLI, Michel. *O tempo das tribos*. Rio de Janeiro: Forense-Universitária, 1987.

MARTIN-BARBERO, Jesus. Mediaciones urbanas y nuevos escenarios de comunicación. *In*: NAVIA, Patricio; ZIMMERMAN, Marc (org.). *Las ciudades latino-americanas en el nuevo [des]orden mundial*. Mexico: Siglo xxi, 2011. p. 73-84.

RANCIÈRE, Jacques. *Le temps du paysage. Aux origines de la révolution esthétique*. Paris: La Fabrique Éditions, 2020.

RANCIÈRE, Jacques. *A partilha do sensível*. São Paulo: Ed. 34, 2009.

SANTOS, Milton. *A natureza do espaço*. São Paulo: EDUSP, 2002.

SIMMEL, Georg. *Les grandes villes et la vie de l'esprit*. Paris: Payot, 2013.

Memória e o saber-fazer na pesquisa científica com o(a) pesquisador(a) encarnado(a)

Suely A. Messeder
Cauê do Nascimento Ribeiro
Lenon Silva Boaventura
Carlos Eduardo Oliveira

A minha dor
Traga meu sorriso para dentro
Face de um castigo siga o domador
Que sarará, que curará
Ei'desará, é minha dor (é minha dor)
É minha dor (é minha dor)
Findo as feridas
Cicatrizes vivas
Sou mais forte que a minha dor
Sou mais forte que a minha dor

(*Carlinhos Brown, "Bandagem"*)

A epígrafe apresentada anuncia a memória e a dor; por isso, teimamos que o mais sensato entre as coisas do mundo é buscar o comum na imensidão das diversidades e singularidades. Entretanto, a busca pelo comum não significa vilipendiar a complexidade das coisas, tampouco jogar no tribunal inquisitório o heterogêneo; muito pelo contrário, é viver o fractal sem nos sentirmos sitiados(as), é experimentar o bailar e o flertar em fronteiras.

Nesta narrativa, tentaremos reconstruir como se processa a experiência ritualística do uso da memória quando nós, subalternizados(as), pesquisadores(as) sul-sul, arvoramo-nos a construir uma ciência colaborativa no âmbito do Grupo de Pesquisa Enlace situado no Nordeste Brasileiro, na Universidade do Estado da Bahia (UNEB) – considerada periférica por razões várias que não caberia o debate neste espaço.

Em 2020, o Enlace lançou o livro intitulado *Pesquisador/a encarnado/a: experimentações e modelagens no saber-fazer das ciências* (Messeder; Nascimento, 2020) em tom de celebração aos dez anos de existência do Grupo que possui quatro linhas de pesquisa, duas das quais se centram nos estudos de gênero, sexualidades e queer, carregando consigo, portanto, a utopia da teoria feminista crítica. Ao longo da sua existência, tem se investido na produção de sentido e no saber-fazer científico direcionado à alquimia das justiças social, racial, das relações de gênero, erótica, religiosa, anticapacitista e científica, tornando possível a modelagem do(a) pesquisador(a) encarnado(a) que se faz no cotidiano das nossas práticas quando nos lançamos conscientemente a habitar o campo científico com seus *habitus* para produzir, gestar e difundir conhecimento. Pretendemos trazer à tona nossas intuições e estoques de conhecimentos teóricos e metodológicos no ato de construir a modelagem pesquisador(a) encarnado(a), juntamente com a construção daquilo que nos acostumamos a entender como objeto de pesquisa. Não significa dizer que nesta escrita encerramos as nossas experimentações ou deixamos escapar todo o conhecimento tácito e/ou explícito nas palavras de Polanyi (1966).

A nossa primeira experimentação pública com outrem que não pertencia ao grupo de pesquisa baiano ocorreu na quinta edição do Seminário Enlaçando Sexualidades, quando, efetivamente, provocamos os(as) pesquisadores(as) palestrantes com a seguinte solicitação:

> Nesta edição iremos investir na produção, gestão e difusão na perspectiva individual dos/as pesquisadores/as, eles/elas irão remontar suas produções e temas de pesquisa, narrando sobre suas escolhas epistemológicas, identificando seus intercâmbios com outros pesquisadores e grupos de pesquisas nacionais e internacionais, com os PPGs, bem como tais produções se inserem socialmente. Com isto, pretende-se nesta edição investir na atividade investigativa "como" nós construímos os nossos temas no âmbito dos estudos de gênero e sexualidades, "como" nos alinhamos a uma perspectiva epistemológica complexa e multirreferenciada (Messeder, 2020, p. 47).

Nesta senda, buscamos o reconhecimento ou a recognição do mundo por investirmos e/ou acionarmos nosso conjunto de *modus operandi* do saber-fazer científico nos estudos e atividades que versam sobre relações de gênero e sexualidades. Produzir, gestar e difundir tais conhecimentos, certamente, não se situa à margem de implicações éticas e políticas. De posse da argumentação de que os nossos temas e objetos de pesquisa remontam a nossas experiências complexas e confiantes de não estarmos a prodigar essa informação sobre todos(as) os(as) investigadores(as), mas sim sobre nós, desejosos de construir uma ciência que glorifique e escancare a presença da nossa subjetividade corpórea sem artificialmente desbancá-la e expulsá-la por uma falsa neutralidade: "as deusas nos livrem, agir a partir das doutrinas ideológicas da objetividade científica descorporificada" (Haraway, 2009, p. 9).

Na primeira seção, trazemos um infográfico que, embora seja visualmente explicativo, não poupará o(a) leitor(a) da compreensão por palavras discorridas, sobretudo assegurando a ideia de memória, temporalidade e espaços rebatida nas instituições sociais e ideológicas.

Figura 1 – Quadro infográfico, a memória e o saber-fazer no caminho do tornar-se pesquisador(a) encarnado(a)

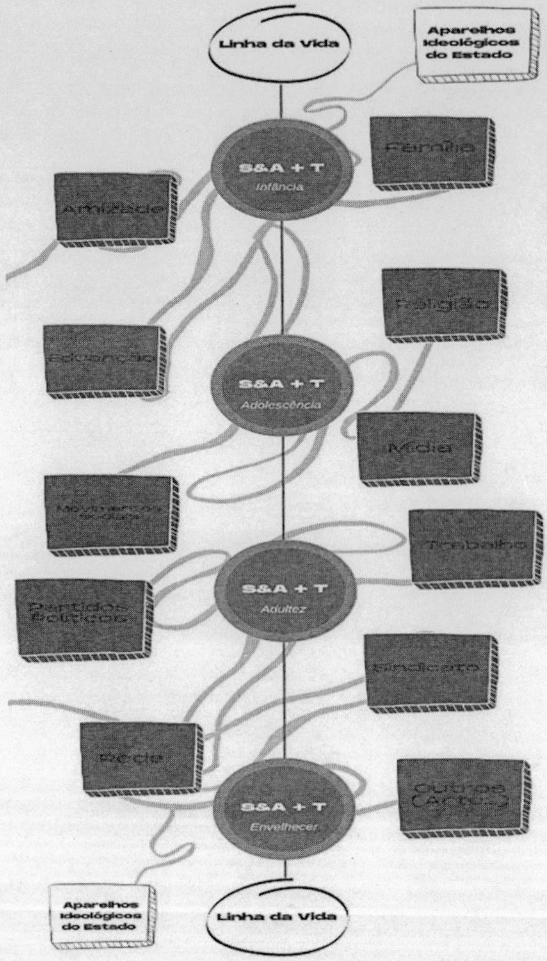

Fonte: Elaborado pelos autores

Na segunda seção, trataremos da análise das cenas ou reflexões sobre sujeito(a) encarnado(a) que compõem a escolha dos temas dos(as) quatro autores(as) deste artigo; alertamos, antes de prosseguir, que, no que subjaz ao uso de flexão de gênero no termo sujeito, há de ser notada uma distinção em sua proposição conceitual em dois dos campos de saber que aqui abordamos, a antropologia e a psicanálise: o sujeito psicanalítico não tem marcadores identitários, mas é atravessado pelos significantes. Por fim, traremos as considerações finais, mas nunca peremptórias, sobre o agenciamento da memória como dispositivo central para a construção de conhecimento comprometido com as justiças: social, de gênero, erótica, racial, científica, religiosa e anticapacitista. Nosso saber-fazer da/na ciência se articula no campo das políticas das ações afirmativas que, mesmo imersas em controvérsias, garantem-nos a riqueza de acolher as diversidades culturais, de gênero e sexualidades no âmbito das Universidades Públicas, incansavelmente atacadas e sucateadas pela política neoliberal. A modelagem do(a) pesquisador(a) aqui apresentada prima por entender que as dores vivenciadas não são mais fortes que o ser humano, com a utopia da ciência colaborativa.

Abrimos esta seção com o infográfico por entendermos que pode ser uma forma didática de explorar o saber-fazer da/na modelagem do(a) pesquisador(a) encarnado(a). Nele, contamos efetivamente com a linha de vida que se encontra na vertical e em forma reta, obedecendo ao critério da dita normalidade, muito embora, como nos critica e nos convoca Carlos Eduardo Oliveira a pensar sob sua perspectiva da escoliose, a linha pode ser não exatamente reta, bem como o tempo não é linear (infância, adolescência, adultez e velhice), posto que a memória não é exatamente cronológica. Muito embora tenhamos seguido com esta representação, tem-se a plena consciência de que ela não carrega a ambiguidade da vida. Ainda na linha de vida, temos a nomeação SA+T, podendo ser lida como sujeito com sua agência voltada para o seu tema previamente escolhido. Após a linha da vida, dispusemos os aparelhos ideológicos do Estado que se complementam com as interações com as amizades, território, rede, mídia e de outras maneiras.

Essa modelagem é constituída por atos performativos dos(as) sujeitos(as) acionados(as) por dispositivos pelos quais adentramos nas seguintes ambiências: memória, ancestralidade, justiça, geopolítica do conhecimento, ética, estética e no compromisso de construir a ciência blasfêmica de nós subalternizados(as), considerando outros rigores e com a desfaçatez da meritocracia tão evocada pelas mentes fisgadas pelo neoliberalismo. Como nos sugere Silva Júnior (2020, p. 271):

> o neoliberalismo pode ser examinado como uma função discursiva: uma concepção do governo como protetor do mercado, uma concepção de ciência submetida à tecnologia e ao capital, e uma concepção de sujeito cuja liberdade depende do seu caráter associal.

Nas coexistências do mundo capitalista, o sujeito investido da perspectiva neoliberal se modela pelo *homo economicus* cujo cálculo se finca na maximização da utilidade de uma moral sem pudor e o(a) sujeito(a) encarnado(a), matéria-prima da modelagem do(a) pesquisador(a) encarnado(a) via memória, agência e consciência, apropria-se dessas reflexões e se enamora de Achille Mbembe, em entrevista apresentada pelo Instituto Humanitas da Unisinos (2017), que nos escancara que:

> A difamação de virtudes como o cuidado, a compaixão e a generosidade vão de mãos dadas com a crença, especialmente entre os pobres, de que ganhar é a única coisa que importa e de que ganhar – por qualquer meio necessário – é, em última instância, a coisa certa.

Portanto, somos forçosamente conduzidos(as) a pensar sob a perspectiva de caminhos abertos e encruzilhadas, sem termos a chance de nos perdermos numa retórica esvaziada do(a) sujeito(a) empreendedor(a), cujo triunfo será o porvir da potência em si. Para tanto, no ato da modelagem, somos todos(as) aprendentes e colaborativos(as) e conduzidos(as), ou melhor, contraconduzidos(as), a confiarmos em nós.

Nossa intenção é transformar cada ato de recordar o tema enquanto cena, compondo-a com os nossos corpos. A primeira cena selecionada ainda tende a nos reportar ao visceral e, por isso, costumamos vê-la como primeiro vômito, um pleonasmo para o nosso subterrâneo, uma vez que ainda não temos que lidar com compromissos e todos os dispositivos do devir pesquisador(a) encarnado(a).

Esta modelagem retém o *modus operandi* daquilo que pode nos comprometer com a ciência sucessora da perspectiva do feminismo crítico (Longino, 1993; Hartsock, 2003; Harding, 1993; Haraway, 2009; Lauretis, 1994) e, com isso, nos apoiamos na utopia que se direciona nas diversas formas de justiça que se relacionam, imiscuem-se e se interseccionam para compor a produção do conhecimento científico sob a batuta de pesquisadores(as) encarnados(as) e posicionados(as) subalternamente nas estruturas de raça, performance de gênero, classe e deficiência, enquanto sentir do corpo e não da relação identitária como eixo de debate.

O primeiro movimento para a produção de conhecimento científico na construção de um conhecimento, costumeiramente traduzido em monografias, dissertações e teses de doutorados, é identificar qual o tema que nos atrai enquanto ser no mundo. Faz-se igualmente relevante considerar e identificar o quanto esse tema irá contribuir para o campo científico e para o campo do viver bem e/ou bem-viver da sua comunidade; uma produção local que não está dissociada da vinculação planetária. Com isto, somos conscientes de que não tomamos a terra, as coisas e os seres que coabitam conosco numa perspectiva de recurso. O tema deverá ser acompanhado de um sentido para o(a) sujeito(a) encarnado(o), e, por isso, a escolha deverá ser bastante cautelosa e minuciosa e muitas indagações, repetições e reviravoltas executadas devem ser escrutinadas. Explica-se que o sujeito encarnado antecede o pesquisador. O sujeito encarnado é entendido enquanto estado no qual o(a) futuro(a) pesquisador(a) é convocado(a) a visitar e escrever sobre as suas memórias e atravessamentos relacionados ao tema. Essa escrita, no primeiro momento, não é norteada pelas estruturas das práticas das escritas acadêmicas, fazendo-se enquanto oportunidade livre para que o sujeito apareça *a priori* ao pesquisador, movimento do qual falaremos adiante.

Reconhece-se o valor do historicismo weberiano sobre a natureza extensiva e intensiva da realidade e, por isso, considera-se o recorte do fenômeno social/natural a ser estudado como uma escolha comprometida cujas diferenças se inter-relacionam por meio de ontologia, epistemologia, ética, estética e política que mobilizam o fazer-fazer com e desta modelagem.

Construir esta seção nos levou a pensar sobre o dilema entre ideologia e conhecimento, o que nos reportou aos textos *A tecnologia do gênero*, de Teresa de Lauretis (1994), e *Saberes Localizados*, de Donna Haraway (2009). Ainda que em outras produções sobre o(a) pesquisador(a) encarnado(a) tenhamos nos debruçado sobre os saberes localizados, nesta investiremos em trazer para o centro a representação e/ou a construção do tema de pesquisa. Seguindo as quatro proposições assinaladas por Lauretis, escolhemos trabalhar na devida proporção com o deslocamento de gênero para tema de pesquisa: 1) Gênero é uma representação; 2) A representação do gênero é a sua construção; 3) A construção de gênero vem se efetuando hoje no mesmo ritmo de tempos passados nos "aparelhos ideológicos do Estado"; 4) A construção do gênero se faz por meio de sua desconstrução. Então, propomos o seguinte deslocamento: 1) O tema é uma representação; 2) A representação do tema é a sua construção; 3) A construção do tema vem se efetuando hoje no mesmo ritmo de tempos passados nos "aparelhos ideológicos do Estado"; 4) A construção do tema se faz por meio de sua desconstrução.

Ao investirmos em nosso tema como uma representação, identificamos que ele se situa em nossa linha da vida não somente como um átomo individualizado, mas sim no esquema relacional, logo, no diálogo conosco, mais precisamente do nosso ser no mundo. Constatamos, então, que o tema cognoscível é uma relação preexistente ao ser, logo, situada no contexto. Assim, podemos compactuar que a nossa relação com o tema deriva de um sistema de significações estruturantes que se relacionam com os marcadores sociais que atravessam os nossos corpos. Apesar da incontestável presença do tema no aqui-agora, precisamos apreender e intuir a nossa ancestralidade em nossa escolha não de forma encantada, tampouco desencantada, mas lidar efetivamente com os levantes que nos antecederam e, como no jogo de futuro, com o devir a ser planejado e projetado em nossas ações.

Em sua terceira proposição, Lauretis (1994) direciona o debate considerando três conceitos que nos ajudaram muitíssimo no fazer-fazer com nossa modelagem: ideologia, aparelhos ideológicos do Estado e interpelação. Quando nos reportamos ao infográfico, deparamo-nos com a linha de vida (sistema sujeito–agência–tema) e mais a relação que esta estabelece com os aparelhos ideológicos do Estado e com outras dimensões, como amizade e relações amorosas que, por vezes, escapam da malha do discurso ideológico.

Já na travessia desta terceira proposição, convocamos ao sujeito encarnado que ele(a) se situe em sua linha de tempo, na sua condição de sistema sujeito-tema a fim de que o dispositivo de memória se mantenha acionado e se projete como sistema sujeito-agência-tema em cada fase etária, interpelando-se e se relacionando com os aparelhos ideológicos do Estado e outras relações intersubjetivas. Com isto, o sujeito-tema constrói a sua narrativa enquanto subjetividade devidamente engajada. Para nós do Grupo Enlace, o sujeito-agência-tema inicia a travessia de agenciamento do seu tema quando, efetivamente, sente-se preparado para se apresentar ao Grupo, como sujeito-agência-tema, e vomita a sua primeira elaboração de memória.

A memória, enquanto dispositivo central na análise à qual nos propomos nesta escrita e no saber-fazer e fazer-fazer intrínseco à passagem do sujeito encarnado à posição de pesquisador(a) encarnado(a), pode ser abordada por olhares diversos. Iniciamos esse trânsito pelos estudos sobre memória buscando as proposições de Freud sobre a psicanálise. Na teoria freudiana, a memória possui importante valor para o entendimento do funcionamento psíquico e o entendimento sobre a memória se desenvolve em paralelo com a teoria psicanalítica. Aqui, não nos interessa fazer um apanhado sobre a estruturação do conceito de memória para a psicanálise, mas destacar o que nele é essencial para a construção do sujeito encarnado.

Em *Recordar, repetir e elaborar*, Freud (2010) descreve que Brauer, através do método da hipnose, interessava-se em fazer o doente reproduzir os processos psíquicos de uma determinada situação para levá-los a uma descarga mediante a atividade consciente. Freud, ainda que refutando a utilização da hipnose como método para o trabalho analítico em razão da sua sugestionabilidade, destaca que ela proporcionava ao sujeito a possibilidade de recordar e ab-reagir. Devemos aqui considerar, a título de contextualização, que a ab-reação é um processo de descarga emocional que proporciona a liberação do afeto ligado à lembrança de um trauma[52], bem como anula seus efeitos patogênicos (Roudinesco; Plon, 1998), ou seja, a memória não é uma faculdade intelectual; ela é atravessada por conteúdos subjetivos que retornam no ato da recordação. Ao abandonar a hipnose como método, Freud (2010) propõe que o ato de recordar se faz a partir dos pensamentos espontâneos, da associação livre.

Aqui então se coloca o cerne do "primeiro vômito" do sujeito encarnado. O exercício proposto no ato da escrita é que o sujeito se coloque no sistema sujeito–agência–tema. Coloque em palavras escritas e não escritas as cenas, marcas e efeitos que o atravessam no seu tema. É importante destacar que não se trata de uma proposta de análise; esta deixamos para a clínica psicanalítica. O que se propõe é um esforço de delinear o lugar subjetivo que tangencia o tema e o pesquisador.

Ainda que seja um tema caro às psicanálises freudiana e lacaniana, a memória se faz presente na formulação de outros(as) autores(as). No investimento de nos reposicionarmos em uma geopolítica do conhecimento científico contra-hegemônica, localizamos em Lélia Gonzalez (2020) uma nova proposição interpretativa sobre memória e sua articulação com a (des)memória do lugar do negro na discursividade brasileira. Norteada ainda pelo referencial psicanalítico, destaca a relevância de dois dispositivos em sua análise, consciência e memória, aponta a consciência como instância psíquica e discursiva que, ainda que seja sede de algum saber, constitui-se como tal com base no esquecimento de tudo aquilo que incomoda, um campo fértil para a alienação, os discursos ideológicos e tentativas de acomodação dos afetos.

Em contrapartida, a memória se configura, para Gonzalez (2020), enquanto instância que insiste em incluir aquilo que a consciência tenta excluir, em trazer à tona aquilo que não se quer saber, mas que é sabido

---

[52] Freud concebe trauma como um corpo estranho que se aloja no psiquismo do sujeito, desestabilizando sua economia psíquica. Em: Freud (1893), *Estudos sobre a histeria.*

e conhecido, um campo de restituição e reelaboração daquilo que tentou ser apagado. É nessa dialética entre consciência e memória, entre apagar e recordar, entre estabelecer uma história única e fazer furo nessa verdade que Gonzalez aponta novas leituras sobre a posição do negro na constituição do Brasil, sobretudo ao se debruçar sobre a posição da mulher negra. Através de três figuras arquetípicas – a mãe preta, a mulata e a doméstica – não só apresenta uma desconstrução do mito da democracia racial que atravessa a constituição da identidade nacional brasileira, como faz ser lembrada a posição dessas mulheres negras no processo civilizatório brasileiro, na medida em que essas figuras arquetípicas representam um lugar de transmissão de um saber e experimentação de um poder-fazer na estrutura racial do país.

Esse agenciamento de fazer uso das memórias como meio de furar a consciência que se estabelece como discurso hegemônico aparece nas obras de outros(as) intérpretes do Brasil, como Nascimento (2019), em sua escrita da obra *O Quilombismo*. Nessa obra, além de em outros momentos da sua produção, destaca a relevância de se conceber uma Semana da Memória Afro-Brasileira a fim de que as identidades negras brasileiras possam ser pensadas, faladas, contadas e publicizadas para além do marco da escravidão, do lugar mítico que foi delegado ao negro na história "oficial" do Brasil. Tomando como referência os estudos produzidos pelo antropólogo senegalês Cheikh Anta Diop, Nascimento (2019) volta a ressaltar o lugar da memória quando esta traz à tona as injustiças e inverdades epistemológicas que atribuem a uma cientificidade europeia e ocidentalizada fontes de conhecimento que, historicamente à sua época, só poderiam ter vindo de territórios africanos em razão das necessidades presentes em suas organizações sociais.

Posto isto, retomamos Lauretis (1994) em sua apropriação sobre o funcionamento subjetivo da ideologia em Althusser, que precisa de um sujeito, um indivíduo concreto ou pessoa concreta sobre a qual agir e, assim, pondo em evidência como o projeto feminista deve teorizar o gênero, propõe que gênero deve ser encarado como uma força pessoal-política tanto negativa quanto positiva. Reescreve, assim, a sua proposição em que a construção do gênero é o produto e o processo tanto da representação quanto da sua autorrepresentação. Aqui, reivindica uma posição distinta de Althusser quanto à ideia de que a ideologia não tem exterioridade ou que, através do conhecimento científico, pode-se desvendá-la. Para ela, o sujeito do feminismo precisa estar consciente das duas forças, bem como buscar a conscientização da cumplicidade com as ideologias de gênero de suas culturas e subculturas específicas e entender até que ponto a consciência da cumplicidade age com ou contra a consciência da opressão para compreender a ideologia em tempos pós-modernos e pós-coloniais.

Ao formular a sua terceira proposição, Lauretis (1994) deseja responder às seguintes questões: a) Como a representação de gênero é construída pelas tecnologias específicas? b) Como a representação de gênero é subjetivamente construída por cada pessoa a que se dirige?; e observa que, para resolver tais questões, é necessário debruçar-se sobre as elaborações teóricas de Althusser e Foucault, nos trabalhos desenvolvidos pelas autoras que possuem uma prática feminista, como Hollway e Wittig, e na teoria do aparelho cinematográfico, também desenvolvida pelas feministas inspiradas pelas elaborações teóricas de Althusser e Lacan. Em Althusser, depreende-se tanto o conceito de ideologia, que já está devidamente engendrado, quanto o conceito de interpelação, que é a denominação do processo pelo qual uma representação é aceita e absorvida por uma pessoa como sua própria representação e assim se torna real para ela, embora seja de fato imaginária. De Foucault, apropria-se tanto do conceito de tecnologia sexual, que também já sofreu o engendramento, quanto da sua elaboração teórica em torno do poder e do conhecimento.

No entanto, a conexão entre poder e conhecimento é revista por uma nova leitura de Hollway, sobretudo pela insuficiência da teoria foucaultiana em responder como se processa a mudança de discursos. Segundo Lauretis (1994), para se investir na teoria de Foucault é preciso, antes de tudo, retirá-la do pantanal androcêntrico, engendrá-la e observar duas dimensões que estão ausentes em sua elaboração dos micropoderes pulverizados: a) a possibilidade de outros discursos serem concorrentes entre si e não a existência de uma verdade imperativa e monolítica de um único discurso, sendo preciso, para isto, encarar a ideologia como hegemonia, daí a possibilidade de agenciamento; e b) a falta de conexão entre opressão e poder, que inclui uma positividade e negatividade de se encarar o poder.

Segundo Lauretis, na teoria desenvolvida por Hollway (2009), a ideia é de que a mudança de discursos está associada ao agenciamento das pessoas em outros discursos que não são hegemônicos, mas que estão no campo de possibilidades. Assim, as pessoas, ao invés de fazerem escolhas, fazem investimentos. Neste sentido, torna-se possível entender investimento como algo entre um comprometimento emocional e um interesse investido no poder relativo que tal posição promete. Para Lauretis (1994), Hollway não avança em sua teoria porque sua pesquisa é centrada em um *locus* no qual a base é o contrato heterossexual e, mesmo assim, ela acredita que é possível encarar um potencial de mudança, quando, na verdade, ela apenas se depara com reproduções ou renovações no âmbito da diferença sexual nos mesmos moldes.

Para Lauretis (1994), é preciso empreender na teoria desenvolvida por Wittig na qual se encontra uma conexão entre opressão e poder. Foucault, por sua vez, percebe o poder como produtor de significados, valores, conhecimentos e práticas, não sendo, intrinsecamente, nem positivo nem negativo. Wittig (1994), entretanto, considera o poder que têm os discursos de violentar as pessoas, uma violência que é material e física, argumentando que o discurso da heterossexualidade oprime, sobretudo porque impede de falar em outros termos e, com isto, ela recupera "o sentido de opressividade do poder enquanto imbricada nos conhecimentos institucionalmente controlados" (p. 228).

Neste sistema sujeito–agência–tema, investimos em interpelações em nossas linhas de vida direcionadas aos aparelhos ideológicos do Estado e nas demais interações compondo os nossos atos performativos e, paulatinamente, adentramos nas ambiências com os dispositivos acionados. Entretanto, a nossa preocupação com os conhecimentos academicamente produzidos é sempre crítica, numa perspectiva que seja em nosso primeiro vômito, num movimento hiperbólico, visceral, desorganizado, no sentido do recordar e, depois, mais uma vez e mais outras vezes até que possamos fazer a travessia para a fase seguinte, cronologicamente ou não. Numa travessia, sabemos que o processo pode não ser linear e retomamos qualquer momento da linha de tempo, e a partir daí repetimos e retomamos o nosso dispositivo de memória já no âmbito do sistema sujeito-tema, e assim sucessivamente.

Desta forma, acolhemos que a tríade sujeito-agência-tema sofreu uma reelaboração quando, efetivamente, o sujeito se convence a apresentá-lo numa seção do Grupo Enlace – nosso aquilombamento científico – com os(as) pesquisadores(as) em seu estado de prontidão para escutá-lo e elaborar questões para que possa tornar mais evidente o processo de agenciamento dentro do sistema sujeito-agência-tema. Depois das diversas interpelações sofridas no Grupo Enlace e em seus vários vômitos, somente com o pleonasmo dos vômitos viscerais atravessamos a fase do sistema sujeito-agência-tema em direção à fase do sistema pesquisador-agência-tema. Doravante, apresentaremos cenas que nos fizeram, enquanto pesquisadores(as) encarnados(as), agenciar nossos temas de pesquisa ou, pelo menos, tentar sucessivamente esses vômitos viscerais, mobilizando memória, consciência e dor.

Quando os(as) pesquisadores(as) encarnados(as) entram na cena: um estudo analítico sobre a produção de conhecimento do comum ao heterogêneo

Nesta seção nos deparamos com as narrativas de quatro sujeitos(as) que buscam se desvelar em suas agências e consciência no investimento dos respectivos temas de pesquisa, via o dispositivo de memória.

a) Mulher, professora de antropologia, pesquisadora, lésbica, feminista

Nos idos da primeira década dos anos 2000, ingresso na Universidade do Estado da Bahia como professor(a) no Departamento de Ciências Humanas e Tecnológicas e lá me deparo como antropólogo(a) no curso de

Ciências Contábeis. Senti-me como um(a) antropóloga(o) em Marte: de um lado, formando-me com e a partir dos estudos voltados para o campo de gênero e sexualidades, de outro, em um curso completamente voltado para o acolhimento do sistema capitalista de forma bastante acrítica. Primeira questão por mim formulada: Como seduzir os(as) estudantes de ciências contábeis em minhas pesquisas? A solução foi investir em novos(as) interlocutores(as), os(as) trabalhadores(as) por conta própria, pequenos(as) proprietários(as) de pousadas, salões de beleza, donos(as) de barracas de praia, o terceiro setor, e entender, entre outras coisas, como eles(as) faziam suas contabilidades. Por esta ocasião, comecei a realizar o estado da arte nas principais revistas da contabilidade para compreender como a contabilidade encarava tais interlocutores de pesquisa e topei com entusiasmo relativo com o seguinte texto "Da Mesopotâmia às tapioqueiras de Olinda o pensamento contábil se revela". Incomodava-me a leitura hierarquizada entre o conhecimento de contábeis com os saberes locais. Um pouco mais adiante, quando ingresso como docente permanente no Doutorado MultiInstitucional Multidisciplinar em Difusão do Conhecimento, começo a estudar temas que me parecem muito caros, por vezes, aparentemente distantes da formação no campo das relações de gênero e sexualidades, tais como: Empreendedorismo Social, Economia Criativa e Tecnologia Social. Entretanto, na incursão apreendida com a modelagem do(a) pesquisador(a) encarnado(a), na relação entre a minha memória e o agenciamento do tema com os aparelhos ideológicos do Estado, encontro uma profusão de sentidos nesse espaço, cuja apropriação foi um investimento. Vejamos a cena da minha tenra infância.

Lá no céu, viam-se, de longe, pipas (arraias) que bailavam. Quando se entrelaçavam, uma delas caía lentamente no chão e os meninos acompanhavam o baile, disputavam e gritavam: – Pega ela aí... ela é minha! Lembro-me ainda das arraias sendo preparadas pelos meninos da minha rua, junto com meus irmãos; eu, uma menina não pelo ato performativo, mas, sim, pelo fardo do biológico, apenas apreciava com olhares de cobiça dentro do muro da varanda da minha casa. Sim, cobiçava a brincadeira de pipas, todo o ritual era sedutor, começava pela feitura da arraia com o papel de seda e as hastes de bambu cortadas e coladas no papel em diagonal e transpassadas. Em seguida, temos o vidro temperado para passar no fio da linha; esse movimento era o mais cuidadoso, porque nele se encontrava o incentivo à competição entre os meninos e suas arraias belas e poderosas, cujo baile no céu roubava toda minha expectativa. Tentei exasperadamente negociar com meu pai a possibilidade de empinar arraia e desenvolvê-la com toda sua tecnologia sofisticada, mas, como uma espécie de redenção, ele me deu apenas o direito de aprender a fazer papagaio e empiná-lo; o mundo da arraia era deveras masculinista para uma menina penetrá-lo.

O debate Ciência e Tecnologia está, para as mulheres, assim como o debate Conhecimento e Poder está para o eixo Sul-Sul na geopolítica do conhecimento. O movimento a ser reconsiderado é a reposição e recomposição das relações de gênero, classe e raça que se alquimiam nestes debates, que se estruturam pela ideologia meritocrática e o desprezo pelos sujeitos de carne e osso que se materializam nas abstrações conceituais da macroeconomia.

O processo de memorização da modelagem do(a) pesquisador(a) encarnado(a) nos leva para diversos eixos que nos revelam como somos excluídos sistematicamente nas estruturas de poder e micropoderes. No movimento seguinte contamos com a memória de Carlos Eduardo Oliveira, que entrelaça deficiência e capacitismo.

b) Homem, professor de dança, artista, pesquisador e pessoa com deficiência

Sou o caçula de uma família de três filhos convivendo com a deficiência desde o nascimento do mais velho, nascido com surdez e hidrocefalia, que o levaria a óbito aos 6 anos. Pouco tempo antes, com 1 ano de idade, fui contaminado pelo vírus da poliomielite, ficando como sequela a impossibilidade de andar.

No meu contexto familiar, assim como de uma forma geral, a deficiência estava ligada a uma necessidade de cura e, naquele período, final dos anos 1970, ainda eram incipientes, no Brasil, as mudanças paradigmáticas em relação à deficiência que se anunciavam, sobretudo, nos EUA e no Reino Unido. Por isso, eu entendo que minha família, lidando com dois filhos com deficiência, não tinha acesso a outras maneiras de lidar com a situação que não fossem regidas pelo pensamento biomédico. Desde muito cedo, eu sabia que não tinha nada a ser curado. Aquele era o desejo dos meus pais que não aceitavam ter um filho com deficiência e, de todas as formas, queriam se livrar daquele fardo. Até que me obrigaram a fazer uma intervenção cirúrgica. Meus pais se empenharam em querer me fazer andar (como se isso fosse possível, como uma possibilidade de apagar o fantasma da deficiência que pairava na família desde o nascimento do meu irmão e depois comigo). Aos 8 anos, levaram-me ao Hospital Sarah Kubitschek, em Brasília, única cidade - naquela época - com esse centro de saúde, referência em reabilitação no país, para fazer uma cirurgia. Eles decidiram me cortar, fazer-me doer, provocar-me saudade e angústia por estar num lugar desconhecido, com pessoas desconhecidas, meu corpo sendo violentado com bisturis e cortes. Atravessaram ferros nos meus ossos, senti muitas dores durante o período de internação porque era um procedimento para alongamento e extensão dos músculos com pesos e apertos progressivos nas ferragens presas aos meus joelhos e tornozelos. Meu corpo manipulado sem meu consentimento. Tudo isso foi feito sem me consultar, sem saber o que eu sentia em ter deficiência, se aquilo seria ruim para mim, se eu gostaria de ser outra pessoa... Essa fixação pelo corpo normal, compreendida como a única possibilidade de existência, violenta-nos e causa muito sofrimento. A minha deficiência, em si, nunca tinha me feito triste, e se me perguntassem, provavelmente, eu teria dito que não gostaria de tentar andar com aparelhos.

c) Homem, psicólogo, branco e gay

O relato a seguir versa sobre a experiência do ato do sujeito encarnado e seus efeitos para um pesquisador. Na época em que escrevo este artigo, sou mestrando em Educação e Contemporaneidade na UNEB. Fazer mestrado foi um desejo descoberto em mim ainda na graduação.

Sou Bacharel em Psicologia, e ao finalizar a graduação pensei no mestrado como opção para a continuidade dos meus estudos. Porém, ainda não havia encontrado algo que me movesse para a pesquisa.

Sem objeto definido que me instigasse a confeccionar um projeto de pesquisa, segui meus estudos em pós-graduações *latu senso*, cursos livres e extensões universitárias. Dentre ambientes de ensino, participei de uma extensão ofertada pela instituição na qual me formei que tinha como objetivo o aperfeiçoamento em psicologia clínica para os estudantes de psicologia egressos da universidade, e sua atuação era destinada ao acolhimento das demandas de sofrimento psíquico da comunidade interna da instituição. Eu e meus colegas atuamos como psicólogos(as) de um serviço de Plantão Psicológico. Foi nesse espaço que encontrei o objeto que desejava pesquisar: sofrimento psíquico de estudantes universitários.

Tive uma vivência universitária satisfatória. Até hoje me lembro da época de graduação com carinho e nostalgia. Isso não quer dizer que não tenham existido momentos difíceis. A universidade pode ser, muitas vezes, hostil em diversas ordens. E reconheço ter passado por algumas situações desprazerosas. Mas esses dissabores tornavam-se pequenos comparados a tantas delícias que também encontrei no espaço universitário.

Considero que fui um estudante participativo. Fiz parte de grupos de extensão, grupos de pesquisa, participei do movimento estudantil, até fui membro do centro acadêmico do meu curso. Nestes espaços, tive acesso a diversas falas de estudantes, e diversas delas traziam algum conteúdo de sofrimento relacionado à vida acadêmica. Logo, quando entrei na extensão, as falas de sofrimentos dos estudantes não eram novas para mim, mas estar na posição de psicólogo me colocava em um lugar diferente da época em que ouvia os meus colegas. A minha escuta estava nutrida e norteada por outros saberes e sensível a outras dimensões.

É na confluência da minha história enquanto estudante universitário e da minha experiência enquanto plantonista que escrevo a minha justificativa para o projeto de pesquisa. Mas escrever uma justificativa fundamentada na sua história e nos afetos que emergem com o objeto não é o ato de se fazer pesquisador encarnado.

Eu já havia experienciado o exercício do sujeito encarnado na monografia de conclusão de curso. E, engessado na consciência da escolha do tema, pensei que o meu sujeito encarnado já estava pronto – ou semipronto. Havia identificado na minha justificativa o que, para mim, atravessava-me no tema. Mas a escrita do pesquisador encarnado convoca conteúdos que escapam de certo modo ao pragmatismo da consciência.

A pesquisa que desenvolvo no mestrado é nomeada de *(Desa)linho da Afiliação e do Laço Social: escuta do sofrimento psíquico do estudante-sujeito universitário*. E, no processo de escrita do sujeito encarnado, rememorei as cenas da minha história na universidade sobre os laços e o sofrimento. No primeiro momento, ainda estava centrado na vivência suave que tinha tido durante a graduação. Mas, ao adensar a minha escrita, recordei e me dei conta de outras situações de sofrimentos em outros espaços nos quais estava na posição de estudante.

Como disse anteriormente, já havia feito este exercício do sujeito encarnado. Parte deste texto e algumas das cenas que utilizo estão relatadas no artigo *Antes da roda era eu: perspectiva de um pesquisador encarnado nos estudos sobre homofobia* (2020). Neste texto, relato algumas cenas de exclusão escolar devido a minha performance de gênero, a qual teoricamente construo e nomeio enquanto homofobia. Nas palavras de Castel (1995), "desafiliação não é o equivalente necessariamente a uma ausência completa de vínculos, mas à ausência de inscrição do sujeito em estruturas que têm um sentido" (p. 416). A minha exclusão foi uma desfiliação.

Ao produzir o "vômito inicial" do sujeito encarnado, tive acesso a memórias e as elaborei, percebendo que os temas de laço social, filiação e sofrimento psíquico me atravessavam em outros contextos e me fazem marca. A percepção desses outros aspectos se confronta com a minha experiência na graduação. E concebo que o que me mobiliza a pesquisar está para além dos constructos conscientes que existiam na organização do projeto de pesquisa. Ao dar conta dessas outras marcas, consigo estruturar o meu olhar e a minha escuta ao objeto. Trançando a posição na qual sigo a desbravar o meu estudo, localizo os meus limites enquanto pesquisador. E situo de onde pesquiso.

d) Homem, psicólogo, negro e gay

Esta quarta e última feitura se inscreve e é escrita num processo de descoberta do próprio corpo enquanto um corpo negro e do mundo enquanto produção discursiva atravessada, dentre outras coisas, por um profundo processo de racialização. A experiência mnemônica que se instaura como marco de ruptura a uma consciência até então estabelecida acontece nos idos de 2015, em Belo Horizonte. Falo em ruptura na medida em que essa experiência pessoal acontece em paralelo com a ruptura da barragem de Mariana. São eventos que não guardam relação direta, de causação, entre si, mas que, nas coincidências e contingências da vida, auxiliaram-me no empréstimo de palavras para falar dessa experiência que tomo enquanto ruptura.

Afinal de contas, o que se rompe e o que irrompe dessa experiência? Conforme articulação construída em Messeder, Ribeiro e Carvalho (2022), onde é apresentado o trânsito da feitura de um indivíduo para um sujeito e pesquisador encarnado, a experiência de me perceber sendo visto pelo outro num espaço composto por uma maioria de pessoas brancas, ou não negras, situa-me no campo da diferença e marca uma ruptura, uma separação. Contudo, dessa experiência de separação foi possível fazer irromper memórias anteriores às quais não tinha sido possível, até aquele momento, atribuir a inscrição do racismo e da racialização dos corpos.

A cena supramencionada é carregada de diversos signos e contingências performativas que já tinham acontecido anteriormente em minha vida de formas repetidas: ser um sujeito atravessado pela negritude que transita por espaços de branquitude. A ruptura com a repetição e com o consequente processo de apagamento promovido por uma discursividade da consciência que tentava "naturalizar" tais eventos se dá na justa medida em que há um deslocamento. Naquela ocasião, houve um deslocamento geográfico, pois eu estava numa cidade outra, diferente daquela em que nasci e vivi até o presente momento. E é justamente este elemento, o deslocamento, que me parece ser relevante nesse processo que tentamos sistematizar através das formulações sujeito-agência-tema (S-A-T) e pesquisador-agência-tema (P-A-T).

O exercício mnemônico de defrontar-me com as memórias que puderam ser resgatadas a partir desta cena e que são relatadas proporcionam um furo naquilo que Gonzalez (2020) toma por consciência e que caracteriza como lugar do encobrimento. O exercício de desencobrir ao menos uma pequena parte desse material subjetivo que se encontrava encoberto e um tanto quanto ajustado nos leva a outra posição: uma encruzilhada.

Tomemos aqui o entendimento da encruzilhada como um ponto de cruzamento entre caminhos diversos. Os caminhos aqui apresentados envolvem a posição de: indivíduo social que vive em seu corpo as experiências e práticas da cultura; sujeito, no entendimento psicanalítico do termo, descentrado da consciência, atravessado por significantes e permeado de contradições e ambiguidades; e pesquisador, na tentativa de, não se desencarnando, saber-fazer e fazer-fazer ética e metodologicamente com aquilo que é pinçado como tema-objeto de investigação e pesquisa. Na medida em que esses caminhos se constituem também como vias de identificação, corre-se o risco de uma cristalização e dificuldade no trânsito, deslocamento entre uma posição e outra. É a isso que nos convoca a tentativa de feitura de um pesquisador encarnado: um constante agenciamento e deslocamento com as ambiguidades e contradições imanentes ao fazer científico.

A ruptura proporcionada pela cena vivida em Belo Horizonte fez irromper a encruzilhada que se presentifica, hoje, na feitura da pesquisa da minha dissertação do Mestrado em Psicologia na Universidade Federal da Bahia (UFBA). Pesquisar sobre o processo de constituição das identidades e identificações de pessoas negras no Brasil tem se mostrado uma grande encruzilhada. Contudo, neste processo de agenciamento, escolho ver a encruzilhada não como ponto de divisão, desvio ou de redução de possibilidades, mas como espaço de potência, de dinâmica e de movimento. Conforme nos propõe Rufino (2019), em sua formulação de uma pedagogia das encruzilhadas, expressão que é título da sua obra, "ainda que a dinâmica seja ambivalente, tanto a esquiva quanto o golpe, a defesa ou o ataque, na lógica das encruzilhadas, só é possível na ginga. Os saberes em encruzilhadas são de ginga, de fresta [...]" (p. 73). Ou seja, ainda que pareça ambivalente, ou contraditório, propor um fazer científico atravessado por essas experiências marginalizadas pela barafunda colonial, como nomeia Rufino, é exatamente nesse ponto de contradição, de encruzilhada, entre aquilo que, pela via da memória, insiste em não ser tomado como marginalizado e aquilo que, pelas vias da consciência, tenta se estabelecer como hegemônico, que podemos encontrar a ginga, um movimento para fazer-fazer a modelagem de um pesquisador encarnado.

Considerações finais

Em um momento tão distópico como o atual, fazer valer a utopia da perspectiva feminista, que nos abre o portal da possibilidade de fazer valer a ciência visionária e transformadora e, mais ainda, que nos oferta um caminho da experimentação existencial e descolonizadora entre nós aquilombados e, com efeito, nos atravessa enquanto uma relação virtuosa para se imaginar e perseguir para além de uma morte indigna via um Estado Suicidário (Safatle, 2020), é sonhar um sonho possível de muitos(as) dos(as) nossos(as) ancestrais, como nos fez recordar Mãe Stella de Oxóssi:

> Em 1910, Mãe Aninha fundou, em Salvador, na Bahia, o terreiro de candomblé Ilé Àṣ̀e Opo Afonjá, hoje mundialmente conhecido e respeitado. Mulher com a cabeça muito além de seu tempo, ela costumava dizer que queria ver seus filhos com anel no dedo servindo a ßàngó: oríṣ̀a para quem consagrou sua cabeça e patrono da Casa de Culto aos Oríṣ̀a que criou, mas que deixou de herança para todos nós, seus descendentes espirituais. Se a cabeça de Mãe Aninha foi consagrada; sua língua ganhou axé, ganhou força. Sua fala é uma sentença que seus filhos espirituais procuram obedecer e cumprir, como manda a sabedoria ancestral (Geledés, 2013).

Não importa que digam que os nossos corpos não importam, ou finjam, simulem que eles são desimportantes nos campos do Conhecimento e do Poder, da Ciência e Tecnologia. Somos resilientes e memoriados, operamos nos levantes e criamos *habitus* do fazer-fazer ciência. Somos sabedores de que requeremos a colaboração acompanhada por uma ética do cuidado não meritocrática. Essa consciência faz com que possamos recuperar o nosso corpo no ato de se construir ou pretender produções de conhecimento que se desdobrem em quaisquer tecnologias construídas através de caminhos abertos ou mesmo na dinâmica da encruzilhada.

A escrita encarne deste texto oportunizou nos conhecermos e nos identificarmos enquanto quatro comuns, por conta do nosso aquilombamento. O nosso quilombo da "patrulha científica", com afetos positivos e negativos escancarados, enche-nos de um sentido, ele se faz e refaz como um oásis; por vezes, apresenta-se aparentemente como algoz, afinal, por mais que apostemos em um outro rigor para se construir conhecimento científico, sabemos que não podemos nos dar ao luxo de não controlar os rigores da cientificidade. Entretanto, para quem, como nós, vivencia experiências e dores psíquicas dos insultos diários, sobretudo daqueles que sofrem pela carne e são posicionados estruturalmente e marcados para permanecerem fora da roda. Nossas memórias nos levam aos calabouços dos que vivenciam performances de gênero não normatizadas, dos mancos, aleijados e pretos, das lésbicas, dos gays, e, para nós, a vingança não é um ato em movimento, mas, sim, a justiça.

Nós, subalternizados(as), fomos interpelados(as) sobre a possibilidade de falarmos. E 'sim' foi a reposta. Nós, aquilombados(as), devemos não somente tagarelar, mas nos apropriarmos do ato comum de investirmos no fazer-fazer científico nosso de cada dia. E é desta forma que nos afirmamos, articulando-nos com a política das Ações Afirmativas no âmbito da Universidade Pública.

Referências

BOAVENTURA, Lenon. Antes da roda era eu: perspectiva de um pesquisador encarnado nos estudos sobre homofobia. *In*: MESSEDER, Suely; NASCIMENTO, Clebemilton. *Pesquisador(a) Encarnado(a)*: experimentações e modelagens no saber fazer das ciências. Salvador: EDUFBA, 2020. p. 333-348.

CASTEL, Robert. *As metamorfoses da questão social*. Petrópolis: Vozes, 1995.

DISCURSO de posse de mãe Stella de Oxóssi na cadeira nº 33 da Academia de Letras da Bahia. *Géledes*, São Paulo, 14 set 2013. Disponível em: https://www.geledes.org.br/discurso-de-posse-de-mae-stella-de-oxossi-na-cadeira-n-33-da-academia-de-letras-da-bahia/. Acesso em: 27 maio 2024.

FREUD, Sigmund. Recordar, repetir e elaborar (1914). *In*: FREUD, Sigmund. *Observações psicanalíticas sobre um caso de paranoia relatado em autobiografia*: ("O caso Schreber"): artigos sobre técnica e outros textos (1911-1913). São Paulo: Companhia das Letras, 2010. p. 193-209.

GONZALEZ, Lélia. Racismo e sexismo na cultura brasileira. *In*: RIOS, Flávia; LIMA, Márcia (org.). *Por um feminismo afro-latino-americano*: ensaios, intervenções e diálogos. Rio de Janeiro: Zahar, 2020. p. 75-93.

HARAWAY, D. Saberes localizados: a questão da ciência para o feminismo e o privilégio da perspectiva parcial. *Cadernos Pagu*, [S. l.], n. 5, p. 7-41, 2009. Disponível em: https://periodicos.sbu.unicamp.br/ojs/index.php/cadpagu/article/view/1773. Acesso em: 27 maio 2024.

HARDING, Sandra. Rethinking standpoint epistemology: "What is 'strong objectivity'?". *In*: ALCOFF, Linda Martin; POTTER, Elizabeth (org.). *Feminist epistemologies*. New York: Routledge, 1993. p. 49-82.

HARTSOCK, Nancy. The feminist standpoint: toward a specifically feminist historical materialism. *In*: MCCANN, Carole; SEUNG-KYUNG, Kim. *Feminist theory reader*: local and global perspectives. New York: Routledge, 2003. p. 292-307.

HESSE-BIBER, Sharlene. *Feminist research practice*: a primer. Los Angeles: Sage, 2013.

INSTITUTO Humanitas Unisinos (São Leopoldo). Achille Mbembe: "a era do humanismo está terminando". 2017. Disponível em: https://www.ihu.unisinos.br/78-noticias/564255-achille-mbembe-a-era-do-humanismo-esta-terminando. Acesso em: 27 maio 2022.

LAURETIS, Teresa de. A tecnologia do gênero. *In*: HOLLANDA, Heloisa (org.). *Tendências e impasses*: o feminismo como crítica da cultura. Rio de Janeiro: Rocco, 1994. p. 206-242.

LONGINO, Helen. Subjects, power, and knowledge: description and prescription in feminist philosophies of science. *In*: ALCOFF, Linda Martin; POTTER, Elizabeth (org.). *Feminist epistemologies*. New York: Routledge, 1993. p. 101-120.

MESSEDER, Suely Aldir. Em cena o(a) pesquisador(a) encarnado(a): um conceito e/ou um instrumental teórico-metodológico em seu devir ético e estético. *In*: MESSEDER, Suely Aldir; NASCIMENTO, Clebemilton (org.). *Pesquisador(a) encarnado(a)*: experimentações e modelagens no saber fazer das ciências. Salvador: EDUFBA, 2020.

MESSEDER, Suely Aldir. Os/as professores/as da educação básica e as sexualidades: uma experiência narrada a partir do Enlaçando Sexualidades no estado da Bahia. *Teoria e Prática da Educação*, [S. l.], v. 17, p. 119-125, 2022.

MESSEDER, Suely Aldir; RIBEIRO, Cauê do Nascimento; CARVALHO, Margarete. A construção do/a pesquisador/a encarnado/a em uma universidade pública e periférica: experimentações e modelagens no saber fazer das ciências corporificadas. *In*: MARIM, Caroline; CASTRO, Susana de (org.). *Estudos em Decolonialidade e Gênero v. II*. Rio de Janeiro: Ape'Ku, 2022. p. 27-60.

NASCIMENTO, Abdias. Documento 7: o quilombismo. *In*: NASCIMENTO, Abdias. *O quilombismo*: documentos de uma militância pan-africanista. 3. ed. Rio de Janeiro: Editora Perspectiva, 2019. p. 271-312. Com prefácio de: Kabengele Munanga; Texto de: Elis Larkin Nascimento e Valdecir Nascimento.

ROUDINESCO, Elisabeth; PLON, Michel. *Dicionário de psicanálise*. Rio de Janeiro: Zahar, 1998. Tradução de: Vera Ribeiro; Lucy Magalhães.

RUFINO, Luiz. *Pedagogia das encruzilhadas*. Rio de Janeiro: Mórula, 2019.

SILVA JUNIOR, Nelson da. O Brasil da barbárie à desumanização neoliberal: do "Pacto edípico e pacto social" de Hélio Pelegrino ao "E daí?" de Jair Bolsonaro. *In*: DUNKER, Christian; SILVA JUNIOR, Nelson da; SAFATLE, Vladimir (org.). *Neoliberalismo como gestão do sofrimento psíquico*. São Paulo: Autêntica, 2020. p. 255-282.

3ª PARTE

Problematizando os desafios e as dinâmicas dos territórios criativos

O show tem que continuar: a relação dos palcos de pequeno e médio porte com o ecossistema musical da cidade do Rio de Janeiro

Maria Luísa Z. Guarisa
João Luiz de Figueiredo

Introdução

Segundo relatório publicado pela Music Venues Taskforce em 2015, 35% das casas de shows de pequeno e médio porte de Londres fecharam suas portas permanentemente entre os anos de 2007 e 2015. Esse dado, que poderia facilmente ser relacionado ao período da pandemia de Covid-19, revela que as dificuldades enfrentadas por esses equipamentos culturais não são uma novidade. Em diversos países, antes do período pandêmico, casas de shows de pequeno e médio porte já vinham enfrentando dificuldades que, por um lado, resultaram no encerramento de suas atividades e, por outro, incentivaram a busca por soluções para tal problema.

Por compreender que esses estabelecimentos são um elemento fundamental para a regeneração de áreas urbanas, para o turismo local, para a manutenção da cena musical local, para a movimentação econômica da cidade, entre outros fatores diversos, o prefeito de Londres convocou uma força-tarefa, a Music Venues Taskforce, para identificar as razões para o crescente fechamento das *grassroots music venues*.[53] Como consequên-

[53] De acordo com o Dicionário Cambridge (Grassroots, 2020), o adjetivo "grassroots" pode ser traduzido como "de base", como em movimentos políticos de base – que possuem como fundação a população. Se traduzíssemos literalmente a expressão "grassroots music venues", teríamos algo semelhante a locais de performances musicais de base. Isto é, locais formados geralmente por artistas em desenvolvimento. A título de reflexão, propõe-se a ponderação sobre o fato de uma base ser algo que sustenta uma estrutura,

cia desse processo, criou-se em 2014 a Music Venue Trust (MVT), uma organização sem fins lucrativos que visa à proteção e ao fortalecimento a longo prazo de palcos pequenos e médios, fornecendo consultorias e dados aos donos desses empreendimentos e representando o setor junto ao governo, a autoridades locais e à própria indústria da música. A MVT organizou em 2015 a Music Venues Alliance, uma rede composta de mais de 500 palcos de todo o Reino Unido que atua de forma a vencer as dificuldades que esses empreendimentos enfrentam. Além da iniciativa da MVT, é possível enumerar outras que ocorreram em todo o mundo, como a criação do Instituto de la Musica (INAMU)[54] em 2013 na Argentina com vistas a melhorar a produção, circulação e difusão de artistas no país, o pacote de investimentos lançado em 2016 na Alemanha para palcos de pequeno e médio porte, além de iniciativas semelhantes na Holanda, Dinamarca, França, Austrália e Noruega.

No Brasil, mais especificamente na cidade do Rio de Janeiro, o histórico não é muito diferente. Na ausência de dados oficiais, documentos jornalísticos já tratavam do fechamento dessas casas, sendo algumas delas icônicas: Cunha (2016) questionou o encerramento das operações de mais de dez casas em um período inferior a dez anos; Pimentel (2017) tratou do fechamento do Bar Semente, revelador de inúmeros artistas de samba desde a década de 1990; e Mendes (2018) debateu as dificuldades financeiras do icônico Beco das Garrafas, um dos berços da Bossa Nova. Inspirada nas iniciativas ao redor do mundo, em 2017, foi criada a rede Palcos do Rio. A entidade chegou a reunir mais de 40 casas de pequeno e médio porte, e tem entre seus objetivos organizar meios de captação de patrocínio privado, promover eventos coletivos e fortalecer

---

como um alicerce. Transpondo para os locais de música ao vivo de base, podemos identificar tais estabelecimentos como um apoio fundamental para a renovação artística da indústria da música.

[54] O INAMU é um órgão público específico para o fomento da atividade musical no país, em especial da música ao vivo, e possui iniciativas como o Circuito Estable de Música en Vivo, uma rede de estabelecimentos de música ao vivo conveniadas ao INAMU com o objetivo de facilitar a circulação de shows nesses espaços. Ademais, eles também recebem ferramentas que otimizam as condições de segurança do espaço, capacitações, possíveis ajudas econômicas e a difusão de suas atividades nas redes sociais e na televisão pública do país.

a comunicação das casas, assim como sua relação institucional com órgãos públicos.

Boa parte das dificuldades enfrentadas por esses espaços ocorreu e segue ocorrendo em função de algumas características econômicas do negócio, como a estrutura de custos e a limitação dos ganhos de escala, além de fatores externos específicos de cada território, como os problemas de mobilidade e de violência urbana da cidade do Rio de Janeiro. Somado a isto, observa-se uma tendência dos consumidores em priorizarem espetáculos de artistas com amplo reconhecimento em casas de grande porte ou em festivais, como o Rock in Rio (maior festival do Brasil e um dos maiores do mundo), que por sua vez oferecem uma imersão na experiência do entretenimento além da apresentação musical em si. Em 2020, as dificuldades foram potencializadas pelos efeitos da pandemia de Covid-19 – estima-se uma perda de público mensal de 130 mil pessoas das casas de pequeno e médio porte cariocas e um prejuízo de 6 milhões de reais mensais como consequência da pandemia em seus primeiros meses no ano de 2020, de acordo com levantamento realizado pela Rede Palcos do Rio. O fechamento das casas de shows de pequeno e médio porte implica a redução de espaços para apresentação de novos talentos e de expressões musicais menos comerciais. Isso se configura em um problema complexo a ser enfrentado, pois pode dificultar a reprodução cultural de expressões musicais fora do universo *mainstream*, limitar a renovação estética e simbólica da música e impedir o desenvolvimento de novas carreiras musicais (Guarisa; Figueiredo, 2022). Logo, torna-se relevante discutirmos a importância desses estabelecimentos dos pontos de vista econômico e cultural, assim como o papel que desempenham na indústria da música e na vida urbana de uma grande cidade como o Rio de Janeiro, para sermos capazes de avaliar a necessidade de construção de alguma política específica para o setor.

O ecossistema como foco do desenvolvimento de uma cidade criativa

Para reforçar o papel das casas de shows ao vivo de pequeno e médio porte, recorremos ao trabalho de Cohendet, Grandadam e Simon (2010) sobre a "anatomia da cidade criativa", que consiste na discussão acerca das dinâmicas criativas de uma região como um processo coletivo, existente a partir da colaboração entre uma complexa rede de organizações heterogêneas que se organizam em diferentes camadas de atuação, mas que compartilham de uma mesma plataforma geográfica. Essas camadas interrelacionadas são responsáveis pela geração de ideias criativas, as quais transitam de um nível micro, mais informal, a um macro, mais formal, e vice-versa. Os autores dividem esses níveis em: *upperground*, *underground* e *middleground*.

O nível do *upperground* é caracterizado pela presença de empresas e instituições formais capazes de lançar novos produtos e serviços criativos no mercado. Já o *underground* é composto de atividades culturais, artísticas e criativas que ocorrem fora de organizações formais. Geralmente são indivíduos que compartilham de uma identidade ou estilo de vida comum e que exploram novas formas de experimentação capazes de ditar a trajetória da cultura e da arte de determinada época ou região. O *middleground*, por sua vez, é um nível intermediário que conecta o *upperground* ao *underground*, pois transita entre os dois universos. Esta é uma camada fundamental para os processos criativos, pois é ela que estrutura a espontaneidade do *underground*, de modo que ele possa ser interpretado e compreendido pelo mercado. Conforme a Figura 1 expõe, todas as camadas se relacionam de alguma forma, seja através da codificação feita pelo *middleground*, seja por movimentos do *upperground* diretamente para o *underground* e vice-versa.

Figura 1 – Anatomia da cidade criativa

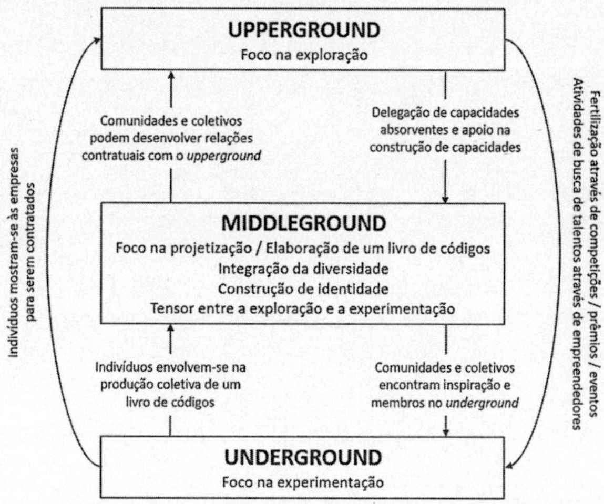

Fonte: Cohendet, Grandadam e Simon, 2010, p. 100

Ao analisarmos a importância das casas de pequeno e médio porte no ecossistema musical de uma cidade, identificamos seis funções (Guarisa; Figueiredo, 2022, p. 199).

Berço para artistas

Visto que muitos shows em palcos pequenos e médios não dão lucro, o principal objetivo dos artistas não é sobreviver financeiramente com o faturamento destes shows (apesar de o ideal ser cobrir, pelo menos, o custo básico da produção). Isso acaba dando lugar à função de serem espaços para que artistas circulem e testem seus projetos, formem e trabalhem seu público, ganhem experiência e experimentem.

Status

Algumas casas de pequeno e médio porte funcionam como um selo de qualidade, ou uma "vitrine" para artistas e projetos, como um certificado de que quem toca em determinado local é mais valorizado.

Retorno econômico

Movimentam economicamente a cidade através do pagamento de impostos e da promoção de eventos que impactam toda uma cadeia produtiva, desde transportes privados e públicos ao setor turístico e ao consumo da população em geral. Geram externalidades positivas para o Rio de Janeiro, tanto para frequentadores quanto para não frequentadores desses palcos (Guarisa, Figueiredo; Machado, 2023).

Segurança

Podem trazer mais segurança para a região em que estão localizados, já que aumentam a circulação de pessoas em seu entorno.

Cultura e entretenimento

Fomentam a vida cultural da cidade, sendo parte da identidade e do entretenimento carioca. São mantenedores não só de um circuito cultural pujante, como também da própria experiência que os shows de pequeno e médio porte em si proporcionam. Como observado por Frith (2007), a experiência da música ao vivo é essencial para a mitologia da música popular e, consequentemente, diversas casas de shows são responsáveis pela expressão do que ele se refere como "alma musical" local.

Formação de cena

Possuem papel importante, ao longo da história, na formação de cenas musicais. As casas dão espaço à experimentação e à liberdade criativa, o que, organicamente, pode suscitar novas estéticas e movimentos.

Diante das funções descritas, podemos verificar que as casas de pequeno e médio porte se enquadram tanto na camada do *underground*, quanto do *middleground*. No *underground*, pois são espaços abertos à experimentação, à geração de novas ideias, gêneros e ritmos e à criação em geral, abrigando artistas em início de carreira e recebendo novos projetos e parcerias. Neste nível, dialogam com coletivos de arte, saraus e outros eventos locais que propiciam a formação de novas cenas e circuitos musicais fora do eixo comercial na cidade. Ao mesmo tempo, as casas, dependendo do seu porte, dos artistas que já passaram por ela e da sua programação, também podem se encaixar no *middleground*, pois são locais que conectam novos artistas e movimentos artísticos do *underground* às instituições formais do *upperground*. Nesta camada, enquadram-se casas que são "vitrines", pois conseguem facilitar o acesso de artistas a grandes festivais com bons cachês e, eventualmente, a selos, gravadoras e grandes empresários artísticos. É interessante observar que a mesma casa pode transitar entre as duas camadas de acordo com a programação do dia. Por exemplo, em alguns dias da semana o estabelecimento pode abrir mais espaço para a experimentação e, aos fins de semana ou em dias que atraem mais público, promoverem bandas novas para que elas formem mais público. No *middleground*, também se encontra a rede Palcos do Rio, pois é uma entidade que dialoga com agentes públicos e grandes marcas localizadas no *upperground*, levando projetos, propostas e as necessidades das casas de shows de pequeno e médio porte.

Visto que os palcos de pequeno e de médio porte são muito heterogêneos entre si em função de suas localizações, público e gênero musical, dentre outros fatores, eles podem possuir características e papéis comuns no geral, mas contam com subdivisões fundamentais de serem aprofundadas para o mapeamento das dinâmicas do ecossistema. Identificamos, por exemplo, uma subdivisão dentro do segmento de pequeno porte: casas com capacidade para menos de 100 pessoas e entre 101 e 350. Outra identificação fundamental foi uma aparente falta de casas de médio porte na cidade, o que acaba fazendo com que as pequenas abram espaço para artistas um pouco mais consolidados que poderiam tocar em palcos maiores, e isso acaba dificultando o acesso aos que estão em início de carreira. Isso reforça a importância de compreender o setor sob diversas óticas, seja das casas com menos de 100 lugares, entre 101 e 350, da fatia intermediária, dentre outras possíveis subdivisões que diversificam e estratificam os circuitos musicais, reafirmando que não necessariamente há uma dualidade de casas que recebem artistas apenas do *mainstream* ou do *underground*, mas existem nichos e diferentes camadas de atuação que se interrelacionam. É provável que novas subdivisões, principalmente dentro do que é considerado médio porte, existam, tornando-se um possível aprofundamento para futuros estudos e para o entendimento do setor.

Valor cultural dos palcos de pequeno e médio porte na cidade do Rio de Janeiro

Em estudo sobre o valor sociocultural da música ao vivo, Van der Hoeven e Hitters (2019) identificaram três dimensões de análise com o objetivo de concretizar a manifestação desses valores dentro do ecossistema da música ao vivo: criatividade musical, desenvolvimento de talentos e vibração cultural. Aqui, vamos nos propor à tangibilização do valor cultural gerado pelas casas de shows de pequeno e médio porte da cidade do Rio de Janeiro, com base nas dimensões propostas pelos autores.

Vibração cultural

A vibração cultural captura o papel da música ao vivo em relação à cultura urbana em geral, contribuindo para uma oferta cultural mais rica e diversa da cidade. Portanto, diz respeito à conexão da cena da música ao vivo ao setor cultural da cidade, assim como suas contribuições para a manutenção dessa ecologia cultural. Em uma ecologia musical vibrante, as organizações musicais se conectam a outros atores culturais da cidade, promovendo diferentes tipos de atividade cultural, tanto em seus estabelecimentos quanto no espaço público. Utilizamos três indicadores que auxiliam na identificação da vibração cultural promovida pelos palcos de pequeno e médio porte: a frequência de shows que promovem, suas diversidades musicais e o desenvolvimento de eventos de outras atividades culturais ou em parceria com outras organizações culturais.

Com base nos dados das casas parceiras da rede Palcos do Rio, em 2019 foram 920 mil pessoas transitando pelas casas e mais de 1400 shows no ano. São estabelecimentos que tendem a promover mais shows ao longo do ano, se comparados a palcos de maior porte, justamente pela estrutura ser mais enxuta para um funcionamento regular. Logo, acabam promovendo shows quase todos os dias da semana, enquanto grandes palcos focam em eventos próximos aos fins de semana.

Em relação aos gêneros musicais oferecidos, observa-se uma tendência de as casas trabalharem com nichos musicais e os artistas, por sua vez, parecem tocar em locais com foco nesses gêneros. No entanto, apesar de serem percebidas, e muitas vezes se posicionarem, como locais relacionados a determinada estética musical, boa parte das casas, na prática, permitem-se ampliar os estilos que abrigam e, inclusive, muitas entendem-se como palcos de espectro mais amplo – como o recorte de "música não comercial" ou de "palco de lançamento".

Por fim, no que se refere à programação, há casas que dividem shows com outras atividades, como peças de teatro, exposições de arte, cursos, além de feiras eventuais, e entendem-se como centros culturais. Outras casas, apesar de não focarem suas programações em atividades não relacionadas diretamente à música, também promovem alguns eventos que ampliam sua atuação, porém isso não é algo que se vê acontecendo com frequência, já que muitas vezes o espaço físico restrito dos estabelecimentos, principalmente os que têm capacidade para menos de 100 pessoas, acaba não comportando diferentes tipos de evento. Quando o assunto é iniciativas fora dos estabelecimentos, adentra-se em um debate muito voltado para o território em que as casas estão inseridas. Há relatos de eventos pontuais feitos fora das casas, como feiras na rua com atividades culturais e de entretenimento, mas não é algo recorrente. Nesse caso, um dos fatores que potencializam a falta desse tipo de iniciativa é o desafio de conseguir patrocínios e investimentos. Assim, ainda há espaço para avanços na conexão das casas de shows com outros atores culturais da cidade.

A partir dos indicadores analisados, entende-se que esses estabelecimentos contribuem bastante para a dinâmica cultural da cidade. A frequência de shows ofertados nos mostra que os palcos de pequeno e médio porte no Rio de Janeiro são atores importantes para a agenda cultural da cidade, principalmente no que tange à quantidade de eventos musicais disponíveis ao longo da semana para a população carioca e para turistas que passam pela cidade – complementando a movimentação cultural advinda de palcos de grande porte, que tende a se concentrar nos fins de semana. Também complementam a existência de palcos maiores em sua diversidade de artistas e gêneros musicais, pois tendem a oferecer opções de consumo cultural fora do circuito comercial, enquanto estas tendem a abrigar artistas mais estabelecidos.

Criatividade musical

A criatividade musical, por sua vez, é uma dimensão associada à performance musical não necessariamente relacionada a uma busca pelo sucesso comercial, mas que está ligada à experimentação, à descoberta de novos gêneros e estilos musicais e à inspiração para o processo criativo do público e de outros músicos.

Como já discutimos anteriormente, os palcos de pequeno e médio porte possuem um papel central na formação de artistas, o que, consequentemente, fomenta novas estéticas e circuitos musicais. Portanto, identifica-se não apenas a formação de novos artistas nesses estabelecimentos, mas, junto deles, o desenvolvimento de novas parcerias, experimentações, estéticas e possíveis cenas. A Audio Rebel, por exemplo, casa localizada no bairro de Botafogo, promovia o Quintavant, um coletivo que se tornou evento recorrente na casa e que depois virou um selo com mais de 30 álbuns lançados.

No entanto, observamos na coleta de dados mais exemplos do passado, de casas que já fecharam suas portas, mas que foram importantes formadoras de cenas e novas estéticas musicais no Rio de Janeiro. O Garage, casa que se localizava na região da Praça da Bandeira, é bastante lembrada por estimular entre as décadas de 1980 e 1990 a cena de rock e hip hop na cidade. Por ela, passaram bandas como Matanza, Planet Hemp, Angra, Los Hermanos, entre outras. Dando sequência à cena de rock da cidade na década de 1990 e no início da década de 2000, a cena de rock que se formava vinha com forte influência do punk rock californiano, que crescia na época, e se estruturou em torno de novos circuitos de extintas casas na região da Zona Sul do Rio de Janeiro, como o Casarão Amarelo, Cachanga, Cinemathèque, Ballroom, Scala, além de outras como o Teatro Odisseia, que se localizava no centro da cidade. Em paralelo a uma cena ligada ao rock, também foi mencionado o extinto Bar Semente e sua importância para a formação de artistas, como Teresa Cristina, e de novos movimentos dentro da música brasileira, do samba e da música instrumental.

Em suma, ao longo de sua história, os palcos podem ser vistos como pontos de estímulo à criatividade musical. Essa criatividade está muito atrelada à possibilidade de experimentação, o que pode suscitar uma nova cena, mas, independentemente de essa formação de um novo movimento musical ocorrer ou não, há, de qualquer forma, uma oxigenação e uma constante renovação de ideias, parcerias e projetos.

Desenvolvimento de talentos

O desenvolvimento de talentos, por fim, é a dimensão referente à capacidade dos palcos de pequeno e médio porte de fornecerem espaço para o desenvolvimento das habilidades e da carreira de músicos em ascensão, assim como de técnicos de som e de luz e de outras profissões relacionadas à performance ao vivo.

No geral, identificamos que os palcos abrigam, principalmente, cinco perfis de artistas: (i) em início de carreira, que ainda estão se lançando e não possuem reconhecimento do grande público; (ii) já possuem certa audiência em outras cidades, estados ou países e buscam formar público no Rio de Janeiro; (iii) trabalham com música há anos, muitas vezes como instrumentistas que acompanham cantores consagrados, e não atraem o grande público ao apresentarem seus próprios projetos; (iv) possuem carreira estabelecida dentro de um nicho, como a música instrumental ou a música clássica, portanto não atingem um grande público; (v) possuem carreira estabelecida para o grande público e fazem shows em casas de grande porte, mas em paralelo também estão presentes em palcos menores por não apresentarem a obrigação de atrair um grande público, o que permite liberdade de experimentação de novos projetos, por exemplo.

Quando o assunto é sobre técnicos que trabalham nas casas, cada local tem sua particularidade, porém grande parte possui seu próprio técnico de som de alguma forma, seja contratado, seja um dos sócios que atua como técnico (algo relativamente comum). Técnicos de luz, por sua vez, estão mais presentes em casas de médio porte e não nas de pequeno. Desse modo, não é possível generalizar as casas de shows de pequeno e médio porte, já que podem possuir estruturas muito distintas e, consequentemente, há as que focam mais no bar e outras menos; portanto, o perfil dos técnicos e os equipamentos de som presentes nas casas também variam. Porém, percebe-se que parte destes estabelecimentos funciona justamente como locais de início e como aprendizado e qualificação para alguns técnicos em formação.

Em síntese, verificamos que as casas de shows privadas de pequeno e médio porte do Rio de Janeiro se enquadram nas três dimensões analisadas, as quais se interligam e geram valor cultural para a cidade. Por serem espaços muito abertos à experimentação e à novidade, as casas recebem, em sua maioria, artistas em início de carreira, mas, em alguns casos, músicos já estabelecidos. Desse modo, são locais de desenvolvimento de novos talentos e de fomento à constante inovação de músicos de maior porte, propiciando a formação de novas parcerias e de novas estéticas musicais e, consequentemente, fomentando a criatividade musical. Todo esse cenário, somado a uma frequência quase diária de shows, além de uma programação que oferece diversos estilos e movimentos musicais e, eventualmente, outras iniciativas culturais, fazem desses estabelecimentos agentes que mantêm uma vibração cultural pulsante da cidade. Identifica-se um potencial ainda maior de geração de valor cultural por parte das casas a partir do momento em que se relacionam cada vez mais com o território em que se inserem e com outros agentes culturais da cidade.

É claro que também existe a possibilidade de geração de externalidades negativas, como barulho, aumento do preço de aluguéis na região e uma possível gentrificação do entorno. Esses efeitos negativos são fundamentais para o debate, pois reforçam a importância da compreensão, especialmente por parte de entidades públicas, em relação aos diferentes impactos desses palcos e como políticas públicas devem ser estudadas de maneira cuidadosa, de modo que um bem-intencionado incentivo não se torne um malefício para moradores de determinada região.

Para não finalizar: considerações para a continuidade das casas de pequeno e médio porte

A partir da discussão aqui proposta e de trabalhos anteriores (Guarisa; Figueiredo, 2022), compreende-se que os palcos de pequeno e médio porte possuem papel fundamental para o funcionamento do ecossistema musical da cidade, principalmente por serem espaços abertos à experimentação, à geração de novas ideias, gêneros e ritmos e à criação em geral, já que abrigam muitos artistas em início de carreira, recebem novos projetos e parcerias, assim como, em alguns casos, também músicos já estabelecidos. Atuam, assim, tanto na formação de base de artistas quanto na facilitação para que estes alcancem novos patamares em suas carreiras, e acabam dialogando com atores de diferentes níveis da anatomia da cidade. Ao assumirem funções de berço de artistas e de formadores de cena, relacionam-se com a camada *underground*, enquanto também podem servir como ponte para o *upperground* ao serem reconhecidos como um selo de qualidade, uma vitrine para artistas e projetos.

O papel relevante que possuem no ecossistema, somado ao fomento da vida cultural e de entretenimento da cidade, sugere uma alta geração de valor cultural e de externalidades positivas desses estabelecimentos para o Rio de Janeiro. Colaboram para a vibração cultural com mais opções de cultura e entretenimento, para a criatividade musical e para o desenvolvimento de talentos, além de promoverem retorno econômico e segurança através do aumento de circulação de pessoas. Como mencionado, também existe a possibilidade de geração de externalidades negativas, que são fundamentais para o debate, pois evidenciam a necessidade de reconhecimento dos palcos como equipamentos culturais e de compreensão de suas dinâmicas produtivas para que políticas adequadas e direcionadas sejam colocadas em prática. A criação da rede Palcos do Rio e sua articulação junto a órgãos públicos e instituições privadas de diversas iniciativas indica um movimento das casas como um coletivo para avançar nestas questões.

Em outras palavras, uma cidade que se entende como uma cidade musical precisa adensar o seu ecossistema da música. Mais importante que a existência de casas icônicas, o ecossistema deve ser percebido como a fonte de inovação e de desenvolvimento do setor. Nessa perspectiva, a ideia de Adner (2017), que define os ecossistemas como uma estrutura de um conjunto de atores multilaterais que precisam interagir para materializar uma determinada proposição de valor, serve como guia direcionador para a geração de políticas públicas orientadas para o seu fortalecimento. De modo que, ao passarmos o foco para o fortalecimento do ecossistema produtivo, entendemos que o objetivo das políticas públicas não é ter uma ou poucas empresas vencedoras, mas um ecossistema que irá se retroalimentar pelas forças de interdependência entre as empresas de um mesmo setor e de outros da economia criativa. Esse foco nos ajuda a eliminar algumas dicotomias comumente apresentadas nos debates sobre as políticas para a economia criativa, como aquelas que opõem cultura a economia criativa e projetos hegemônicos a projetos independentes (Figueiredo, 2023).

Embora entendamos a importância do foco das políticas públicas no fortalecimento do ecossistema, não devemos desconsiderar as inúmeras dificuldades enfrentadas pelos gestores das casas de shows de pequeno e médio porte cariocas, as quais podemos agrupar em duas grandes dimensões interdependentes: a gestão dos estabelecimentos em si e a atração do público. As dimensões abrangem fatores relacionados tanto a questões internas ao negócio quanto a questões externas, e é importante reforçar que muitas dessas dificuldades podem variar de acordo com o território em que o estabelecimento se insere. Em relação à gestão dos estabelecimentos, os principais fatores de dificuldade são a baixa entrada de receita comparada ao volume de despesas, entraves públicos, burocracia, problemas com a vizinhança ou com poderes paralelos locais (como milícias ou o tráfico) e falta de capacitação técnica dos gestores dos estabelecimentos. Já o desafio de atração de público pode estar ligado a sazonalidades, localização e mobilidade urbana, violência urbana, crise econômica, eventos gratuitos no espaço público, cultura carioca de não se pagar por ingresso e de lista VIP, valorização de experiências multissensoriais e de outros tipos de entretimento.

Em relação à gestão do negócio, fica evidente que os donos desses estabelecimentos tendem a ser artistas ou a possuir formação profissional em outras áreas não necessariamente ligadas à gestão de um negócio. Portanto, é comum observar que muitos foram aprendendo a gerir seus estabelecimentos na prática, assim como a criar maneiras de solucionar seus problemas. Isso pode estar intimamente associado a dificuldades no gerenciamento das casas como um todo – desde sua gestão financeira e soluções de marketing para atração do público, até propostas de novos modelos de funcionamento mais sustentáveis. Além disso, as dificuldades advindas da falta de capacitação muitas vezes são potencializadas pelo fato de os estabelecimentos serem geridos por um ou dois sócios que se dividem em diversas funções. Principalmente em casas com capacidade para menos de 100 pessoas, em que a equipe tende a ser terceirizada, a gestão da casa é feita praticamente em sua totalidade pelos sócios.

Diante de seu papel relevante dentro do ecossistema musical da cidade e de suas dificuldades para se manterem em funcionamento, a pergunta que surge é: o que fazer para que o cenário de fechamento das casas não se perpetue? Antes de mais nada, o debate por si só, como nos propusemos a fazer aqui e em trabalhos prévios (Guarisa; Figueiredo, 2022; Guarisa; Figueiredo; Machado, 2023), fornece um ponto inicial a ser utilizado como base para aprofundamentos e para tomadas de decisão por parte das próprias casas. A capacitação técnica dos gestores, por exemplo, faz-se essencial não apenas para o funcionamento mais eficiente dos negócios, como também para o desenvolvimento de estratégias que amenizem os impactos de fatores externos. Por exemplo, uma forma de trabalhar em cima do possível desinteresse da população, o qual se relaciona à preferência por experiências mais multissensoriais e voltadas para o entretenimento, é o estudo de novos modelos de evento, compreendendo tendências que vêm se desenhando com a nova geração, como a ampliação dos circuitos de dança ou a oferta de outros tipos de estímulo. Nesse sentido, é fundamental que seus gestores compreendam cada vez mais o comportamento de seus respectivos públicos para que possam revisar suas estratégias de comunicação e divulgação. Propõe-se também como oportunidade de avanço um estudo mais aprofundado da rede Palcos do Rio como forma de compreender modelos de rede, de gestão e de governança que se encaixem nesta instituição, já que, inspirada na Music Venue Trust do Reino Unido, esta entidade tem o potencial de se tornar um intermediário importante não apenas junto ao poder público e privado, mas também junto à população, tornando-se um canal de comunicação que facilite o contato com o público, posicionando-os cada vez mais como equipamentos culturais que beneficiam a cidade, ampliando a percepção positiva das pessoas e, consequentemente, seu interesse em frequentá-los.

Entendemos que qualquer caminho aqui proposto possa soar relativamente simples, mas, em meio a desafios quase diários de gestão e de funcionamento dos palcos, incorporar qualquer mudança não é tarefa fácil. Por isso as soluções devem ser tratadas de maneira coletiva, partindo do entendimento público e privado de que, sem o reconhecimento destes equipamentos como promotores de valor cultural e econômico para a cidade e seu ecossistema musical, dificilmente veremos avanços substanciais no setor a médio e longo prazo.

> Nesses lugares físicos que se criam encontros e eventos que fazem a gente repensar o mundo, então se você não tem esse lugar que converge uma interação artística, você está assassinando a visão de mundo, vai dar nisso, as pessoas ficam menos abertas, menos tolerantes, menos trocas de ideias, fica uma coisa muito mecânica. Então nas casas de show é onde convergem pessoas que pensam coisas novas e criam e aí até o pessoal que não é artista. Ela fomenta ideias, pensamentos, vida,

emoção. É de vital importância, tem que ter mais. E o show é sagrado. Eu acho se você juntar pessoas para se conectarem com a música, que é pra mim o máximo de proximidade que a gente consegue ter com algum sentido maior de consciência e integração com o todo, é na música que muitas vezes você vai despertar um sentimento que você não sabe dar nome ou uma conexão com uma coisa maior totalmente abstrata. Acho que é muito poderoso quando você observa pessoas tocando instrumentos, vibrando ondas sonoras, da corda ao bumbo, da voz a qualquer coisa que você produza sonoramente e conecte com várias pessoas que estão no mesmo lugar, recebendo essa onda abstrata boa e sentindo junto [...]. O show nos integra e conecta, faz com que nos percebamos mais próximo do outro, por isso vejo o show como sagrado e por isso falei das pessoas que fazem acontecer esse ritual e você não vê, que são tão importantes quanto.[55]

Referências

ADNER, Ron. Ecosystem as structure: an actionable construct for strategy. *Journal of Management*, v. 43, n. 1, p. 39-58, jan. 2017.

COHENDET, Patrick; GRANDADAM, David; SIMON, Laurent. The anatomy of the creative city. *Industry and Innovation*, v. 17, n. 1, p. 91-111, fev. 2010. Disponível em: https://doi.org/10.1080/13662710903573869. Acessado em: 28 maio 2024.

CUNHA, Gustavo. Em menos de uma década, mais de dez casas de show fecharam no Rio. *O Globo*, Rio de Janeiro, 19 mar. 2016. Disponível em: https://oglobo.globo.com/cultura/musica/emmenos-de-uma-decada-mais-de--dez-casas-de-show-fecharam-no-rio-18918355. Acesso em: 28 maio 2024.

FIGUEIREDO, João Luiz de. O ecossistema produtivo como foco das políticas públicas de fortalecimento da economia criativa. *In*: CARNEIRO, J; BARON, L. (org.). *Viver de cultura*. Niterói: Prefeitura de Niterói, 2023. p.

[55] Artista independente carioca entrevistado por Guarisa e Figueiredo (2022, p. 196-197).

255-280. Disponível em: https://labacuff.files.wordpress.com/2023/08/viver-decultura_2023.pdf. Acesso em: 3 abr. 2024.

FRITH, Simon. Live music matters. *Scottish Music Review*, v. 1, n. 1, p. 1-17, 2007.

GUARISA, Maria Luísa; FIGUEIREDO, João Luiz de. O Valor Cultural e a Importância no Ecossistema Musical dos Palcos de Pequeno e Médio Porte na Cidade do Rio de Janeiro. *Brazilian Creative Industries*, v. 2, n. 2, p. 174-202, dez. 2022. Disponível em: https://doi.org/10.25112/bcij.v2i2.2891. Acesso em: 3 abr. 2024.

GUARISA, Maria Luísa; FIGUEIREDO, João Luiz de; MACHADO, Ana Flávia. The show must go on: proposals to measure the economic value of Grassroots Music Venues. *Cultural Trends*, p. 1-18, mar. 2023. Disponível em: https://doi.org/10.1080/09548963.2023.2193874. Acesso em: 3 abr. 2024.

MENDES, Vinícius. Os melancólicos dias finais do Beco das Garrafas, joia da noite carioca onde Elis estreou nos palcos. *BBC*, Rio de Janeiro, 14 jul. 2018. Disponível em: https://www.bbc.com/portuguese/geral-44783821. Acesso em: 28 maio 2024.

MUSIC VENUES TASKFORCE. *Rescue Plan for London's Grassroots Music Venues*, out 2015. Disponível em: https://www.london.gov.uk/sites/default/files/londons_grassroots_music_venues_-_rescue_plan_-_october_2015.pdf. Acesso em: 28 maio 2024.

PIMENTEL, João. Depois de florescer na Lapa no fim dos anos 1990, Bar Semente fecha as portas. *O Globo*, Rio de Janeiro, 7 out. 2017. Disponível em: https://oglobo.globo.com/rio/depois-de-florescer-na-lapa-no-fim-dos-anos--1990-barsemente-fecha-as-portas-21920264. Acesso em: 28 maio 2024.

REDE PALCOS DO RIO. Disponível em: http://www.palcosdorio.com/. Acesso em: 10 jun. 2020.

VAN DER HOEVEN, Arno.; HITTERS, Erik. The social and cultural values of live music: Sustaining urban live music ecologies. *Cities*, v. 90, p. 263-271, jul. 2019. Disponível em: https://doi.org/10.1016/j.cities.2019.02.015. Acesso em: 28 maio 2024.

Financeirização da economia da música: cartografia das empresas de fintech 3.0 para a economia da música no Brasil

Leonardo De Marchi

Introdução

Uma atenta observação das estatísticas sobre a economia da música indica que a fase de destruição criadora da economia fonográfica foi ultrapassada e que a indústria fonográfica digital se articula ao redor dos serviços de streaming. Desde 2015, a Federação Internacional da Indústria Fonográfica (IFPI, acrônimo em inglês) registra crescimento consecutivo na arrecadação das gravadoras, alcançando 28,6 bilhões de dólares em 2023 – uma arrecadação mais alta do que se registrou no auge da indústria de discos físicos, no final dos anos 1990. Desse montante, 67,3% provêm dos serviços de streaming (IFPI, 2024, p. 11).

Conforme sustentei em outro momento (De Marchi, 2023), a preponderância dos serviços de streaming na economia da música digital não resultou de qualquer desenvolvimento natural da tecnologia de distribuição de arquivos digitais. Pelo contrário, ele deriva de um esforço coletivo dos principais agentes da indústria fonográfica para construir um mercado de música digital no qual a capacidade de controlar a dinâmica do fluxo de arquivos de música não dependesse dos consumidores, como ocorria no sistema dos programas de intercâmbios entre pares (*peer-to-peer* ou P2P), mas de complexas camadas de intermediários que, afinal, dependessem das decisões desses mesmos grandes agentes da indústria fonográfica (grandes estrelas da música pop, grandes gravadoras ou grandes editoras de música).

De fato, quando se analisa a estrutura da indústria fonográfica digital, nota-se que no entorno dos serviços de streaming se desenrola uma extensa e complexa camada de novos intermediários da indústria da música. Ao contrário dos P2P, os serviços de streaming não fazem a mediação entre produtores de conteúdo digital e consumidores; eles vinculam diferentes agentes de mercado a seu complexo modelo de negócio. Assim, além das gravadoras, editoras e tradicionais meios de comunicação, há as mídias sociais, os agregadores de conteúdo, empresas de gestão de carreira. Entre esses novos intermediários, desenvolve-se uma camada de agentes pouco visíveis, mas crescentemente importantes, a saber, as empresas de tecnologia financeira digital ou *fintech 3.0*.

Fintech 3.0 é o termo genérico que engloba diferentes empreendimentos que se caracterizam, em primeiro lugar, por oferecerem produtos financeiros através de plataformas digitais, desde os mais tradicionais (como empréstimos, seguros ou meios de pagamento) aos mais *high-tech* (como apostas em jogos, criptomoedas ou NFT). Em segundo lugar, essas empresas se caracterizam por serem acessíveis desde quaisquer dispositivos pessoais de comunicação digital (PC, notebooks, tablets, smartphones), fazendo o mercado financeiro estar, literalmente, na palma da mão (De Marchi, 2023). Finalmente, as duas características anteriores permitem que tais empresas sejam desenhadas para oferecer seus serviços a qualquer indivíduo, independentemente de sua renda ou de sua capacidade de adquirir dívida: em muitos casos, qualquer quantia basta para contratar um serviço[56].

A economia da música na era do streaming se constituiu de forma a fazer da fintech 3.0 uma camada de intermediários absolutamente fundamental para seu funcionamento. Ao contrário da economia industrial da produção de discos, que se caracterizava pelo controle dos custos de produção (sabia-se quanto se iria gastar para produzir uma quantidade de discos e o quanto deveria retornar para se ter lucro), a economia da música digital se distingue pela alta dinâmica de geração de dinheiro ou, ainda, monetização, no jargão nativo desse mercado: nunca se sabe quanto o

[56] No caso das plataformas de apostas em jogos (empresas *bet.com*), dá-se, inclusive, créditos para que o novo apostador inicie suas apostas dentro da plataforma.

número de acessos (visualizações e/ou execuções) pode gerar de dinheiro para os criadores de conteúdo digital. O que importa sublinhar, aqui, é que a economia da música digital acaba por adotar o *modus operandi* e a ideologia do mercado financeiro, em que a instabilidade do valor das coisas e o risco do prejuízo servem de guia para os agentes econômicos.

À medida que os serviços de streaming obrigam a economia da música a se adequar ao mercado financeiro, tanto em sua operacionalidade quanto em sua lógica, a fintech 3.0 se torna um elemento funcional e decisivo para empresas de música e artistas. Afinal, tais empresas oferecem diferentes soluções para o novo contexto de monetização do acesso à música digital: artistas e empresas podem fazer *crowdfunding* para realizar gravações e/ou concertos, investir em criptomoedas, fazer leilões de NFT, programar *smart contracts* para a venda de pedaços de suas criações, ter contas em bancos digitais dedicados aos artistas que fazem empréstimos a taxas de juros mais baratas que as disponíveis no mercado bancário geral, entre outras possibilidades. Diante da instabilidade nos pagamentos de royalties de direitos autorais pelos serviços de streaming, o que gera incerteza nos artistas e empresas de música sobre o quanto vão receber no mês seguinte, a fintech 3.0 aparece como aquele agente que oferece o suporte possível para financiar as carreiras dos artistas.

Diante desse novo contexto, torna-se necessário conhecer quem são esses agentes – crescentemente importantes, porém invisíveis – na economia da música. Neste artigo, apresento um primeiro esboço de mapeamento da fintech 3.0 no Brasil. A partir de uma cartografia das empresas de capital total ou parcialmente nacional, busco evidenciar o desenvolvimento dessa camada de intermediários no país. O artigo se divide em duas grandes partes. Na primeira, discuto o processo de financeirização da economia da música, enfatizando a sua recente manifestação, a adoção das tecnologias financeiras (e da ideologia do mercado financeiro) pelos artistas individuais. Em seguida, apresento a cartografia da fintech 3.0 dedicada à música no Brasil. Nas considerações finais, teço comentários sobre o papel dessas startups no país e sua importância para a economia da música local.

A financeirização da economia da música: da gestão das gravadoras à carreira do músico

Quando falamos de *financeirização*, devemos ter em mente três sentidos complementares (Van der Zwan, 2014). O primeiro se refere à financeirização como *regime de acumulação*, que nomeia o protagonismo assumido pelo capital financeiro em relação ao industrial desde o advento do neoliberalismo como doutrina econômica dominante tanto na academia quanto na política. O segundo significado aborda a *financeirização das empresas*, ou seja, a transformação da lógica de administração de empresas, que deixam de visar uma rentabilidade de longo prazo, baseada no que se produz, passando a se importar com os dividendos oriundos da valorização de suas ações na bolsa de valores.

Finalmente, há o que se rotula de *financeirização da vida cotidiana* (Martin, 2002). O conceito se refere não apenas à adoção por pessoas físicas de tecnologias financeiras para suas ações econômicas do dia a dia (pagamento de contas, transferência de dinheiro, tomada de empréstimos etc.), mas, sobretudo, à transformação da visão de mundo (*weltanschauung*) do mercado financeiro em vetor de subjetivação dos indivíduos. Em outras palavras, não é que as tecnologias financeiras sirvam apenas para realizar transações: elas demandam que os indivíduos internalizem valores do mercado financeiro para conduzir suas próprias vidas. Basta notar a presença de termos como *investimento, handicap, trade-off, realizar prejuízo, risco, austeridade fiscal, precificar, empreender, rendimento, lucrar*, entre outros, no dia a dia das pessoas, sendo aplicados às relações intersubjetivas, mesmo as amorosas, à condução das compras no mercado ou de *planejamento* da vida nos anos futuros, e assim sucessivamente. Desse modo, em termos foucaultianos, os indivíduos adotam para suas próprias vidas as normas de condução (a forma) da *empresa*, o que resulta na formação de uma nova subjetividade na qual cada indivíduo se define como um proprietário de ativos financeiros (suas qualidades pessoais ou *capital humano*), tornando-se um *empresário de si mesmo*, como observou Michel Foucault (2008).

No caso da indústria fonográfica, é interessante notar que os três sentidos foram sendo adotados ao longo do tempo. A *financeirização da empresa fonográfica* se iniciou nos anos 1980, quando as grandes gravadoras foram submetidas às normas da produção enxuta (*lean production*) por decisão de suas corporações matrizes. Assim, elas passaram a operar sob a *concepção financeira de administração*. Nesse sentido, as grandes gravadoras tiveram de adaptar toda sua estrutura física e equipe de trabalhadores para operar numa lógica de rentabilidade de curto prazo – algo que era visto como antitético à dinâmica da economia da cultura. A partir de então, a gravadora passava a ser concebida não mais como uma grande produtora de discos, mas como uma *coleção de ativos independentes* (selos musicais, artistas, marcas, estúdio de gravação, equipe de profissionais especializados etc.) que, quando reunidos, deveriam gerar boas taxas de retorno para os acionistas.

Como observou Keith Negus (1999), as gravadoras passaram a gerir seus catálogos e artistas como *ativos financeiros*, impondo crescentes metas de produtividade para seus funcionários e instigando a competição por recursos entre os próprios selos que compunham o portfólio das empresas. O uso de dados estatísticos sobre o desempenho de artistas (número de discos vendidos, posição nas paradas etc.) e dos selos (participação no mercado) se tornou determinante para o planejamento da gravadora, como as decisões sobre em que tipo de artista ou gênero musical investir e quem se deveria demitir, qual selo deveria ser vendido ou adquirido pela empresa, e assim sucessivamente. Além disso, a escolha de artistas para o elenco passou a ter de observar a rapidez com que geravam retorno aos acionistas, funcionários tradicionais, com um saber-fazer único, foram considerados desnecessários para a empresa e até mesmo funções de produção (gravação sonora, design de capas, entre outras) foram terceirizadas: tudo feito para deixar em alta as ações da empresa na bolsa de valores e, assim, atrair mais investidores. Como observa o autor:

> A prática da administração de portfólio permite à companhia avaliar e dividir diferentes divisões de gênero [musical], selos

> ou aqueles [funcionários] que trabalham com artistas especificamente. Ela permite aplicar técnicas de monitoramento particulares que permitem reforçar um alto nível de responsabilidade [*accountability*] dentro das unidades de operação. Cada unidade deve reportar regularmente à matriz da corporação, ela possui metas de venda a alcançar, orçamentos com os quais deve lidar e é recompensada por um bom desempenho ou pode ser punida por um desempenho ruim. A companhia pode recompensar por contribuições ao perfil e à lucratividade alocando financiamento para expansão e distribuindo bônus por bom desempenho. Ao mesmo tempo, a companhia pode punir [o selo] por um desempenho ruim. A punição pode envolver a demissão de executivos mais velhos, a contratação de novos presidentes ou pode resultar no fechamento de toda uma divisão e sua remoção do portfólio da companhia (Negus, 1999, p. 49).

Nos anos 1990, a concepção financeira de administração de empresa passou a ser adotada também pelas gravadoras independentes, as quais estabeleceram relações mais próximas com a *majors*, o que as forçou a também racionalizar sua produção artística.

O início do século XXI apresenta o outro estágio desse fenômeno: a financeirização da carreira musical. À medida que a atomização da produção fonográfica alcança níveis ainda mais profundos, fazendo dos artistas independentes e até mesmo dos amadores unidades produtivas completas (que gravam, produzem em estúdio e lançam suas obras), estes também têm sido levados a adotar a concepção financeira de administração a fim de aplicar às suas próprias carreiras. Atualmente, a nenhum artista é permitido ser algum gênio apartado do mundo dos negócios. Antes, cada músico deve se entender como um empreendedor que, primeiro, viabiliza sua obra para que *parceiros* (empresas de gestão de carreira ou gravadoras) auxiliem em sua profissionalização. Para tanto, faz-se necessário saber administrar uma carreira, mesmo que em estágio inicial, saber buscar financiamento próprio, mostrar-se economicamente viável mesmo antes de saber se será bem-sucedido. É nesse contexto que a fintech 3.0 aparece como ferramenta estratégica para toda sorte de artista.

O mercado financeiro na palma da mão: a fintech 3.0

A crise financeira causada pelo estouro da bolha do setor imobiliário (chamada crise das hipotecas ou, em inglês, *subprimes*) em 2007, que se iniciou nos Estados Unidos e se tornou global, marca um ponto de inflexão no capitalismo do século XXI. Ao contrário das crises financeiras anteriores, que puderam ser contornadas com a criação de novas bolhas de especulação em diferentes mercados, a crise das hipotecas evidenciou o esgotamento da capacidade do mercado financeiro de gerar crescimento do capital por si só (Streeck, 2018; Varoufakis, 2016). À época, emergiram revoltas populares que exigiam a regulação do capital financeiro e o fim das políticas neoliberais, as quais resultaram em crescente endividamento da população, como o movimento *Occupy Wall Street*. Entre intelectuais e analistas de conjuntura política e econômica, chegou-se mesmo a declarar o fim do neoliberalismo e o retorno às políticas econômicas que têm como pressuposto a maior participação do Estado na distribuição de renda como forma de alcançar a justiça social.

O que ocorreu na sequência da intervenção estatal para sanar a crise econômica foi, contudo, justamente o contrário. Ao invés de fazer algum *mea culpa* pela especulação desenfreada, grandes bancos e agências financeiras passaram a cobrar dos Estados nacionais que estivessem mais aptos a socorrer imediatamente o setor financeiro em caso de necessidade. Na leitura do capital financeiro, a crise se deveu à incapacidade dos Estados de resolverem as chamadas *falhas de mercado* prontamente, pois o dinheiro público estava sendo gasto em outras atividades. Apesar da evidente natureza paranoica desse argumento, os lobistas do mercado financeiro realizaram uma bem-sucedida pressão para que os Estados não regulassem o capital financeiro e, ao contrário, aprofundassem políticas de austeridade fiscal, diminuição do investimento público em serviços públicos, desregulação do mercado de trabalho e privatização de bens comuns (água, energia, infraestrutura rodoviária etc.).

Uma das soluções propostas para resgatar o vigor do mercado financeiro foi a atomização da oferta de produtos financeiros. A crise dos derivativos havia demonstrado que um mercado financeiro restrito a grandes *players* poderia conduzir facilmente a erros de avaliação e perda de liquidez imediata. O que fazer, então? Atrair milhões de pequenos investidores que, em última instância, poderiam servir de *buffer* para as crises de crédito do mercado financeiro. Mas como atrair uma quantidade gigantesca de pequenos investidores?

A resposta veio através do apoio a empresas de informática (startups) que desenvolviam serviços financeiros para operarem em dispositivos digitais pessoais, como notebooks ou telefones celulares. A partir de 2009, inicia-se o aparecimento de startups que oferecem produtos financeiros via internet: plataformas de *crowdfunding*, bancos digitais, carteiras digitais, plataformas de investimento no mercado de ações ou em títulos públicos para pessoas físicas, *cashback*, criptomoedas, tokenização, entre outros produtos. Esse conjunto de plataformas digitais acabou por constituir um novo nicho do sistema financeiro, que tem sido rotulado de fintech 3.0[57] (Arner *et al.*, 2015). Sua peculiaridade reside, por um lado, nos produtos que oferecem. A oferta varia desde os produtos financeiros mais tradicionais (como empréstimos e seguros), passando por produtos híbridos (como bancos digitais ou o investimento em bolsa de valores – *day trade*), até produtos de alta tecnologia, como as criptomoedas (Bitcoin, Etherium, entre outras) e usos derivados de blockchain, como a tokenização e o NFT. Por outro, ela se caracteriza pelo público que tem como alvo: qualquer pessoa física com uma disponibilidade mínima de

[57] Em sua análise do mercado financeiro após a crise das hipotecas, Arner *et al.* (2015) decidiram criar uma perspectiva histórica do sistema financeiro global a partir dos agentes que ofereciam produtos financeiros, ou seja, através de alguma evolução de empresas de tecnologia financeira. Numa perspectiva historicista, os autores decidiram classificar três momentos: entre 1866 e 1987, quando se constituiria a *fintech* 1.0, entre 1987 e 2008, quando há uma mudança para a *fintech* 2.0 e, finalmente, de 2008 até o presente momento, quando se configuraria a *fintech* 3.0.

gerar dívida. Assim, o mercado financeiro passaria a ter acesso não apenas a grandes somas de dinheiro de alguns poucos grandes investidores, como também ao pouco dinheiro de milhões de pequenos investidores, os quais poderiam dar de volta a liquidez de um setor da economia esvaziado pelos temores da crise de crédito. Sob a bandeira da *democratização do mercado financeiro*, o problema tanto de liquidez quanto de confiança da população no mercado financeiro havia sido amenizado não com uma forte regulação das instituições financeiras, mas com a atração de um imenso público para sua lógica especulativa.

Há, hoje em dia, a maior parte dos músicos profissionais que já nem sequer sonha em ter contrato com gravadoras, nem espera muito de editais públicos de ajuda à cultura, na medida em que a capacidade de ações diretas dos Estados tem sido brutalmente cerceada pelas imposições orçamentárias de políticas de austeridade fiscal. Além disso, a expectativa de que os serviços de streaming venham a gerar altos e estáveis retornos financeiros para os titulares de direitos autorais é tida como cada vez menos factível (isso para não mencionar o caso dos titulares dos direitos conexos, que não recebem nada dos serviços de streaming).

Como observa Slee (2017), o problema não comentado da tão saudada *teoria da cauda longa*, popularizada por Chris Anderson (2006), é que a economia de conteúdos digitais espalha os acessos aos conteúdos e, por conseguinte, o dinheiro resultante (monetização) nos extremos desses mercados. Os produtores de conteúdo que conseguem fazer, através de diferentes técnicas, com que seus conteúdos *viralizem* acabam sendo interpretados pelos algoritmos das plataformas digitais como conteúdos *mais relevantes para a audiência*. Isso gera um retorno do sistema que faz com que tais conteúdos apareçam desproporcionalmente mais para os consumidores, pois são automaticamente indicados pelos sistemas de recomendação. Assim, gera-se maior monetização desses conteúdos, drenando uma parte significativa dos recursos do mercado para as estrelas da música. Ao mesmo tempo, os amadores que povoam a parte mais baixa do mercado (a *cauda longa*) geram pouco dinheiro, devido a sua baixa circulação no sistema. Contudo, seu alto número também drena recursos do mercado através de milhares de micro pagamentos[58]. O resultado é que os profissionais que estão no centro da cauda têm menos dinheiro à disposição para o financiamento de suas carreiras. Para estes artistas, os produtos financeiros digitais (cujo custo de operação é relativamente baixo se comparados aos serviços oferecidos por grandes bancos e financeiras) tornam-se muito atraentes para os músicos poderem financiar suas próprias carreiras no curto prazo, através de alavancagem[59].

Além da promessa de financiamento da carreira artística, certos setores da fintech 3.0 oferecem novos produtos para os músicos profissionais. A vanguarda de fenômeno se encontra nas criptomoedas e, sobretudo, em sua tecnologia de validação, a blockchain. Essa tecnologia pode ser definida como uma base de dados de contabilidade distribuída para registrar transações de tipo P2P (Schwab; Davis, 2018). Trata-se do sistema de verificação de transações com criptomoedas. Devido às polêmicas e críticas às criptomoedas, a blockchain passou a ser empregada separadamente, como uma tecnologia de certificação de dados que permite diferentes utilizações derivadas[60]. No que concerne à economia da música, podem-se encontrar algumas possibilidades que merecem menção:

[58] Em 2024, o Spotify determinou que somente realizaria pagamentos em dinheiro aos artistas que obtivessem mais de 1.000 *plays* ao ano. Caso não atingissem esse limite, a empresa se julgava no direto de não apenas não transferir o dinheiro a tais produtores de conteúdos, como também redirecionar tal montante para um fundo da empresa reservado a pagar os artistas *criativos*, nos dizeres da empresa. A medida causou enorme controvérsia, porém, apresentava-se como uma tentativa de resolver o problema da drenagem de recursos a partir da penalização da parte de baixo do mercado (a cauda longa), sem mexer na parte alta do mercado (a cabeça da cauda).

[59] Alavancagem é a assunção de uma dívida para financiar a participação em um negócio. Termo utilizado no mercado financeiro para designar o ato de tomar uma dívida de terceiros a uma taxa de juros menor do que a rentabilidade do negócio do tomador do empréstimo. Assim, amplia-se a capacidade de ação imediata do negócio, sem a necessidade de se obter mais sócios diretos ou indiretos (abertura de capital).

[60] Por ser uma tecnologia de segurança que impede adulterações em seu registro e ser tecnicamente acessível a toda a comunidade de usuários da rede, entende-se que a blockchain permite prescindir de qualquer autoridade central que política e juridicamente garanta a validade das transações econômicas com criptomoedas. A prática demonstrou, contudo, que as criptomoedas estão longe de realizar tal sonho anarcocapitalista de desestatização da moeda, sendo, ao contrário, muito exposta à especulação financeira e a fraudes (Paraná, 2020).

- *Smart contracts*: os *contratos inteligentes* têm o potencial de substituir os convencionais, feitos com gravadoras e/ou agregadores de conteúdo. O serviço funcionaria anexando-se um contrato inteligente a cada produção que um artista disponibiliza no mercado, permitindo à IA fazer a divisão e remessa da receita de acordo com os termos estipulados pelo contrato.
- *Monitoramento da demanda e preços flexíveis*: os preços para conteúdo podem flutuar de acordo com a oferta e a demanda. Dotados da blockchain, os artistas poderiam monitorar a demanda imediata por suas obras e estipular preços, sem ter que passar por uma complexa rede de intermediários. Como a tecnologia possui registros de quem recebeu direitos de acesso a trabalhos criativos, isso pode ser aproveitado para precificar dinamicamente as obras.
- *Micrometragem e micromonetização*: a tecnologia permite uma metrificação e precificação de pedaços de uma obra sonora para uso, digamos, num produto audiovisual. Esse tipo de micrometria definiria a menor unidade consumível do conteúdo disponível a ser negociada por algoritmos.
- *Non Fungible Tokens* (NFT): os *sinais não fungíveis* são objetos digitais criados a partir da blockchain que não podem ser copiados, logo, tornando-se produtos digitais únicos. Dessa forma, pode-se restituir-lhes um caráter de raridade, o que lhes outorga um valor monetário em si (e não pelo serviço de distribuição do conteúdo). Tal tecnologia tem sido utilizada para leilões de obras de arte digitais.

Evidentemente, essas possibilidades ainda estão em processo de implementação e desenvolvimento, restringindo-se, pois, à vanguarda do mercado de música. Não obstante, sua adoção avança rapidamente, como os NFT têm demonstrado (Garson *et al.*, 2022).

Do ponto de vista da ideologia, a fintech 3.0 tem sido descrita como a mais nova materialização da *ideologia da desintermediação econômica*. Desde a promessa do *capitalismo sem força de fricção* (*frictionless capitalism*) de Bill Gates (1992) até os P2P, há uma constante promessa de que as tecnologias digitais excluiriam todos os intermediários das relações econômicas, criando um ambiente (virtual) que seria o simulacro de algum *mercado original*. Essa é, contudo, uma promessa antiga que nunca se cumpre. Basta observar que se trata menos de uma proposta de *desintermediação* das relações econômicas do que de uma *troca de mediadores*. Nesse caso, as plataformas digitais e sua Inteligência Artificial (IA) se tornam os mediadores que operam para realizar todas as transações econômicas automaticamente, construindo oferta e demanda e, entre si, celebrando transações econômicas (muitas vezes através de criptomoedas) e enviando os royalties diretamente para seus clientes. A questão decisiva é: quem programa a IA? Quem faz com que operem em tipos complexos de operações financeiras? Os próprios artistas? É evidente que isso exigiria a administração de uma tecnologia complexa que acaba criando toda uma nova camada de intermediários digitais, como ocorreu, aliás, com os serviços de streaming.

Finalmente, é importante destacar que a financeirização da economia fonográfica tem implicações profundas na maneira pela qual os agentes do mercado de música se concebem e como se relacionam entre si. Ou seja, a fintech 3.0 também opera como dispositivo de subjetivação.

À medida que se enredam na lógica da tomada de risco e de dívida, pilar do *modus operandi* do mercado financeiro, os músicos passam a se conceber como *ativos* em si, de forma radical, ou seja, não apenas suas obras (músicas, letras, catálogos) devem ser precificadas, como também sua própria *persona*, sua imagem pública, sua capacidade de criar redes de fãs através de mídias sociais (Facebook, Instagram, YouTube, TikTok). Tudo se torna monetizável, fazendo do artista individualmente o/a gestor de sua própria carreira-vida – a concretização, em última instância, da ideologia do empresário de si. O artista se torna responsável por seu sucesso, mas também por seu fracasso – mas o fracasso significa assumir as dívidas contraídas antecipadamente no mercado financeiro para alavancar sua carreira. As políticas financeiras de cada país (sobretudo o controle das taxas de juros, que afetam as taxas cobradas pelos bancos privados) constituem um gargalo determinante para o resultado da financeirização do mercado de música. Além disso, a lógica de curto prazo do mercado financeiro faz com que o planejamento de longo prazo de uma carreira seja algo impraticável: o artista deve administrar as taxas de retorno de cada um de seus *ativos* de tal forma que lhe permita atender os interesses de seus investidores. E, aqui, aparece uma questão interessante: quem são tais investidores?

É evidente que, por um lado, é a própria fintech que se torna o primeiro credor, uma vez que ela capta recursos no mercado privado. Por outro lado, e essa é uma novidade, o próprio *fã* passa a ser um *investidor* (Garson *et al.*, 2022). À medida que os artistas abrem suas carreiras a investimentos, dentro de uma lógica financeirizada, são sobretudo os fãs que aportam o dinheiro necessário seja para fazer um show, seja para gravar um disco através de *crowdfunding*, entre outras atividades. Ou, ainda, são eles que compram um NFT de seu artista favorito, esperando que seu *investimento* renda dividendos no futuro. Isso abre uma possibilidade interessante de interação entre as partes, sem dúvida. No entanto, coloca-se em xeque a tradicional relação entre artistas e fãs: os fãs se veem como proprietários de uma carreira/ativo que deve gerar lucros. Sendo assim: quais serão as demandas dos *investidores* em relação aos *ativos* que adquirem (que são as carreiras e as obras dos artistas)? Como fica o acesso do restante do público a tais obras? É importante notar que a lógica de *bem comum*, que é inerente à obra de arte, esvai-se quando a música se transforma em *ativo*.

Enfim, a financeirização da economia da carreira musical apresenta possibilidades interessantes para um mercado de trabalho atomizado e sem perspectivas de segurança de retorno financeiro em médio e longo prazos. Não obstante, afunda-se a economia da música na instabilidade inerente ao *modus operandi* do mercado financeiro, sempre sujeito à especulação e às crises de endividamento em larga escala.

Cartografia das fintechs 3.0 na economia da música no Brasil

Nesta seção, apresento uma primeira etapa da cartografia da fintech 3.0 aplicada à música com empresas que operam no Brasil, sendo elas de capital nacional ou internacional (desde que com sede no país). Admito que se trata de um mapeamento precário, por diversos motivos. Do ponto de vista metodológico, trata-se de um objeto de difícil apreensão, uma vez que é composto de pequenas empresas de tecnologia (startups), o que em si apresenta desafios específicos. Em muitos casos, essas startups operam em nichos de mercado restritos, prestando pequenos serviços que as tornam praticamente invisíveis mesmo dentro de seu mercado. Ao mesmo tempo, sabe-se que é inerente à economia do mercado de informática que startups não apenas entrem em falência com frequência, como também sejam prontamente adquiridas por empresas maiores[61]. Isso torna o trabalho de rastreamento e acompanhamento desse objeto ainda mais delicado. Do ponto de vista da execução da pesquisa, busquei informações na internet e junto a pessoas que trabalham no mercado de música. Essa técnica de pesquisa apresenta a vantagem de apontar as empresas mais relevantes dentro de um mercado, mas sempre incorre no risco de que eu ignore outras que atuem em nichos ou em mercados secundários. De toda forma, o objetivo do panorama aqui apresentado é ser indicativo da existência desse tipo de agente no mercado brasileiro de música.

Cabe indicar, ainda que brevemente, o que se tornou a economia da música no Brasil após seu período de destruição criadora. Ao longo da traumática passagem dos discos físicos para os serviços de música digital, o que rotulei de *destruição criadora* da economia da música (De

[61] De um ponto de vista estrutural-funcionalista, pode-se dizer que as startups funcionam como laboratórios avançados tanto para o desenvolvimento de novas tecnologias quanto de abertura de novos mercados. Sempre observadas por empresas maiores, assim que ultrapassam certo nível de consolidação de seu modelo de negócio e/ou obtêm certa quantidade de usuários, em geral, são adquiridas por empresas maiores. Em certa oportunidade, eu mesmo tive de abandonar uma pesquisa de campo com uma fintech de educação financeira quando, no meio do trabalho de campo, a startup foi incorporada a uma empresa de investimentos de um grande banco multinacional.

Marchi, 2016), diante da queda da venda de discos físicos (CDs e DVDs) e da conseguinte crise das gravadoras (tanto grandes gravadoras quanto independentes), observou-se o aprofundamento de certas tendências da estrutura produtiva da indústria fonográfica. Por um lado, as gravadoras passaram a operar como agências de gerenciamento da carreira dos artistas, cuidando não apenas da produção e distribuição dos fonogramas, como também da parte de marketing, agenda de concertos a até mesmo dos contratos de patrocínio (*sponsorship*) com empresas de diversos tipos de comércio. Por outro, a reticência mesmo de gravadoras independentes a investirem em jovens artistas alavancou a criação de micro gravadoras, em geral pertencentes aos próprios artistas, para viabilizarem suas obras. Em conjunto, esses movimentos fizeram do mercado fonográfico um ecossistema de empresas de diferentes portes que se complementam no desenvolvimento de produtos musicais: microgravadoras que se conectam com empresas de gestão musical de médio porte (mas que operam como as grandes gravadoras de seu segmento) e que se conectam com as, de fato, grandes gravadoras. Isso é visível no mercado de black music brasileira (funk, rap e trap). Tais movimentos diminuíram significativamente a barreira de entrada no mercado de música, ampliando em escala geométrica o número de artistas disponíveis no mercado.

Esse é um cenário convidativo à fintech 3.0. O crescente número de artistas individuais e pequenas gravadoras que precisam de soluções financeiras para administrar suas atividades só faz crescer. Em particular, os artistas que passam ao nível profissional, mas não alcançam o estrelato (isto é, a maioria dos músicos), encontram-se em uma situação delicada na economia digital.

O mapeamento que realizei, entre fevereiro e abril de 2024, indicou-me a existência de poucas empresas especializadas em serviços de tecnologia financeira no mercado brasileiro. No entanto, um olhar mais detido sobre os novos intermediários da indústria fonográfica digital revela um cenário mais complexo no qual empresas que se apresentam como, digamos, distribuidoras de conteúdos digitais, também têm braços em serviços financeiros.

De forma geral, a camada de fintech 3.0 tem nas plataformas de *crowdfunding* as empresas mais consolidadas, como Queremos!, Benfeitoria, Catarse, Kickante, Vakinha, Idea.me. Há também as plataformas de criação de NFTs, ou *marketplaces,* como Brasil NFT, 9Block, NF-Trend, DropGen, Tropix. Neste caso, porém, parece que as plataformas de NFT são efêmeras e, em geral, mostram-se pouco transparentes. Em menor número, há empresas de serviços propriamente financeiros. Destaca-se, neste sentido, a conta digital (ou banco de investimento) para agentes do mercado de cultura, o Noodle[62]. Trata-se de uma fintech que oferece produtos financeiros diversos, como meio de pagamento, câmbio, crédito, entre outros. Finalmente, cabe mencionar os distribuidores digitais que operam com o *adiantamento de crédito* para os artistas. É o caso da plataforma Strm[63]. Primeiramente, ela se define como um distribuidor digital, enviando as obras de seus artistas contratantes para as principais plataformas de streaming. Além disso, fornece um acompanhamento dinâmico da carreira dos artistas, através de uma sofisticada IA que monitora e analisa mais 1,3 milhão de artistas em diversos países, gerando dados que devem servir para a gestão da carreira dos artistas contratantes. No entanto, ela também fornece adiantamentos em dinheiro para os artistas estruturarem suas carreiras, captando dinheiro no mercado financeiro e entre grandes investidores privados (Kondzilla, por exemplo). Isso a torna, portanto, um fundo de investimento e, assim, uma fintech.

---

62 Disponível em: https://www.noodle.cx. Acesso em: 28 maio 2024.

63 Disponível em: https://www.strmmusic.ai. Acesso em: 28 maio 2024.

Figura 1 – Atividades da fintech 3.0 para a música no Brasil

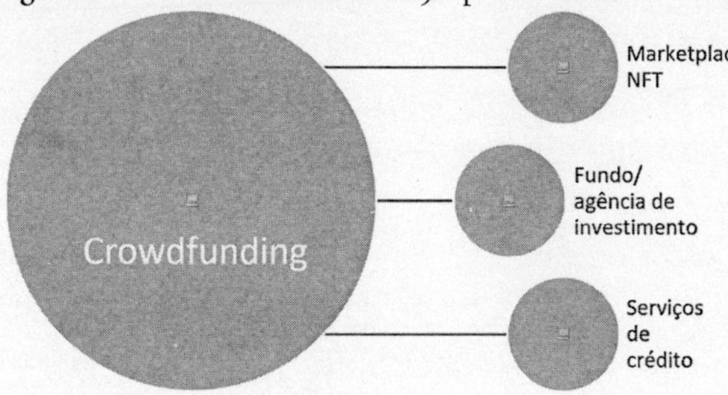

Fonte: elaborado pelo autor

Uma análise geral dessa camada de intermediários revela que se trata de empresas que, através de diferentes técnicas, servem para a captação de dinheiro privado (pequenos investidores, grandes investidores, mercado financeiro) para a alavancagem da carreira de artistas que, de outro modo, teriam dificuldades de buscar fundos para se profissionalizar. Entre seus principais clientes, destacam-se outras empresas relacionadas à indústria da música: o Noodle serve tanto à Strm quanto ao Queremos!, ou à tradicional União Brasileira de Compositores (UBC). O Strm serve a todas as grandes gravadoras (além do Grupo Globo). Apesar de estar facilmente disponível de forma geral, um breve olhar nas páginas web dessas empresas revela que seus clientes são, em sua maioria, músicos que, por um lado, ultrapassaram a fronteira do *amadorismo*, tornando-se profissionais em alguma medida, e, por outro, não alcançando o *estrelato*, ou seja, sendo figuras de reconhecimento nacional e/ou internacional através de gravadoras e/ou outras empresas da economia da música. Essa apreciação reforça a avaliação de *falha de mercado* que o contexto de cauda longa produz.

Sendo um braço do mercado financeiro, é evidente que, em termos de localização geográfica, a maior parte dessas empresas está sediada na cidade de São Paulo (centro financeiro do país), apresentando menor presença no Rio de Janeiro (que ainda agrega uma parte importante da comunidade artística e empresas de cultura), com escassas participações desde os estados do sul. Isso significa dizer que o mercado de fintech 3.0

tende a reproduzir a distribuição desigual do capital financeiro, como ele se desenhou historicamente no país. A cidade de São Paulo tende, portanto, a se beneficiar de forma praticamente exclusiva desse novo nicho de mercado, caso não haja políticas públicas de atração desse tipo de empresa para outras cidades.

Não é possível ter certeza de quanto dinheiro essas empresas movimentam. No entanto, a análise da fintech 3.0 para a indústria da música revela uma camada emergente de empresas que, em razão do *modus operandi* da indústria fonográfica digital, tende a se expandir nos próximos anos.

Considerações finais

A dinâmica da economia da música na era das plataformas digitais transforma a fintech 3.0 em um grupo de intermediários decisivos. Diante tanto da enorme quantidade de operações financeiras virtuais quanto dos retornos financeiros diminutos e dinâmicos dados pelos serviços de streaming, as startups financeiras aparecem como um agente que realiza a arrecadação e distribuição do dinheiro de forma imediata e direta, assim como concede crédito aos artistas e às empresas de música. Com isso, estreitam-se os laços de dependência da economia da música com o mercado financeiro. Esse é um movimento que acarreta profundas consequências para a indústria da música, uma vez que artistas e empresas de música devem se adequar à visão de mundo (*weltanschauung*) do mercado financeiro[64].

Neste artigo, busquei analisar quem são os agentes da fintech 3.0 no mercado de música no Brasil, tentando tornar visível a emergência dessa nova camada de intermediários da economia da música. Os dados a que tive acesso em minha pesquisa de campo indicaram que, no Brasil, há ainda poucas empresas que podem ser imediatamente reconhecidas

[64] A dimensão ideológica do mercado financeiro já foi tratada por mim em outros artigos (De Marchi, 2018).

como fintech. A maior parte das empresas que compõem o setor é de plataformas de *crowdfunding*, que nos anos 2010 surgiram como uma solução financeira relativamente simples e que tiveram adesão da comunidade de fãs. No entanto, gradualmente, nota-se a complexificação do setor. Chama a atenção o surgimento de *marketplaces* de NFT, ainda que tais empresas possam apenas fazer parte de uma onda passageira. De toda forma, empresas como a Noodle ou a Strm já oferecem ferramentas tecnológicas mais complexas, além de acesso a crédito mais robusto a partir da captação de fundos entre grandes investidores. Aponta no horizonte a possibilidade de investimentos desenhados para os agentes da indústria da música. Finalmente, cabe destacar a presença forte dessas empresas no centro financeiro do país, a cidade de São Paulo, o que indica uma concentração de startups nessa cidade e a falta de mais iniciativas em outros centros econômicos do país.

Tornar visível a existência desse setor de ponta da economia da música digital é decisivo para entender o que se tornará a indústria da música no Brasil nos próximos anos. Afinal, a adoção da visão de mundo do mercado financeiro pela indústria da música faz com que as noções de criação artística, relação entre artistas e fãs, além da relação entre artistas e empresas de música, tomem outras formas, baseadas nas noções de investimento, risco e especulação financeira. Trata-se de outra forma de fazer fluir o dinheiro e as relações socioeconômicas dentro do mercado de música, o que pode ter diversas consequências para a música popular no Brasil.

Referências

ANDERSON, Chris. *A cauda longa*. Rio de Janeiro: Elsevier, 2006.

DE MARCHI, Leonardo. Como os algoritmos do Youtube calculam valor? Uma análise da produção de valor para vídeos digitais de música através da lógica social de derivativo. *MATRIZes*, v. 12, n. 2, p. 193-215, 2018.

DE MARCHI, Leonardo. O capital financeiro vai ao paraíso: Bitcoin, fintech 3.0 e a massificação do homem endividado. *MATRIZes*, v. 15, n. 2, p. 205-227, 2021.

DE MARCHI, Leonardo. *A indústria fonográfica digital*: formação, lógica e tendências. Rio de Janeiro: Mauad X, 2023.

FOUCAULT, Michel. *Nascimento da biopolítica*. São Paulo: Martins Fontes, 2008.

GARSON, Marcelo; MESSAGI Jr., Mário; DE MARCHI, Leonardo. Desintermediação, especulação ou financeirização? Usos e discursos sobre NFT no mercado da música. *Comunicação, Mídia e Consumo*, São Paulo, v. 20, n. 57, p. 28-47, jan./abr. 2023.

INTERNATIONAL Federation of the Phonographic Industry. *Global Music Report 2024*. London: IFPI, 2024. Disponível em: https://www.ifpi.org/resources/ Acesso: 30 mar. 2024.

MARTIN, Randy. *Financialization of daily life*. Philadelphia: Temple University Press, 2002.

NEGUS, Keith. *Music genres and corporate cultures*. London & New York: Routledge, 1999.

PARANÁ, Edemilson. *Bitcoin*: a utopia tecnocrática do dinheiro apolítico. São Paulo: Autonomia Literária, 2020.

SCHWAB, Klaus; DAVIS, Nicholas. *Aplicando a quarta revolução industrial*. São Paulo: Edipro, 2018.

SLEE, Tom. *Uberização*: a nova onda do trabalho precarizado. São Paulo: Ed. Elefante, 2017.

STREECK, Wolfgang. *Tempo comprado*: a crise adiada do capitalismo democrático. São Paulo: Boitempo, 2018.

VAN DER ZWAN, Natascha. Making sense of financialization. *Socio-Economic Review*, n. 12, p. 99-129, 2014.

VAROUFAKIS, Yanis. *O minotauro global*: a verdadeira origem da crise financeira e o futuro da economia global. São Paulo: Autonomia Literária, 2016.

Gestão pública em territórios criativos

Claudia Sousa Leitão

Introdução

A gestão pública 'em territórios criativos', por um lado, sugere a análise dos modos em que a gestão pública acontece ou chega nos territórios criativos. Por outro lado, a gestão pública 'de territórios criativos' implica observar como os territórios criativos fazem a gestão. No primeiro caso, o território é passivo; ele se submete à gestão. No segundo caso, o território é protagonista; ele faz a gestão acontecer.

Nos dois casos, partimos de um pressuposto comum: o de que territórios criativos existem. Mas, a partir da escolha entre preposições, podemos observar que os sentidos da gestão nos territórios criativos podem ser antagônicos, com impactos também opostos para a eficiência, eficácia ou efetividade das políticas e da gestão públicas. Temos aí, portanto, um primeiro desafio que diz respeito às tipologias de gestão pública, cujos impactos serão estratégicos para a constituição da categoria 'território criativo'.

Um segundo desafio diz respeito ao ocultamento do próprio território nos debates, estudos, pesquisas e políticas de cultura e economia criativa. Enquanto proliferam terminologias acerca de bairros, distritos, cidades, regiões, mesmo de países criativos, que enfatizam as virtudes dos setores criativos nos seus processos de desenvolvimento, continuamos a andar em um terreno pantanoso, quando nos referimos à categoria matricial 'território criativo'. O terceiro desafio se refere à definição dos significados da criatividade, na perspectiva dos seus impactos no território e não, unicamente, nos empreendimentos dos indivíduos. O quarto desafio é decorrente dos anteriores, pois nos alerta acerca da necessidade da definição de novos indicadores que sejam capazes de mensurar a presença da criatividade nos usos do território e seus impactos sobre as populações.

Mas há, ainda, um quinto e último desafio, de natureza epistemológica, ou seja, sobre os significados da economia criativa, enquanto área autônoma de conhecimento, sobretudo, no Sul Global. A submissão dos países latino-americanos, caribenhos e africanos às taxonomias anglo-saxãs tem produzido impactos deletérios às epistemologias do Sul, que continuam invisíveis nos relatórios internacionais acerca da economia criativa. A hegemonia das taxonomias do Norte Global, nesses documentos, contribui para as dificuldades em avançarmos em novas taxonomias que reforcem a presença da cultura e da criatividade no território. Enfim, o império cognitivo do Norte Global acaba por ocultar as disputas presentes entre indústrias e economias criativas e seus respectivos modelos de desenvolvimento.

Se a palavra criatividade revela contradições e zonas de obscuridade, não podemos deixar de indagar: de que criatividade estamos a falar? Qual desenvolvimento desejamos construir, privilegiando-se seus impactos no território? Qual seria o lugar das comunidades na gestão pública de territórios criativos? Quais seriam as categorias da governança em territórios criativos? Para respondermos a essas questões necessitamos, primeiramente, pactuar fundamentos, ou seja, eleger princípios para a economia criativa, sobretudo aquela oriunda do Sul Global. Princípios são garantidores da essência de um sistema semântico, que oferece, portanto, sentidos a uma realidade. Trata-se de reabilitar, por meio dos princípios da economia criativa, os significados da própria economia, seja como ciência social – que não se abstrai dos contextos sociais, culturais, políticos, ambientais, históricos e filosóficos em que está inserida – seja como epistemologia nova, isto é, um conhecimento produzido por meio de uma nova forma de pensar o pensamento que reafirme as epistemologias do Sul.

Compreendida como um sistema que empresta significado às suas dinâmicas, a economia criativa deve ser compreendida a partir do pensamento que busca reunir ao invés de separar, que acolhe a religação dos saberes e a heterogeneidade dos conhecimentos, enfim, que estimula éticas solidárias e colaborativas. Novas existências não podem prescindir de novas ontologias, de valores e princípios que fundamentem os usos do território e que orientem suas dinâmicas econômicas, sociais, culturais, ambientais e políticas. Vejamos, a seguir, quais seriam esses princípios (Leitão, 2023):

a) O princípio da democracia e da cidadania na economia criativa sustentam, ao mesmo tempo, as liberdades, as garantias de direitos, assim como a participação social e comunitária. A economia criativa deve ser concebida como uma invenção da cultura democrática (liberdades, garantias de direitos) e cidadã (solidariedade, participação, compartilhamento). Pela economia criativa, podemos retomar, reavivar e aprofundar os significados da cidadania e da democracia cultural: seja como afirmação de direitos e deveres do indivíduo face a outros indivíduos, seja de uma comunidade diante de outras comunidades, no que se refere aos usos responsáveis dos territórios, em favor da cidadania e da democracia.

b) O princípio da biodiversidade cultural e da tecnodiversidade se traduz nos usos culturais e criativos dos territórios, biomas e ecossistemas, pelas comunidades. Tecnologias comunitárias estão presentes nas diversas regiões brasileiras, e ganham expressão nos remédios, ornamentos, materiais de construção, instrumentos musicais, utensílios domésticos, na cultura alimentar, nas vestimentas, entre tantas outras expressões da biodiversidade cultural brasileira. Comunidades de indígenas, quilombolas, pescadores, ribeirinhos, agricultores, pequenos empreendedores, jovens das periferias urbanas, LGBTQIA+ e mulheres são exemplos de comunidades aliadas na luta pela biodiversidade cultural, que vêm tecendo redes e promovendo solidariedades comunitárias. A tecnodiversidade (Hui, 2020) assegura o lugar das tecnologias como meios de promoção da diversidade cultural e não como um fim. Futuros tecnológicos envolvem escolhas relativas ao viver, que nos conduzem ao reposicionamento da visão universalista da tecnologia, característica do sistema-mundo global. É necessário reagir à hegemonia tecnológica moderna, em sua tentativa de se tornar uma filosofia. Poderíamos desviar de uma 'tecno-lógica' que nos afaste da distopia? A resposta é afirmativa, especialmente se compreendermos a economia criativa como produtora de novas conexões entre a biodiversidade cultural e a tecnodiversidade, religando-se o mecânico ao orgânico, a arte à tecnologia, a natureza à cultura.

c) O princípio da inovação, enquanto produto e processo do *ethos* comunitário, é traduzido pelos modos pelos quais comunidades geram recursos (econômicos, sociais, ambientais, culturais e políticos), atuando em favor do equilíbrio dos ecossistemas criativos no território. Esse equilíbrio é tênue pois, a exemplo dos ecossistemas naturais, os ecossistemas criativos também são frequentemente ameaçados pelos modelos hegemônicos insustentáveis de desenvolvimento. Testemunhamos cotidianamente a criatividade popular se manifestando, sobretudo a partir da (re)invenção de tecnologias sociais, muitas vezes (e talvez por isso) produzidas em ambiente de precariedade e carência social. Nesse sentido, a criatividade é uma invenção da cultura da experimentação, enquanto potência de tecer redes e fazer comunidades. É o que enfatiza Antonio Lafuente (2022, p. 8-9), quando observa o lugar estratégico das comunidades e suas formas inauditas de "gerir recursos e de articular relações entre o bem que se quer preservar e a comunidade que sustenta e é sustentada por esse bem".

d) O princípio da sustentabilidade para a economia criativa revela a performance perigosa das indústrias criativas, que vem impactando negativamente o desenvolvimento sustentável do planeta. Enquanto economia sustentável, a economia criativa deve ampliar suas afinidades com o campo da Ecologia, em busca de uma raiz comum que estimule os usos sustentáveis dos territórios. Constitui tarefa primordial à sustentabilidade da economia criativa o enfrentamento de um dos grandes paradoxos dos países do Sul: embora reconhecidos pela riqueza de sua biodiversidade cultural, são consumidores passivos dos produtos enlatados, de baixa qualidade. Ampliar e qualificar a gestão dos recursos dos territórios em favor de hábitos culturais saudáveis também constitui um desafio essencial, seja na gestão dos bens comuns (usos sustentáveis da água, energia limpa, proteção da biodiversidade), seja nas dinâmicas econômicas de produção, distribuição e consumo sustentáveis dos bens e serviços criativos. Quais são os impactos da economia da moda na gestão sustentável dos territórios brasileiros?

e) O princípio da inclusão produtiva nos leva a refletir sobre a tragédia da desigualdade social e econômica no Brasil, e simboliza uma tendência planetária preocupante. Dois terços da população global vivem na pobreza e lutam diariamente para atender suas necessidades de subsistência. Singer (2000) observa que o subemprego, o desemprego disfarçado e a estratégia de sobrevivência são termos comumente associados à parcela de trabalhadores excedentes do mercado de trabalho formal, que sobrevivem na informalidade. Em uma perspectiva antagônica às concepções rentistas e especulativas, oriundas da apropriação do excedente na economia-mundo, os estudos sobre a função social da economia vêm produzindo propostas minoritárias sobre temas como privatização e apropriação de recursos naturais, endividamento, extração de dividendos, propriedade intelectual, direitos autorais, patentes, direitos trabalhistas, evasão fiscal, apropriação dos bens comuns, hegemonia das plataformas, linhas de crédito, fundos garantidores, renúncia fiscal, marco civil da internet, políticas de exportação, direitos comunitários, direitos culturais, inovação aberta, *creative commons*, entre outras áreas essenciais à inclusão produtiva e à ampliação da cidadania.

f) O princípio do bem comum amplia os significados da propriedade produzidos pela civilização industrial, pois se baseia na capacidade dos indivíduos, sobretudo das comunidades, de gerir recursos comuns em favor dos seres vivos e do planeta. Em oposição à visão economicista de que os recursos planetários não suportarão os modos de produzir e de viver dos humanos, o bem comum constitui uma ideia-força para a gestão pública, ao destacar os recursos comuns a partir dos biomas, naturalmente abertos ao coletivo, e onde não se pode excluir usuários. Constitui tarefa primordial das comunidades a definição, gestão e monitoramento dos bens comuns (Ostrom, 1990). Nesse sentido, a ideia do Comum vai além dos estudos econômicos, passando a significar uma prática social e que, por isso, beneficia a todos. Enfim, a cultura do Comum define os modos compartilhados e comunitários de criar. Na economia azul, o bem comum a ser protegido é a água, na bioeconomia, os biomas, na economia circular, a sustentabilidade dos processos, na economia solidária, as práticas colaborativas, e, na economia criativa, os usos do território a partir dos princípios que a fundamentam.

g) O princípio do bem viver enfatiza o *ethos* comunitário e é estruturado por três eixos: a relação com a natureza, as formas de reprodução da vida social e material, e o decolonialismo em todas as suas esferas. A primeira grande transformação preconizada pelo bem viver é o rompimento com o antropocentrismo; a segunda é a reação à redução do desenvolvimento à sua dimensão mercantil; o terceiro se refere à decolonização do pensamento, não apenas enfrentando o eurocentrismo e os impactos do antropoceno sobre o planeta, a partir da ênfase aos princípios da plurinacionalidade e bioigualitarismo, oriundos dos povos originários. Oriundo de uma compreensão integrada entre indivíduos e natureza, o bem viver nos remete às reflexões sobre os excessos de crescimento. Latouche (2009) propõe oito objetivos capazes de iniciar um ciclo virtuoso voltado para o decrescimento: reavaliar (os valores sobre os quais construímos nossas sociedades); reconceituar (tendo a construção social como base); reestruturar (de que forma organizamos nossa economia e nossa base produtiva); redistribuir (alterando a forma como provemos acesso aos recursos naturais, à produção e à riqueza); relocalizar (promovendo iniciativas de consumo da produção local); reduzir (transformando nossas formas de consumo e gasto de nossa produção); reutilizar (dando sobrevida para todos os objetos); e reciclar (em toda e qualquer atividade).

Os princípios da economia criativa aqui apresentados guardam relação direta com o conceito de 'território criativo', pois definem, em boa medida, os seus atributos e potencialidades. Que indicadores necessitaríamos para categorizar a criatividade territorial, a partir dos princípios propostos? Para refletirmos acerca dos indicadores capazes de mensurar, de forma quantitativa e qualitativa, o grau de aptidão ou prontidão de um território criativo, necessitaríamos retomar o conceito de 'território usado' de Milton Santos, derivado da compreensão do espaço como um "conjunto de recursos fixos e móveis e, ao mesmo tempo, como instância social" (Santos, 2004, p. 238). De acordo com Santos (2004), o espaço geográfico é constituído por formas (espaços de produção, de distribuição, de troca, de consumo, de circulação) e por conteúdos (estruturas, processos e funções). Santos (apud Santos; Souza; Silveira, 1998, p. 15) foi um crítico inclemente à noção moderna de território:

> Vivemos uma noção de território herdada da Modernidade incompleta e o seu legado de conceitos puros, tantas vezes atravessando os séculos praticamente intocados. É o uso do território, e não território em si mesmo, que faz dele objeto da análise social. Trata-se de uma forma impura, um híbrido, uma noção que, por isso mesmo, carece de constante revisão histórica. O que ele tem de permanente é ser nosso quadro de vida. Seu entendimento é, pois, fundamental, para afastar o risco da alienação, o risco da perda do sentido da existência individual e coletiva, o risco da renúncia do futuro.

Segundo Santos, a totalidade da formação socioespacial é o 'território usado', composto da configuração territorial (as infraestruturas e o meio ecológico) e da dinâmica territorial (uso do território pelos agentes – empresas, instituições e pessoas). É no uso do território pelos diferentes agentes que ocorre a dialética entre o externo e o interno, o novo e o velho, o Estado e o mercado. O autor destaca a totalidade do lugar, a dimensão geográfica do cotidiano, onde ocorre a dialética entre circuito superior e circuito inferior, verticalidades e horizontalidades, racionalidades e contrarracionalidades, solidariedade organizacional e solidariedade orgânica: "O território é o chão e mais a população, isto é, uma identidade, o fato e o sentimento de pertencer àquilo que nos pertence. O território é a base do trabalho, da residência, das trocas materiais e espirituais e da vida, sobre os quais ele influi" (Santos, 1998, p. 15).

O lugar é, nesse sentido, a força para enfrentar a globalização como fábula e como perversidade – produzida e amplificada pelas redes – e construir uma globalização como possibilidade. Segundo Santos, os diversos usos do território seriam disputados pelos diferentes agentes globais e locais, e seus modos de existência, coexistência e resistência. Enfim, é o lugar que oferece materialidade ao *ethos* político, em seus enfrentamentos à globalização:

> Quando se fala em Mundo, está se falando, sobretudo, em Mercado que hoje, ao contrário de ontem, atravessa tudo, inclusive a consciência das pessoas. Mercado das coisas, inclusive a natureza; mercado das ideias, inclusive a ciência e a informação; mercado político. Justamente, a versão política dessa globalização perversa é a democracia de mercado. O neoliberalismo é o outro braço dessa globalização perversa, e ambos esses braços – democracia de mercado e neoliberalismo – são necessários para reduzir as possibilidades de afirmação das formas de viver cuja solidariedade é baseada na contiguidade, na vizinhança solidária, isto é, no território compartilhado. Se essa convivência conhece uma regulação exterior, esta se combina com formas nacionais e locais de regulação (Santos, 2005, p. 18).

No conceito de "território usado", devemos enfatizar a ideia de que as configurações espaciais exprimem as relações sociais e econômicas das pessoas, empresas e instituições e constituem uma condição para que a formação econômica e social desses atores seja exercida. Contudo, os usos culturais são essenciais para essa categoria, ou seja, são os valores da cultura que determinam os usos econômicos, sociais, ambientais e políticos do território. A partir dos princípios fundadores da economia criativa, poderíamos imaginar os usos dos territórios, sobretudo, das comunidades que ampliam, diuturnamente, a potência do agir nas redes, a partir de novos repertórios, atores, associações e conexões que retroalimentam os princípios citados.

Testemunhamos cotidianamente a criatividade popular se manifestando, sobretudo a partir da (re)invenção de tecnologias comunitárias, muitas vezes – e, também, por isso – produzidas em ambiente de grande precariedade social. A partir das experiências comunitárias no território, as insubmissões e as lutas cotidianas acontecem, reafirmando e provocando a ampliação dos significados da vida e do humano. Novas mediações culturais, novos usos do território e de seus recursos, novos repertórios são frutos de novas associações nas redes de economia criativa, sobretudo das comunidades.

Para refletirmos sobre os usos dos territórios na perspectiva comunitária e criativa, necessitamos da Teoria do Ator-Rede de Bruno Latour (2012, p. 312), que denomina ator-rede o "que é induzido a agir por uma vasta rede de mediadores que entram e saem; suas muitas conexões lhe dão existência". Latour privilegia as conexões em formação pelos grupos, e não aquelas já estabelecidas, de modo a identificar e mapear novas associações.

A Teoria do Ator-Rede é um operador teórico metodológico que abre uma terceira via, entre correntes estruturalistas e individualistas, de análise sobre a rede, não mais percebida como forma dada ou exclusiva na explicação da organização social humana, mas como possibilidade de investigação da realidade, por meio das conexões entre os atores e entidades humanas e não humanas, num processo sempre dinâmico de (re) agregação do social.

O poder da rede está contido na pluralidade e intensidade com que as ligações e fluxos são formados e mantidos, seguindo a escala estabelecida pelos próprios atores/mediadores. Essas escalas definem os espaços onde os atores transitam, assim como onde os fluxos de informações e os mecanismos de associação entre local e global são produzidos. A relocalização do global e a redistribuição do local pelas redes reconfiguram o social, ao possibilitar novas associações entre novas entidades e/ou atores. Nesse sentido, vale retomar os significados da palavra ator como "aquele que representa a principal fonte de incertezas, deslocamentos e perplexidades, quanto à origem do seu agir", e de ator-rede como "o alvo móvel de um amplo conjunto de entidades que enxameiam em sua direção" (Latour, 2012, p. 78).

A rede deve ser percebida como território de composição e tradução de relatos, mediações, associações e interações (Latour, 2012, p. 160). O território é rede por dar concretude às traduções desses relatos e expandir seus mediadores. Segundo Latour (2012, p. 189), "um bom relato é aquele que tece uma rede", e 'tecer redes' significa produzir relatos, traduzindo a interação de todos aqueles que 'fazem a diferença' no território. Em outras palavras, um relato será bem ou malsucedido, em função da forma como se que se limita a (re)produzir causalidades, a partir da (in)visibilização de atores.

Ora, a ideia de 'comunidade-rede' busca superar a compreensão da 'sociedade em rede', para enfatizar, na perspectiva de Latour, o 'agir na rede', e não somente do 'agir em rede'. Trata-se de compreender as comunidades criativas como atores-rede estratégicos para as novas formas de agregação social, de emancipação e em favor de um desenvolvimento com envolvimento, com ênfase no bem comum e no bem viver. A natureza das comunidades-rede ofereceria condições propícias ao 'agir na rede', cuja qualidade de interação produz associações e conexões emancipatórias. A grande característica da comunidade criativa, enquanto ator-rede, seria a do reconhecimento de novos atores-rede, a partir do acolhimento da pluralidade de ontologias e cosmogonias, essenciais aos novos modos de conhecer. Enfim, 'comunidades em rede' não são, necessariamente, 'comunidades-rede'.

Para enfrentar os desafios da gestão pública em territórios criativos – a concertação político-institucional da ação articulada dos atores públicos e privados, que se relacionam no território; a promoção do capital social e a facilitação do acesso ao capital financeiro, para a geração sustentável de renda e riqueza; o desenho e implementação de um modelo democrático e colaborativo de governança e gestão; a elaboração e implementação de marcos legais favoráveis às atividades produtivas criativas; a proposição e implementação de iniciativas sustentáveis de fomento à criação, produção, distribuição/circulação e ao consumo/fruição de bens e serviços criativos; e a proposição e implementação de iniciativas de qualificação/requalificação das comunidades para o desenvolvimento de competências e habilidades criativas – necessitamos reconhcer a emergência das 'comunidades-rede', essenciais à constituição de 'territórios criativos'. O processo de desenvolvimento de territórios criativos não deve, portanto, limitar-se aos tradicionais diagnósticos/mapeamentos da configuração espacial e socioeconômica do território, mas, sobretudo, reconhecer a existência das comunidades e sua capacidade de definir objetivos e resultados estratégicos, por meio do 'agir na rede'.

Vale, por último, enfatizar a relação existente entre desenvolvimento e território. Os significados de desenvolvimento implicam, necessariamente, a transformação estrutural das realidades cultural, social, econômica, ambiental e política do território. Essa perspectiva escapa à armadilha da definição de desenvolvimento como mera acumulação material e modernização dos padrões de consumo. Pelo contrário, o desenvolvimento de territórios criativos é um processo orgânico, que pode até ser induzido pelo poder público, mas que, necessariamente, demanda a mobilização e o comprometimento da comunidade na estruturação do ecossistema criativo no território.

Com efeito, é indiferente se a iniciativa de desenvolvimento do território criativo é tomada pelo Estado ou se é manifestada a partir das representações da sociedade organizada. O que importa é articulação das políticas públicas – novas ou já existentes – e a implementação de instâncias de governança e gestão com vistas à criação e à estruturação de ecossistemas favoráveis à economia criativa. Afinal, a institucionalização e o desenvolvimento de territórios criativos – para além de constituírem um fim em si mesmo – almejam o fortalecimento da capacidade das comunidades, como afirmava Celso Furtado (2008), de criarem soluções originais para seus problemas específicos e – de maneira mais ampla – de produzirem e efetivarem práticas emancipatórias. Enfim, a categoria território criativo não pode prescindir de uma governança que seja capaz de estimular o 'agir na rede', ou seja, dos usos da criatividade no território em favor da emancipação, e não da dependência.

Ao longo de sua vida, Celso Furtado buscou emancipar a palavra criatividade da sua submissão à economia-mundo. Ao observar que "é nas formas que assume a criatividade que podemos encontrar a chave para captar as tendências mais profundas da nossa civilização" (Furtado, 2008, p. 207), e que "resta saber quais serão os povos que continuarão a contribuir para o enriquecimento do patrimônio cultural comum da humanidade e quais aqueles que serão relegados ao papel passivo de simples consumidores de bens culturais adquiridos nos mercados", Furtado não estaria nos convocando a pensar a criatividade como um bem comum?

Afinal, o direito à criatividade não constituiria, junto aos direitos culturais, um direito fundamental de terceira geração? Responder a essas perguntas é exigência e urgência à definição da expressão território criativo enquanto uma categoria fundamentada em princípios que garantam o "direito à criatividade".

Referências

FURTADO, Celso. *Criatividade e dependência na civilização industrial*. São Paulo: Companhia das Letras, 2008.

HUI, Yuk. *Tecnodiversidade*. São Paulo: Ubu, 2020.

LATOUCHE, Serge. *Pequeno Tratado do descrescimento sereno*. São Paulo: Martins Fontes, 2009.

LATOUR, Bruno. *Reagregando o social*: uma introdução à Teoria do Ator-Rede. Salvador/Baur: Edufba/Edusc, 2012.

LEITÃO, Cláudia Sousa (ed.). *Criatividade e emancipação nas comunidades-rede*: contribuições para uma economia criativa. São Paulo: Itaú Cultural, 2023.

OSTROM, Elinor. *Governando the Commons*: a evolução das Instituições para a Ação Coletiva. Cambridge: Cambridge University, 1990.

SANTOS, Milton. O retorno do território. *OSAL: Observatório Social de América Latina*, ano 6, n. 16, jun. 2005. Buenos Aires: CLACSO, 2005.

SANTOS, Milton. *Por uma geografia nova*: da crítica da geografia a uma geografia nova, São Paulo: Editora da Universidade de São Paulo, 2004.

SANTOS, Milton. O retorno do território. *In*: SANTOS, Milton; SOUZA, Maria Adélia; SILVEIRA, Maria Laura. *Território*: globalização e fragmentação. São Paulo,: HUCITEC, 1998.

SINGER, Paul Israel; SOUZA, André Ricardo de (org.). *A economia solidária no Brasil*: a autogestão como resposta ao desemprego. São Paulo: Contexto, 2000.

As cidades e suas potências criativas: dos projetos às realidades

Luciana Lima Guilherme

Introdução

O debate sobre economia criativa como base e estratégia para o desenvolvimento de países desenvolvidos ou em desenvolvimento tem se constituído e sido aprofundado por meio de dois tipos de abordagens fundamentais: uma setorial, que leva em conta a multiplicidade dos setores criativos, seus potenciais e suas especificidades; e uma territorial, que leva em conta características histórico-culturais, sociais, políticas e econômicas enraizadas nos diferentes territórios, considerados em múltiplas escalas – globais, nacionais, subnacionais, regionais e locais. Nesta perspectiva, as cidades figuram como objetos de reflexão privilegiados e essenciais por se constituírem enquanto espaço concreto da vida e do cotidiano das pessoas; como lugar de morada e de deslocamentos diários; como possibilidade de trabalho e de trocas econômicas; como espaço de encontros, trocas simbólicas e sociabilidades; como ambiente de acolhimento e pertença, mas também de violência, insegurança e abandono; como território de oportunidades, mas também de desigualdades. É nas cidades onde a vida acontece, onde a cultura amplia sentidos e potenciais criativos, onde a formulação e a implementação de políticas públicas para o desenvolvimento se fazem necessárias. Este artigo se propõe a refletir sobre o potencial cultural e criativo das cidades como vetor de desenvolvimento, elaborando sobre a necessidade de um sistema de articulação política em rede, enraizado nos territórios.

Na primeira seção, é apresentado um panorama amplo sobre projetos de desenvolvimento de grandes cidades, no decorrer do século XX até a primeira década do século XXI, formulados por planejadores urbanos de diferentes países. Hall (2013) é adotado como marco teórico dessa reflexão que aponta para motivações e impactos no desenvolvimento de cidades em diferentes momentos históricos, sociais, culturais, políticos e econômicos. Na segunda seção, o conceito de cidades criativas é apresentado a partir de um olhar crítico que destaca equívocos e fragilidades, além de apontar caminhos possíveis de desenvolvimento. Na terceira e última seção, há um aprofundamento do debate sobre cidades na perspectiva do desenvolvimento das mesmas como territórios criativos e integradores de diferentes *stakeholders*, num sistema de articulação política entre a sociedade civil, organizações privadas, com e sem fins lucrativos, e o poder público.

A cidade como projeto e alternativa de desenvolvimento

O debate e a reflexão sobre cidades e alternativas de planejamento e desenvolvimento urbano não são recentes e indicam diferentes olhares, percepções de mundo, ideologias e valores que se constituem e são constituidores de relações sociais, culturais, políticas e econômicas em diferentes territórios e diferentes períodos históricos. Frutos da expansão de grandes movimentos econômicos e migratórios, as cidades emergem como alternativas de vida e de desenvolvimento, assim como territórios de poder e disputas de narrativa.

As cidades são, portanto, organismos vivos em constante movimento e mutação, impactadas por projetos e visões de futuros possíveis e desejáveis de diferentes grupos em disputa e jogos de poder. Os projetos de cidades refletem, em sua grande maioria, as preocupações e as prioridades de classes dominantes e abastadas em detrimento daquelas historicamente preteridas e em situação de vulnerabilidade econômica e social.

Peter Hall (2013), em seu livro "Cidades do Amanhã", trouxe esse debate à tona, apresentando o pensamento dos chamados planejadores urbanos no período entre as duas últimas décadas do século XIX e a primeira década do século XXI, apresentando um panorama de como importantes cidades no mundo foram pensadas, configuradas e reconfiguradas como ideias, utopias e projetos concretos, exitosos ou não, seja em Londres, Nova Iorque, Paris, Edimburgo, Chicago, Nova Delhi, Berlim, Moscou, Brasília, Baltimore ou Boston.

O autor chama a atenção para as cidades de Londres e Nova Iorque que, em fins do século XIX, sofriam com o acúmulo de problemas de moradia, insegurança, violência e ausência de condições mínimas de saúde, resultantes de processos migratórios, concentradores da população, como reflexo da industrialização crescente (Hall, 2013). Enquanto, em Londres, a população trabalhadora se acumulava em cortiços em meio à fome, à doença, à insalubridade, à violência e à precariedade total de suas condições de trabalho, em Nova York esse mesmo processo se deu nos prédios de habitação coletiva construídos para a classe trabalhadora e para os imigrantes. Estes problemas acabavam por atingir as classes média e rica, que temiam a violência e possíveis movimentos de insurreição. Foi então que, nas primeiras décadas do século XX, como resposta a esta situação, iniciou-se um processo de suburbanização da classe trabalhadora, através do investimento e da ampliação de transportes de massa, como modo de deslocar a moradia da população para os subúrbios e arredores das cidades. Também foi adotado o zoneamento urbano como estratégia de regulação da ocupação de solo, definindo critérios para a construção de moradias e de estabelecimentos comerciais e industriais (Hall, 2013).

Dando um passo adiante, no mesmo período, os planejadores urbanos não só projetavam a suburbanização da moradia da classe trabalhadora, mas buscavam a descentralização industrial a partir da cidade superpovoada para o campo, transferindo as fábricas por meio da oferta de atrativos para os industriais e oferecendo oportunidades de construção de casas para os operários. A "cidade-jardim" era uma cidade de pequeno porte, pensada na perspectiva de uma comunidade autônoma, atraindo também profissionais e pequenos comerciantes de múltiplos setores (Hall, 2013).

O planejamento regional nasce com o conceito de "cidade na região", mais propriamente entre 1900 e 1940, nas cidades de Edimburgo, Nova York e Londres. O pensamento regional amplia a noção de cidade a partir do momento em que amplia seu objeto de análise para aspectos relacionados à geografia, considerando recursos naturais, culturais e industriais. A cidade, projetada e planejada nesta perspectiva, é considerada numa maior complexidade de camadas e dimensões. Conforme descrito por Mumford (apud Hall, 2013, p. 177), o "planejamento regional vê o povo, a indústria e a terra como uma única unidade. Ao invés de tentar, mediante um ou outro artifício desesperado, tornar a vida mais tolerável nos centros superpovoados, procura determinar que espécie de equipamento necessitarão os novos centros".

Em paralelo e dentro de uma visão mais restrita e superficial, associada a aspectos relacionados à autoestima, ao bem-estar, ao interesse turístico e à alavancagem comercial, emerge o Movimento *City Beautiful* (Hall, 2013) das "Cidades dos Monumentos", tendo Chicago, Nova Delhi, Berlim e Moscou como exemplos emblemáticos. Enquanto a Chicago projetada por Daniel Burnham buscava suplantar os complexos de inferioridade coletivos de ex-colônia e impulsionar o comércio, fortalecendo o ambiente de negócios; a indiana Nova Delhi, assim como cidades de outras colônias britânicas, foi projetada como símbolo e rito do poder imperialista e nacionalista; Berlim, ao contrário da valorização do nazismo ao campo, foi repensada contraditoriamente como espaço de ostentação e espetáculo; assim como a Moscou de Stalin se reconstruía numa arquitetura representativa, expressiva e retórica da força do comunismo. Deste modo, o Movimento *City Beautiful* apontou para o fortalecimento de uma arquitetura como símbolo de poder associado a um reforço ideológico com quase nenhum interesse por objetivos de natureza social.

Dando um salto de algumas décadas para o período entre 1975 e 1987, a "Cidade do Empreendimento" (Hall, 2013) emerge como modelo a ser seguido, como resultado e tentativa de resposta à recessão dos anos 70 e 80, em países como os Estados Unidos e o Reino Unido. Nesta época, houve um processo significativo de desindustrialização que impactou no sucateamento de estruturas manufatureiras e na perda de milhares de empregos. Mais do que enfrentar questões sociais relacionadas com as condições da miséria de trabalhadores e da população, estes países focaram no enfrentamento da falência da economia, adotando um modelo de revitalização urbana associado à articulação de parcerias público-privadas, com capacidade de atrair grandes investimentos privados voltados para a geração de novos negócios e empregos. A combinação de recursos públicos e privados tinha como foco a promoção de uma urbanização comercial em larga escala. Deste modo, atividades econômicas relacionadas com o turismo, a cultura, o entretenimento e as compras foram promovidas e fortalecidas, gerando emprego e renda. Este processo foi bem-sucedido, em parte, em cidades como Baltimore, Boston e Londres. No entanto, o foco na dimensão econômica em prejuízo de outras dimensões associadas às outras questões enfrentadas pelas cidades acabou por gerar problemas que viriam surgir mais adiante.

Peter Hall (2013) encerra o debate sobre cidades, analisando o período entre 1985 e 2010, por meio da descrição de aspectos relacionados à "Cidade da Embaçada *Belle Époque*", uma cidade polarizada entre os *milleux* urbanos inovativos e os guetos desinformacionais. Caracterizadas e impulsionadas fortemente pelos avanços da telemática, pelo surgimento da sociedade da informação, do conhecimento e articulada em rede, estas cidades, também denominadas por Hall (2013) como "Infocidades", têm como capacidade a geração de novos modos e práticas sociais e econômicas baseadas numa nova relação entre tempo e espaço (Castells, 1999). As infocidades, impactadas pelas tecnologias digitais, ampliam o conceito tradicional de cidades, substituindo "lugares por uma rede de fluxos de informação, fora do controle humano" (Hall, 2013, p. 476).

Neste período, a lógica das "Cidades do Empreendimento" foi em parte mantida, embora o processo de desindustrialização das infocidades tenha se ampliado, fortalecendo uma economia de serviços sofisticados (arquitetura, engenharia, publicidade, contabilidade, auditoria, serviços jurídicos e financeiros, entre outros) voltados para grandes empresas globais. Em paralelo, setores relacionados às artes, ao entretenimento, ao turismo, à educação e à saúde ganharam importância, constituindo um espectro de possibilidades de desenvolvimento. Neste mesmo período, acreditava-se também na redução da importância das cidades em virtude do processo de digitalização pelo qual o mundo estava passando, o que permitiria a qualquer pessoa desempenhar atividades estando em qualquer lugar, desde que mantido o acesso a conexões digitais (Hall, 2013).

Apesar deste discurso de democratização do acesso e de potencial inclusão produtiva, constatou-se uma contradição, pois os centros urbanos se mantinham e ainda se mantêm como espaços potentes e preferenciais para o desenvolvimento de profissionais por proporcionarem o acesso à informação, à educação e às novas tecnologias, através de ecossistemas potencializadores de encontros e redes de criação e produção. Essa lógica, por si só, apresenta-se como excludente e elitista, posto que o acesso não se dá de modo universal, e sim favorece a uma elite de profissionais.

A situação se repete quando a cidade é analisada na perspectiva do conceito de cidades globais (Carvalho, 2000), nascidas como resultado da desindustrialização e da chegada das novas tecnologias digitais de informação e comunicação, assim como o caso das infocidades. A desindustrialização, além de ter provocado a migração de fábricas de países desenvolvidos para países subdesenvolvidos ou em desenvolvimento em função de custos de produção e de transação mais baixos, provocou uma decadência econômica proveniente tanto do desemprego da manufatura quanto da crise fiscal ocasionada por esta migração, obrigando as cidades a investirem fortemente em serviços sofisticados e essenciais para a operação do sistema financeiro internacional e das empresas transnacionais. Esta mudança estrutural da economia da cidade, do setor secundário para o setor terciário, impactou na estrutura do mercado de trabalho, redirecionando a oferta de empregos para profissionais qualificados, enquanto grande parcela dos trabalhadores, "órfãos da manufatura" e com baixa formação, foram excluídos nesta reconfiguração. Deste modo, a velocidade das mudanças sofridas na economia das cidades superou, em muito, a velocidade do processo de requalificação da classe trabalhadora para fazer frente às novas oportunidades.

As infocidades e as cidades globais, portanto, são seminais e contemporâneas no debate acerca das chamadas cidades criativas, tão defendidas e também criticadas.

A cidade criativa como conceito, projeto e alternativa de desenvolvimento

Conforme pôde ser visto no tópico anterior, a atribuição de tipologias ou de categorias às cidades passa essencialmente por recortes e olhares voltados para o seu desenvolvimento. Os conceitos de cidade global e de infocidades, fortemente associadas a uma economia de serviços, à ampliação de mercados globais e ao uso das tecnologias de informação e comunicação (TIC) em processos de criação e inovação, em muito se confundem e se misturam com o debate sobre cidade criativa.

A denominação "cidade criativa" nasce em meados da década de 1990, junto ao debate e à implementação de políticas de economia criativa no Reino Unido. O arquiteto britânico Charles Landry (2008) figura como um dos primeiros teóricos a debater sobre planejamento urbano de cidades sob essa denominação, considerando que o desenvolvimento das cidades está ancorado em aspectos e atributos econômicos, culturais, ambientais e sociais, representados por um sistema de indicadores. Neste sentido, uma cidade desenvolvida e autossustentável é uma cidade com uma população capaz de aprender, adaptar-se e inovar diante de suas vicissitudes e oportunidades de crescimento, tendo como base a sua expressão simbólico-estética e o desenvolvimento de suas indústrias criativas, geradoras de oportunidades de trabalho, de renda e de novos negócios, por meio do fortalecimento de suas identidades e manifestações culturais. A cidade criativa é, portanto, uma cidade com uma cultura voltada para a imaginação e a participação, é uma cidade geradora de riquezas e capaz de atrair e reter talentos criativos, ampliando seus potenciais de desenvolvimento cultural e econômico (Reis, 2011).

O debate sobre cidades criativas, desde então, tem se dado por meio da análise de cidades que têm se colocado como referência nesse campo em virtude de políticas e de investimentos concretos na implantação e no desenvolvimento de programas e projetos, o que pode ser constatado no estudo de Evans *et al.* (2006) que contemplou as cidades de Londres, Berlim e Barcelona (na Europa), além de Toronto, São Francisco e Nova York (na América do Norte). Para esses pesquisadores, uma cidade criativa depende do investimento em cinco dimensões fundamentais. Essas dimensões devem ser desdobradas em estratégias essenciais para a construção de competências e ambiências favoráveis para o desenvolvimento da economia criativa local. A seguir, a Figura 1 apresenta as cinco dimensões identificadas e destaca as principais estratégias estabelecidas a partir da análise destas cidades.

Figura 1 – Dinâmicas das cidades criativas

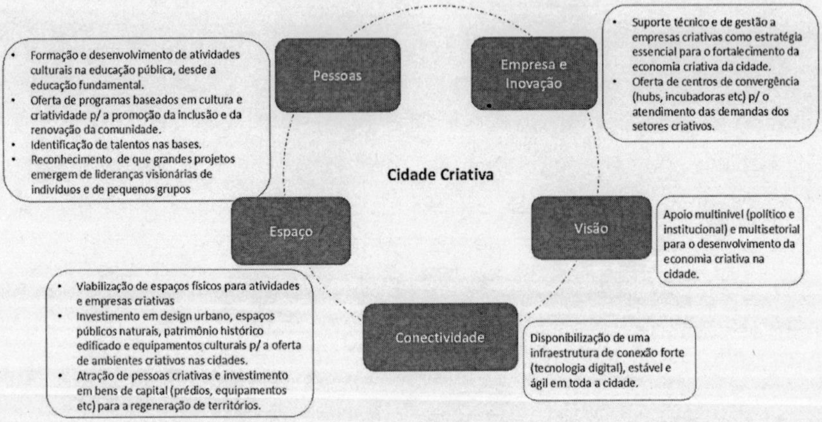

Fonte: Evan *et al.* (2006)

Na visão destes autores (Evan *et al.*, 2006), conforme pode ser observado na Figura 1, estas dimensões devem ser tratadas de modo integrado, considerando desde aspectos ligados à formação das pessoas, passando por questões associadas ao fortalecimento e à inovação das empresas, à criação e oferta de ambientes e de espaços físicos e territoriais favoráveis ao desenvolvimento das atividades criativas, a uma visão que considere tanto o apoio multinível (político e institucional) quanto multisetorial até os aspectos específicos de infraestrutura, voltados para a garantia de uma boa conectividade entre a comunidade, os empreendedores e os atores institucionais e empresariais envolvidos.

Seldin (2016) chama a atenção para a regeneração urbana como investimento central das chamadas cidades criativas. O restauro, a requalificação e a ocupação de espaços abandonados e degradados das cidades, por equipamentos e profissionais do campo cultural e criativo, emergem como processos geradores de novas dinâmicas econômico-culturais, ampliando a visibilidade da cidade, atraindo investidores e alavancando fluxos turísticos. Assim aconteceu em cidades dos Estados Unidos e da Europa Ocidental. E, mais recentemente, como exemplo de uma tentativa no Brasil, na região portuária do Rio de Janeiro.

No entanto, ainda que, a princípio, a regeneração urbana tenha se apresentado apenas em seu aspecto positivo para as cidades, o que se viu no médio prazo foram processos de gentrificação e de ampliação da desigualdade no acesso e na obtenção de benefícios pelas populações locais. Muitos projetos não levaram em consideração os contextos urbanístico, social e cultural destas regiões, implantando equipamentos desconectados com a realidade das comunidades. A especulação imobiliária resultante da valorização desses espaços acabou por "expulsar" moradores e empreendedores locais que não mais conseguiram fazer frente à elevação dos custos para se manterem nestas regiões (Seldin, 2016).

Deste modo, segundo Reis (2011), a cidade como espaço do comum, como espaço de governança democrática para o seu desenvolvimento, sucumbe ao conceito de marketing urbano que defende a apropriação das identidades e da produção cultural numa perspectiva utilitária e de espetacularização da cultura, voltado para a geração de atrativos turísticos e para um mercado de entretenimento das cidades, repetindo velhas fórmulas de concentração e de exclusão produtiva. Nesta lógica do marketing urbano, não há um compartilhamento efetivo da cidade, mas sua apropriação e redução à dimensão de produto turístico. A cidade é produto e a cultura é a narrativa simbólica e estética responsável pelo potencial de venda deste produto.

Um conceito muito controverso e que também influenciou o debate sobre cidades criativas é o de classe criativa, defendido por Richard Florida. Na perspectiva deste autor (Reis, 2011), a classe criativa corresponde a uma classe de trabalhadores cuja centralidade de sua atividade profissional está essencialmente baseada no processo de criação, associado a uma autonomia, a uma flexibilidade e a uma mobilidade acima da média, quando comparadas com as da realidade de profissionais que atuam na indústria e em serviços padronizados e repetitivos. A definição de classe criativa, defendida por Florida (2002), é central na sua visão de construção e desenvolvimento de uma cidade criativa. Para ele, uma cidade criativa só será capaz de se constituir como tal se tiver a capacidade de atrair e reter essa classe de profissionais.

Florida definiu então um sistema de indicadores tanto para ranquear o "índice de criatividade" das cidades quanto para servir de indicativo dos atributos necessários para que uma cidade possa se desenvolver e elevar seu potencial criativo. Este sistema foi construído com base nos "3 Ts" do desenvolvimento econômico apresentados no Quadro 1 a seguir (Reis, 2011; Valiati; Cauzzi, 2016):

Quadro 1 – Os 3 Ts do índice de criatividade das cidades criativas, segundo Florida

3 Ts	Descrição	Índices
Tecnologia	Concebida como essencial para o aumento da eficiência e da produtividade das economias baseadas em conhecimento.	- Índice de pesquisa e desenvolvimento (% P&D/PIB); - Índice de Inovação (patentes/milhões de habitantes); - Índice de Inovação High-Tech (patentes tecnologia/habitantes);
Talento	Associado aos profissionais criativos ocupados nas áreas de ciência, tecnologia e engenharia; artes, cultura, entretenimento e mídia; administração e negócios; educação, saúde e direito.	- Índice da classe criativa (% de profissões criativas); - Índice de capital humano (% da pop. 25-64 a nível universitário); - Índice de talento científico (pesquisadores/mil habitantes);

Tolerância	Relacionada a valores e atitudes receptivas e favoráveis a imigrantes, artistas, homossexuais e boêmios.	- Índice de atitudes (diante das minorias); - Índice de valor (valores tradicionais x valores contemporâneos); - Índice de autoexpressão (direitos individuais e de expressão);

Fonte: adaptado pela autora a partir de Reis (2011) e de Valiati e Cauzzi (2016)

O que se constata a partir deste índice é o seu caráter restrito, excludente e equivocado, posto que é fortemente baseado:

- Em tecnologias essencialmente patenteadas e frutos de P&D, o que acaba por negar a criatividade e as inovações geradoras de tecnologias sociais que emergem de indivíduos, coletivos e comunidades.
- Em profissões relacionadas à educação formal e reconhecidas oficialmente, provenientes preferencialmente de universidades e centros de pesquisa, enquanto o campo criativo contempla um espectro muito mais amplo de profissionais: desde os autodidatas, aprendizes e mestres das tradições populares – passando pelos artistas, criadores, gestores e produtores – até os novos profissionais, híbridos e atuantes em novas profissões ainda não refletidas no sistema de ensino regular, que têm aberto novas oportunidades e possibilidades de realização no campo cultural e criativo.
- Numa métrica de atitudes, valores e de autoexpressão frágeis e vagos em sua consistência, sem destacar aspectos, muito mais amplos, relacionados à aceitação, à valorização e ao reconhecimento da importância da diversidade cultural para o convívio em sociedade e à capacidade de inovação relacionada ao desenvolvimento de tecnologias sociais e soluções para o desenvolvimento da cidade.

Em 2017, o próprio Florida[65] fez um mea-culpa sobre o conceito de classe criativa, reconhecendo seu aspecto concentrador e excludente, sua incapacidade de gerar desenvolvimento para as cidades e de propor um

[65] Disponível em: https://jacobinmag.com/2017/08/new-urban-crisis-review-richard-florida. Acesso em: 29 maio 2024.

enfretamento realmente transformador para a qualidade de vida em sociedade.

Dentro do Sistema ONU, a UNESCO, em paralelo a essas discussões, fortaleceu o debate sobre cidades criativas com a criação do Programa "Rede de Cidades Criativas" com os seguintes objetivos (2016, p. 6, tradução nossa):

- fortalecer a cooperação internacional entre as cidades que reconhecerem a criatividade como um fator estratégico de seu desenvolvimento sustentável;
- estimular e aperfeiçoar iniciativas lideradas por cidades membros para tornar a criatividade um componente essencial do desenvolvimento urbano, nomeadamente através de parcerias entre os setores público e privado e a sociedade civil;
- fortalecer a criação, produção, distribuição e divulgação de atividades culturais, bens e serviços;
- desenvolver *hubs* de criatividade e inovação e ampliar oportunidades para criadores e profissionais do setor cultural;
- promover o acesso e a participação na vida cultural, bem como o gozo de bens e serviços culturais, nomeadamente para grupos e indivíduos marginalizados ou vulneráveis;
- integrar plenamente cultura e criatividade em estratégias e planos de desenvolvimento local.

A Rede de Cidades Criativas da UNESCO foi lançada em 2004 e em 2023 chegou ao número de 350 cidades-membro de países de todo o mundo, relacionadas com sete setores/campos criativos: artesanato e artes folclóricas, design, filmes, gastronomia, literatura, música e artes midiáticas. Dessas 350 cidades, 14 são brasileiras[66]: Belém (PA), Florianópolis (SC), Paraty (RJ) e Belo Horizonte (MG), na categoria Gastronomia; Brasília (DF), Curitiba (PR) e Fortaleza (CE), em Design; Salvador

[66] Disponível em: https://www.gov.br/turismo/pt-br/assuntos/noticias/rio-de-janeiro-rj-e-penedo-al-integram-a-rede-de-cidades-criativas-da-unesco. Acesso em: 29 maio 2024.

(BA) e Recife (PE), na categoria Música; Santos (SP) e Penedo (AL) no Cinema; João Pessoa (PB), na categoria Artesanato e Artes Populares, Campina Grande (PB), em Artes Midiáticas, e Rio de Janeiro (RJ), em Literatura.

Ainda que o discurso presente nos objetivos da Rede de Cidades Criativas da UNESCO (2016), citados anteriormente, defenda a cidade como *lócus* de desenvolvimento local tendo a cultura e a criatividade como vetor e estratégia de desenvolvimento, o que se percebe, na prática, é que a chancela, evidenciada a partir de um setor dentre tantos outros que poderiam se representativos do território, acaba reforçando a estratégia de marca-cidade, de marketing urbano, promovendo o fortalecimento da cidade como produto turístico. O uso deste tipo de estratégia para gerar atratividade para o lugar não é ruim, mas é redutor diante do que se defende e se pretende como cidade criativa numa perspectiva mais ampla. A chancela da UNESCO corresponde a um rito simbólico emblemático e promotor de uma rede de trocas de conhecimentos para a inovação das cidades, mas depende essencialmente, para ter efetividade e gerar transformação, do compromisso e da capacidade de mobilização e de execução dos formuladores e gestores públicos das cidades em articulação com a sociedade civil e o setor privado. Não é raro o fato de a chancela da UNESCO não ir muito além da aprovação de uma grande "carta de intenções", construída a partir de um dossiê, que pouco se cumpre nas cidades.

Diante desse panorama, constata-se claramente a fragilidade de uma narrativa, ainda incipiente em termos de aplicabilidade e prenhe de divergências conceituais. A denominada cidade criativa, de uma visão simplista de cidade-produto, utilitária e funcional, ganha complexidade e escala ao envolver múltiplos atores e múltiplas institucionalidades, associados a aspectos sociais, culturais, econômicos, políticos e ambientais. Deste modo, contempla a diversidade cultural e econômica, promovendo éticas, estéticas e sociabilidades. A cidade só será criativa por meio de pessoas e instituições com capacidade de se articular e de integrar esforços. Cidades, para serem criativas, precisam ser compreendidas dentro de uma ética potencializadora de autonomias e soluções criativas e inovadoras para o desenvolvimento de territórios através das pessoas, das instituições e de suas redes, reconhecendo, valorizando e promovendo a riqueza da sua diversidade cultural, como ativo e motor do crescimento e dos desenvolvimentos local e regional.

Cidades, territórios criativos e a gestão pública em rede

Se as cidades são territórios potentes para a formulação e implementação de projetos de desenvolvimento, assumem-se a criatividade e a economia provenientes dos setores culturais e criativos como vetores de desenvolvimento, elas só se tornam possíveis como projeto e realidade concreta por meio de uma articulação política efetiva em rede (Guilherme, 2023).

Nesse sentido, as grandes cidades emergem como territórios privilegiados para o desenvolvimento de atividades culturais e criativas em função da sua infraestrutura institucional, da densidade de profissionais atraídos por melhores condições de trabalho e da diversidade cultural resultante dos fluxos migratórios destes profissionais. Matos (2011, p. 130) ratifica essa percepção ao afirmar que "as atividades culturais tendem a evoluir para uma configuração locacional marcada por múltiplas aglomerações espalhadas por grandes regiões metropolitanas ao redor do mundo".

Em virtude de a dimensão cultural estar presente tanto na constituição de seus processos criativos e produtivos quanto nas trocas simbólicas e econômicas entre seus diversos atores, os sistemas produtivos dos setores criativos se configuram em dinâmicas orgânicas enraizadas no território, fundindo o global com o local, conectando-se e desconectando-se em função de atividades e projetos específicos, articulando-se em redes no cumprimento das etapas dos seus ciclos econômicos – criação, produção, divulgação, distribuição. A diversidade cultural surge, portanto, como grande insumo para a inovação e as transformações econômicas e sociais nos territórios. "Quanto mais denso e rico o conteúdo cultural de um determinado grupo social, maiores as possibilidades de enfrentamento dos desafios associados ao desenvolvimento econômico e à inserção na economia nacional e global" (Matos *et al.*, 2017, p. 195).

Para além do valor agregado com potencial de diferenciação dentro de padrões de consumo globais homogeneizantes, a cultura, enquanto produção simbólica, também está impregnada de valores e visões de mundo que pautam o cotidiano das pessoas nos territórios, funcionando como amálgama das sociabilidades por constituir sentidos e identidades. Cada um desses aspectos impacta diretamente nas dinâmicas territoriais e define lógicas de relacionamento, compartilhamento de informações e de geração de inteligência coletiva (Lévi, 1999).

O sistema produtivo de economia criativa (Guilherme, 2018) se constitui, portanto, de múltiplas redes econômicas e não econômicas, alimentadas por uma diversidade de agentes atuantes no cerne das atividades dos setores criativos (patrimônio, artes, mídias e criações funcionais); atuantes em setores relacionados, como no caso dos setores de turismo, esporte e lazer, estabelecendo relações econômicas, culturais e sociais de retroalimentação; atuantes no setor de serviços (registros de marcas e patentes, direitos autorais, comércio e distribuição, serviços gráficos, suporte em TI, entre outros) e nas indústrias tradicionais (confecção de roupas, instrumentos musicais, produção de aparelhos e equipamentos de audiovisual e som, equipamentos de informática, cosmética, mobiliário, entre outros); e, por último, atuantes em arranjos institucionais necessários para o desenvolvimento e o fortalecimento dos setores criativos nos territórios (órgãos públicos, agências de fomento, instituições de ensino e pesquisa, agências de regulação etc.) (Guilherme, 2018).

O grau de maturidade e de desenvolvimento dos Sistemas variará de território para território, apresentando estruturas mais robustas ou fragilizadas. Como um exercício de síntese, vale, portanto, destacar alguns pontos que caracterizam e influenciam as dinâmicas das redes econômicas e dos sistemas produtivos de economia criativa (Cassiolato *et al.*, 2008; Matos, 2011):

- as atividades culturais e criativas têm relevância econômica, impactando diretamente na geração de trabalho e renda;

- a cultura é elemento fundante de processos inovativos, que podem ser potencializados por meio de relações entre tradição e inovação;
- há tensionamentos, mas também há possibilidades de convergências entre as forças de mercado e a necessidade de preservação e valorização da diversidade cultural;
- os valores agregados aos produtos (bens e serviços) criativos são construídos e podem ser fortalecidos a partir dos potenciais culturais locais e de processos coletivos e colaborativos entre os membros de suas redes de criação e produção;
- a atuação no campo cultural e criativo demanda uma base de conhecimentos múltiplos e diversificados, voltados tanto para a criação e produção de bens e serviços quanto para a gestão de negócios;
- uma cultura colaborativa é essencial para o fortalecimento de processos de governança territorial, caracterizados por articulações multiníveis e voltados para interesses comuns;
- as necessidades reais e os interesses concretos dos agentes locais, componentes de redes e sistemas produtivos de economia criativa, devem pautar a formulação e a implementação de políticas públicas voltadas para o seu fortalecimento e desenvolvimento.

A cidade, portanto, como território criativo contempla diversas comunidades criativas e suas realidades sociais que, no campo da economia criativa, articulam-se em ecossistemas que integram a sociedade civil com organizações, com e sem fins lucrativos, e órgãos e instituições públicas. Nesse território complexo, que engloba ambientes físicos e virtuais em múltiplas camadas de conexão e interação, a gestão pública demanda um sistema de governança e de atuação política em rede "para dentro e para fora": para dentro, na constituição de um estado-rede multinível de natureza intersetorial; para fora, mobilizando interesses e promovendo convergências para o desenvolvimento territorial (Guilherme, 2018).

Referências

CARVALHO, Mônica de. Cidade global: anotações críticas sobre um conceito. *São Paulo em Perspectiva*, v. 14, n. 4, 2000. Disponível em: http://www.scielo.br/pdf/spp/v14n4/9753.pdf. Acesso em: 29 maio, 2024.

CASTELLS, Manuel. *Para o Estado-Rede*: globalização econômica e instituições políticas na era da informação. *In*: PEREIRA, L. C. Bresser; WILHEIM, Jorge; SOLA, Lourdes (org.). *Sociedade e Estado em Transformação*. São Paulo: Editora da UNESP; Brasília: Editora da UNB, 1999.

CASSIOLATO, José Eduardo; MATOS, Marcelo Pessoa de; LASTRES, Helena M. M. Arranjos e sistemas produtivos e inovativos locais em atividades culturais e políticas para sua promoção. *In*: CASSIOLATO, José Eduardo; MATOS, Marcelo Pessoa de; LASTRES, Helena M. M. (org.). *Arranjos produtivos locais*: uma alternativa para o desenvolvimento: criatividade e cultura. v.1. Rio de Janeiro: E-papers, 2008.

EVANS, Graeme *et al*. *Strategies for Creative Spaces and Cities*: Lessons Learned. 2006. Disponível em: https://www.researchgate.net/publication/268424703_Strategies_for_Creative_Spaces_and_Cities_Lessons_Learned. Acesso em: 29 maio 2024.

FLORIDA, Richard. *The Rise of the Creative Class* – and how it's transforming work, leisure, community and everyday life. Nova York: Basic Books, 2002.

GUILHERME, Luciana L. *Economia criativa, Desenvolvimento e Estado-rede*: uma proposição de políticas públicas para o fortalecimento de sistemas produtivos e redes econômicas de setores criativos na cidade do Rio de Janeiro. 2018. Tese (Doutorado em Políticas Públicas, Estratégias e Desenvolvimento) – Instituto de Economia, Universidade Federal do Rio de Janeiro, Rio de Janeiro, 2018. Disponível em: https://www.researchgate.net/publication/335336272_GUILHERME_Luciana_L_Economia_Criativa_Desenvolvimento_e_Estado-Rede_Tese . Acesso em: 29 maio 2024.

GUILHERME, Luciana L. Economia criativa e Estado-rede: um sistema de ação política para o desenvolvimento de territórios. *In*: LEITÃO, Cláudia Sousa (org.). *Criatividade e emancipação nas comunidades-rede*: contribuições para uma economia criativa brasileira. São Paulo: WMF Martins Fontes, 2023.

HALL, Peter. *Cidades do amanhã*: uma história intelectual do planejamento e do projeto urbanos no século XX. São Paulo: Perspectiva, 2013.

LANDRY, Charles. *The creative city*: a toolkit for urban innovators. Londres: Earthscan, 2008.

MATOS, Marcelo G. P. de. *Economia da Cultura e Desenvolvimento*: Teoria e Evidências a Partir da Análise de Arranjos e Sistemas Produtivos e Inovativos Locais Culturais no Brasil. 2011. 279 f. Tese (Doutorado em Economia) – Universidade Federal Fluminense, Niterói, 2011.

REIS, Ana Carla Fonseca. *Cidades criativas*: análise de um conceito em formação e da pertinência da sua aplicação na cidade de São Paulo. Tese (Doutorado em Planejamento Urbano e regional) – Faculdade de Arquitetura e Urbanismo, Universidade São Paulo, São Paulo, 2011. Disponível em: http://www.teses.usp.br/teses/disponiveis/16/16139/tde-08042013-091615/pt-br.php. Acesso em: 29 maio 2024.

SELDIN, Cláudia. *A 'cidade criativa' como um novo paradigma nas políticas urbano-culturais*. Rio de Janeiro: VII Seminário Internacional de Políticas Culturais, 2016. Disponível em: https://www.researchgate.net/publication/313338438_A_%27Cidade_Criativa%27_Como_um_Novo_Paradigma_nas_Politicas_Urbano-Culturais. Acesso em: 29 maio 2024.

VALIATI, Leandro; CAUZZI, Camila Lohmann. Indústrias criativas e Desenvolvimento: Análise das dimensões Estruturadoras. *In*: VALIATI, Leandro; MOLLER, Gustavo (org.). *Economia criativa, cultura e políticas públicas*. Porto Alegre: Editora da UFRGS/CEGOV, 2016. p. 186-210.

UNESCO – United Nations Educational, Scientific and Cultural Organization. *Creative Cities Network*. Beijing, 2016. Disponível em: https://www.unesco.org/en/creative-cities. Acesso em: 29 maio 2024.

Sobre os autores

Allen M. El Hage é advogada e atualmente é mestranda em Comunicação pelo Programa de Pós-Graduação em Comunicação da Universidade Paulista e investigadora associada do grupo de pesquisa Culturas Urbanas, Música e Comunicação da UNIP.

Beatriz Medeiros fez mestrado e doutorado pelo Programa de Pós-Graduação em Comunicação da Universidade Federal Fluminense. Atualmente vem realizando um estágio pós-doutoral no Núcleo Milênio em Culturas Musicais e Sonoras e pela Universidade Mayor (no Chile).

Beatriz Polivanov fez pós-doutorado pela James McGill University (Canadá); mestrado e doutorado pelo Programa de Pós-Graduação em Comunicação da Universidade Federal Fluminense. Atualmente é docente do Programa de Pós-Graduação em Comunicação e do Departamento de Estudos Culturais e Mídia da Universidade Federal Fluminense, onde também coordena o grupo de pesquisa MiDICom.

Beatriz Costa é doutoranda do Programa de Pós-Graduação em Comunicação da Universidade Federal Fluminense e mestre em Comunicação na mesma instituição. Sua pesquisa aborda a dinâmica social e territorial do funk da cidade do Rio de Janeiro, com especial destaque para o Baile da Selva, na Penha.

Carlos Eduardo Oliveira fez doutorado no Programa de Pós-Graduação Multi-Institucional e Multidisciplinar em Difusão do Conhecimento da UFBA/UNEB. Atualmente é professor da Escola de Dança da UFBA, artista da dança, teatro e diretor do Grupo X de Improvisação em Dança.

Cassio de Borba Lucas Fez mestrado e doutorado em Comunicação pela Universidade Federal do Rio Grande do Sul. Atualmente é professor da Escola de Comunicação da Universidade Federal do Rio de Janeiro e vem realizando um estágio pós-doutoral no Programa de Pós-Graduação em Comunicação da Universidade do Estado do Rio de Janeiro.

Cauê de Nascimento Ribeiro tem formação graduada e pós-graduada em Psicologia Clínica pela Universidade do Estado da Bahia. Atualmente é docente no Centro Universitário Jorge Amado em Teoria Psicanalítica e mestrando em Psicologia pela Universidade Federal da Bahia.

César Rebolledo González realizou seu mestrado em Sociologia pela Universidade René Descartes Paris 5-Sorbonne (França) e o doutorado em Ciências Sociais pelo Colegio Mexiquense. Atualmente integra o Sistema Nacional de Pesquisadores do México, é professor do Departamento de Comunicação das universidades LaSalle e Iberoamericana (ambas localizadas em México DF) e é coordenador do projeto Sonic Street Technologies.

Cíntia Sanmartin Fernandes fez doutorado em Sociologia Política pela Universidade Federal de Santa Catarina, tendo realizado três estágios pós-doutorais: no Programa de Pós-Graduação em Comunicação da Pontifícia Universidade Católica-SP, no Programa de Pós-Graduação em Comunicação da Universidade Federal do Rio de Janeiro, no Departamento de Sociologia da Universidade Paul-Valéry (Montpellier) e na École des Hautes Études en Sciences Sociales (Paris). Atualmente é pesquisadora do CNPq e do Prociência/UERJ; e Professora Associada do Faculdade de Comunicação Social e do Programa de Pós-Graduação em Comunicação da Universidade do Estado do Rio de Janeiro, onde coordena também o Grupo de Pesquisa Comunicação, Arte e Cidade.

Cláudia Sousa Leitão tem mestrado em Direito pela Universidade de São Paulo e doutorado em Sociologia pela Université René Descartes-Paris

V/Sorbonne (França). Foi professora da Universidade Estadual do Ceará (UECE) e é atualmente Consultora em Economia Criativa para diversas organizações nacionais e internacionais.

Cláudio Manoel D. de Souza é doutor em Cultura & Sociedade pela Universidade Federal da Bahia e professor adjunto da Universidade Federal do Recôncavo da Bahia. É líder do grupo de pesquisa LinkLivre e coordenador adjunto do Digitalia da UFRB. Atualmente é curador e organizador dos festivais *Digitalia* e *Paisagem Sonora*, realizados regularmente na mesma instituição.

Fabiano T. Lacombe é jornalista, fez mestrado em Etnomusicologia e doutorado em Comunicação, ambos pela Universidade Federal do Rio de Janeiro. Atualmente é pesquisador associado do Núcleo de Estudos e Projetos em Comunicação da UFRJ.

Felipe Trotta fez mestrado em Musicologia pela Universidade Federal do Rio de Janeiro e doutorado em Comunicação pela UFRJ. Atualmente é Professor Titular do Departamento de Estudos de Mídia e coordenador do Programa de Pós-Graduação em Comunicação, ambos da Universidade Federal Fluminense. Foi presidente da seção latino-americana da International Association for the Study of Popular Music e editor da Revista E-Compós.

Flavia Magalhães Barroso fez mestrado e doutorado em Comunicação pelo Programa de Pós-Graduação em Comunicação da Universidade do Estado do Rio de Janeiro. Atualmente está realizando um estágio pós-doutoral em Comunicação no Programa de Pós-Graduação em Comunicação da Universidade Paulista e é investigadora associada dos grupos de pesquisa URBESOM/UNIP e CAC/UERJ.

Gabriel Gutierrez possui mestrado em Ciência Política pelo Instituto de Estudos Sociais e Políticos da Universidade do Estado do Rio de Janeiro e doutorado em Comunicação pelo Programa de Pós-Graduação em Comunicação da UERJ. Atualmente é professor de Comunicação da Faculdade Hélio Alonso, realiza um estágio pós-doutoral em Comunicação pelo Programa de Pós-Graduação em Comunicação da Universidade Federal do Rio de Janeiro e é pesquisador associado do NEPCOM-ECO/UFRJ e do CAC/UERJ.

Gabriel Monteiro possui mestrado em Comunicação pelo Programa de Pós-Graduação em Comunicação da Universidade Federal do Ceará. Atualmente é doutorando em Comunicação pelo Programa de Pós-Graduação em Comunicação da Universidade Federal de Pernambuco e é investigador associado dos seguintes grupos de pesquisa: Laboratório de Análise de Música e Audiovisual e Grupo de Pesquisa em Comunicação, Música e Cultura Pop, ambos da UFPE.

Giovanna Carneiro é jornalista, mestranda em Comunicação do Programa de Pós-Graduação em Comunicação da Universidade Federal de Pernambuco e pesquisadora associada do Laboratório de Análise de Música e Audiovisual da UFPE.

Heloise Barreiro é mestranda em Comunicação do Programa de Pós-Graduação em Comunicação da Universidade Federal de Pernambuco e investigadora associada do Grupo de Pesquisa em Comunicação, Música e Cultura Pop da UFPE.

Jeder Janotti Junior fez doutorado em Comunicação pela Universidade do Vale dos Sinos. Atualmente é pesquisador do CNPq, Professor Titular do Departamento de Comunicação Social e do Programa de Pós-Graduação em Comunicação da Universidade Federal de Pernambuco, onde também coordena o Laboratório de Análise de Música e Audiovisual da UFPE.

Jess Reia fez pós-graduação (mestrado e doutorado) em Comunicação pela Universidade Federal do Rio de Janeiro e graduação em Gestão de Políticas Públicas pela Universidade de São Paulo. Atualmente é Professora Assistente de Ciência da Informação na University of Virginia (EUA) e fellow do Center for Democracy & Technology na mesma instituição.

João Luiz de Figueiredo fez mestrado e doutorado em Geografia pela Universidade Federal do Rio de Janeiro. Atualmente é coordenador do Mestrado Profissional em Economia Criativa, Estratégia e Inovação da Escola de Propaganda e Marketing-RJ, pesquisador associado do Laboratório de Economia Criativa, Desenvolvimento & Território da ESPM e membro do banco de especialistas da UNESCO no projeto "UNESCO Culture|2030 Indicators".

João Marcelo F. de Bras fez mestrado e doutorado em Comunicação pelo Programa de Pós-Graduação em Comunicação da Universidade Paulista. Atualmente está realizando um estágio pós-doutoral em Comunicação na UNIP e é investigador associado dos seguintes grupos de pesquisa: Culturas Urbanas, Música e Comunicação da UNIP e Juvenália da ESPM.

Jorge Cardoso Filho fez doutorado em Comunicação Social pela Universidade Federal de Minas Gerais. Atualmente é pesquisador do CNPq, professor do Centro de Artes, Humanidades e Letras da Universidade Federal do Recôncavo da Bahia e é membro do Programa de Pós-Graduação em Comunicação e Cultura Contemporâneas da Universidade Federal da Bahia.

Kaio Pereira de Jesus fez mestrado em Comunicação e Culturas Contemporâneas pela Universidade Federal da Bahia (UFBA) e graduação em Jornalismo pela Universidade Federal do Recôncavo da Bahia.

Lenon Boaventura fez mestrado em Educação e Contemporaneidade pela Universidade do Estado da Bahia e graduação em Psicologia pela UNEB. Atualmente é investigador associado ao Grupo de Pesquisa Psicanálise, Educação e Representações Sociais da UNEB.

Leonardo de Marchi fez doutorado em Comunicação pelo Programa de Pós-Graduação em Comunicação da Universidade Federal do Rio de Janeiro e mestrado em Comunicação pelo Programa de Pós-Graduação em Comunicação da Universidade Federal Fluminense. Atualmente é professor da Escola de Comunicação e coordenador adjunto do Programa de Pós-Graduação em Comunicação, ambos da UFRJ.

Luciana Lima Guilherme fez doutorado em Políticas Públicas, Estratégias e Desenvolvimento pela Universidade Federal do Rio de Janeiro e mestrado em Administração pela Universidade do Estado do Ceará. Atualmente é professora do Programa de Pós-Graduação em Economia Criativa, Estratégia & Inovação da Escola Superior de Propaganda e Marketing-RJ e coordenadora do Laboratório de Economia Criativa, Desenvolvimento e Território da ESPM.

Maria Luísa Z. Guarisa é administradora e fez mestrado em Economia Criativa, Estratégia & Inovação Escola de Propaganda e Marketing-RJ. Atualmente é pesquisadora associada do Laboratório de Economia Criativa, Desenvolvimento & Território da ESPM.

Mercedes Liska tem formação graduada e pós-graduada em Etnomusicologia, Comunicação e Ciências Sociais pela Universidade de Buenos Aires. Foi presidente da seção latino-americana da International Association for the Study of Popular Music e participou da elaboração da "Ley Cupo Femenino y Acceso de Artistas Mujeres a los Eventos Musicales" (sancionada em 2019). Atualmente é pesquisadora do CONICET e docente do Departamento de Comunicação da Universidade de Buenos Aires, onde também trabalha no Instituto Gino Germani.

Micael Herschmann possui mestrado e doutorado em Comunicação pelo Programa de Pós-Graduação em Comunicação da Universidade Federal do Rio de Janeiro. Realizou os seguintes estágios pós-doutorais em Ciências Sociais e Comunicação: na Universidade Paul-Valéry (de Montpellier), na École des Hautes Études en Sciences Sociales (de Paris), na Pontifícia Universidade Católica (de São Paulo), no Conselho Latino-Americano de Ciências Sociais – CLACSO (de Buenos Aires) e na Universidad Complutense (de Madri). Atualmente é pesquisador do CNPq; Professor Titular da Escola de Comunicação e do Programa de Pós-Graduação em Comunicação da UFRJ, onde também coordena o Núcleo de Estudos e Projetos em Comunicação.

Milena S. Avelar fez MBA em Economia Comportamental pela Universidade Presbiteriana Mackenzie (São Paulo) e mestrado em Comunicação pelo Programa de Pós-Graduação em Comunicação da Universidade Paulista. Atualmente é doutoranda do Programa de Pós-Graduação em Comunicação da UNIP e pesquisadora associada do grupo de pesquisa Culturas Urbanas, Música e Comunicação da mesma instituição.

Nadja Vladi Gumes é jornalista e fez doutorado em Comunicação e Cultura pela Universidade Federal da Bahia. Atualmente é pesquisadora do CNPq, professora adjunta do Centro de Cultura Linguagens e Tecnologias Aplicadas da Universidade Federal do Recôncavo da Bahia e é uma das líderes do grupo de pesquisa Música e Mediações Culturais da UFRB.

Natalia Bieletto-Bueno realizou a pós-graduação em Musicologia: mestrado pela Universidad Nacional Autónoma do México e doutorado pela University of California (EUA). Atualmente é Professora Associada do Centro de Artes e Humanidades da Universidad Mayor (Chile) e coordenadora do Núcleo de Investigación en Estudios del Sonido y la Escucha na mesma instituição.

Natan Cândido Silva é bacharel em Cultura, Linguagens e Tecnologias Aplicadas pela Universidade Federal do Recôncavo da Bahia e é pesquisador associado do grupo de pesquisa Música e Mediações Culturais da UFRB. Vem atuando também como Disc Jockey e Produtor Musical na cena baiana.

Renato Furtado possui mestrado em Comunicação pela Universidade do Estado do Rio de Janeiro e é especialista em Design Instrucional pelo Serviço Nacional de Aprendizagem Comercial (SENAC) e bacharel em Comunicação pela Universidade Federal do Rio de Janeiro. Atualmente é crítico de cinema e doutorando pelo Programa de Pós-Graduação em Comunicação da UERJ.

Sabrina Brandão Santiago fez mestrado pelo Programa de Pós-Graduação em Comunicação da Universidade Paulista. Atualmente é docente do Departamento de Comunicação da Universidade Cidade de São Paulo, doutoranda em Comunicação pela UNIP e investigadora associada do grupo de pesquisa Culturas Urbanas, Música e Comunicação da mesma instituição.

Simone Luci Pereira fez doutorado em Ciências Sociais pela Pontifícia Universidade Católica/SP e os seguintes estágios pós-doutorais: em Música pela Universidade Federal do Estado do Rio de Janeiro; em Comunicação pela Universidade Federal do Rio de Janeiro; e em Ciências Sociais pelo Conselho Latino-Americano de Ciências Sociais – CLACSO (Buenos Aires). Atualmente é pesquisadora do CNPq; Professora Titular do Programa de Pós-Graduação em Comunicação da Universidade Paulista; Professora Colaboradora do Programa de Pós-Graduação em Comunicação da Universidade do Estado do Rio de Janeiro; integrante da Rede Internacional de Pesquisa do GT CLACSO Juventudes e Infâncias na América Latina; Coordenadora do GT de Estudos de Som e Música da COMPÓS; e líder do Grupo de Pesquisa Culturas Urbanas, Música e Comunicação na UNIP.

Simone Pereira de Sá é Cientista Social com mestrado e doutorado em Comunicação pela Universidade Federal do Rio de Janeiro (UFRJ). Realizou estágios pós-doutorais na Universidade James McGill (Canadá), Universidade do Porto (Portugal) e King's College (Inglaterra). Atualmente é Professora Titular do Departamento de Estudos Culturais e Mídia e do Programa de Pós-Graduação em Comunicação da Universidade Federal Fluminense, onde também coordena o Laboratório de Pesquisa em Cultura e Tecnologias da Comunicação.

Suely A. Messeder fez graduação em Ciências Sociais pela Universidade Federal da Bahia; mestrado pelo Programa de Pós-Graduação em Ciências Sociais pela mesma universidade; e doutorado em Antropologia pela Universidade Santiago de Compostela (Espanha). Foi coordenadora do Doutorado Multi-Institucional e Multidisciplinar em Difusão do Conhecimento da UFBA/UNEB. Atualmente é Professora Titular da Universidade do Estado da Bahia.

Tatiana Rodrigues Lima fez doutorado em Comunicação e Cultura Contemporâneas pela Universidade Federal da Bahia e pós-doutorado em Etnomusicologia pela Universidade Nova de Lisboa. Atualmente é Professora Adjunta da Universidade Federal do Recôncavo da Bahia, onde leciona no CECULT e no Programa de Pós-Graduação em Comunicação em Mídia e Formatos Narrativos. Lidera o grupo de pesquisa Música e Mediações Culturais e integra o grupo LinkLivre, ambos da UFRB.

Thiago Menini fez doutorado pelo Programa de Pós-Graduação em Comunicação da Universidade do Estado do Rio de Janeiro e formação em música pelo Conservatório de Música Haideé França Americano (de Juiz de Fora).

Thiago Soares fez doutorado em Comunicação pela Universidade Federal da Bahia. Atualmente é pesquisador do CNPq, professor do Departamento de Comunicação Social e do Programa de Pós-Graduação em Comunicação (PPGCOM) da Universidade Federal de Pernambuco (UFPE), onde coordena também o Grupo de Pesquisa em Comunicação, Música e Cultura Pop.

Victor Belart fez mestrado em Comunicação pela Universidade do Estado do Rio de Janeiro e é especialista em Cidades e Territórios Criativos pela Universidade de Alcalá de Madri. Atualmente é doutorando do Programa de Pós-Graduação em Comunicação da UERJ, investigador associado ao grupo de pesquisa Comunicação, Arte e Cidade da UERJ e coordenador do projeto "Cidade Pirata - um laboratório da Comunicação Urbana".

Vinícius Andrade Pereira fez doutorado em Comunicação pela Universidade Federal do Rio de Janeiro e realizou ainda dois estágios pós-doutorais: na Columbia University e University of Southampton (ambos nos EUA). Atualmente é pesquisador do CNPq e do Prociência/UERJ; e Professor Associado da Faculdade de Comunicação Social e do Programa de Pós-Graduação em Comunicação da Universidade do Estado do Rio de Janeiro.

Will Straw fez mestrado e doutorado em Comunicação pela James McGill University (Montreal, Canadá). Atualmente é Professor Titular do Departamento de História da Arte & Comunicação da James McGill e dirige um blog (theurbannight.com), através do qual divulga as suas análises a respeito dos desafios em geral enfrentados pelas metrópoles com as dinâmicas das culturas noturnas.

Este livro foi confeccionado especialmente para a
Editora Meridional Ltda.,
em Cormorant Garamond, 11,5/15,5 e
impresso na Gráfica Noschang.